DOS INFORTÚNIOS DA IGUALDADE AO GOZO DA LIBERDADE

UMA ANÁLISE DO PENSAMENTO POLÍTICO DE ALEXIS DE TOCQUEVILLE

CÉLIA N. GALVÃO QUIRINO

DOS INFORTÚNIOS DA IGUALDADE AO GOZO DA LIBERDADE

UMA ANÁLISE DO PENSAMENTO POLÍTICO DE ALEXIS DE TOCQUEVILLE

Prefácio de Bento Prado Jr.

discurso editorial

FAPESP

Projeto editorial: Departamento de Filosofia da FFLCH-USP
Direção editorial: Milton Meira do Nascimento
Coordenação: Floriano Jonas Cesar
Projeto gráfico, editoração e capa: Guilherme Rodrigues Neto
Ilustração da capa: Assembléia Nacional, Séc. XIX – gravura atribuída a Rouergues, Séc. XIX
Revisão: José Teixeira Neto
Tiragem: 1.000 exemplares

Q8i Quirino, Célia Nunes Galvão
Dos infortúnios da igualdade ao gozo da liberdade: um análise do pensamento político de Alexis de Tocqueville / Célia N. Galvão Quirino; prefácio de Bento Prado Junior. – São Paulo: Discurso Editorial, 2001.
272 p.

ISBN: 85-86590-26-6

1. Tocqueville, Alexis de, 1805-1859. 2. Ciência política. I. Título.

CDD 321.8

discurso editorial

Av. Prof. Luciano Gualberto, 315 (sala 1033)
05508-900 – São Paulo – SP
Tel.: (11) 3814-5383
Fax: (11) 3034-2733
E-mail: discurso@org.usp.br

FAPESP

SUMÁRIO

A meus netos franceses
Max, Théo e Victor
e americanos Sofia e Thomas,
que, espero, possam viver
em um mundo mais igualitário
e justo.

PREFÁCIO

CIÊNCIA POLÍTICA E REVOLUÇÃO

Je ne puis croire qu'on n'aperçoive pas nettement en moi un libéral d'une nouvelle espèce (Alexis de Tocqueville).

I

COM ESTA OBRA, Célia Galvão Quirino reata com a vocação originária da Cadeira (hoje Departamento) de Política da antiga Faculdade de Filosofia. Ou seja, com a articulação necessária entre "Ciência Política" e História do Pensamento. Penso, é claro, na linha que conduz da tese de cátedra de Lourival Gomes Machado (*Homem e sociedade na teoria política de Jean-Jacques Rousseau, Boletim* nº 198, Política, nº 2, da FFCL da USP) a este livro que o leitor tem agora entre as mãos.

E é bem o interesse e a fecundidade dessa articulação que se torna evidente com a retomada da boa tradição em *Dos infortúnios da igualdade ao gozo da liberdade*. Se a tese de Lourival se encerrava mostrando a utilidade da leitura de Rousseau para uma sociologia que, naquela ocasião, parecia preparar-se para "sínteses de mais largo âmbito" (*op. cit.*, p. 135), a tese de Célia torna patente como as antinomias do pensamento político contemporâneo poderiam receber maior luz graças à reflexão sobre os *problemas* descobertos (ou criados?) por Alexis de Tocqueville.

Com Rousseau e Tocqueville, somos remetidos ao passado ou ao espaço claro do pensamento político clássico, mas, ao mesmo tempo (como com o Montesquieu de Althusser e o Maquiavel de Gramsci e de Lefort), devolvidos à virulência e às névoas conceituais do debate político contemporâneo. Escrita em 1982 (mas preparada no exílio), esta obra parece ter ganho maior atualidade na última década do século e provoca o leitor de hoje de maneira mais viva, talvez, do que poderia fazê-lo para o leitor contemporâneo de sua redação.

Enquanto o livro permanecia na gaveta, as transformações do mundo contemporâneo viriam lançar nova luz sobre os temas clássicos ("A Liberdade e a Igualdade são temas fundamentais da Ciência Política" – tal é a primeira frase da introdução da obra em tela) e dar maior saliência ao interesse vivo e à atualidade deste escrito. Numa palavra, a ação retrospectiva do Acontecimento sobre o passado do Pensamento acaba por atualizar virtualidades inesperadas: como a da possibilidade de um uso *crítico* do pensamento de Tocqueville contra o último avatar do próprio liberalismo.

Estarei inventando coisas? O que nos revela o livro de Célia Quirino? Não teria cabimento aqui trocar em miúdos seu conteúdo, antecipando de maneira pobre o que é dito com força pela própria obra. Mas talvez seja oportuno sublinhar – por conta e risco exclusivos do prefaciador – o que a obra lhe deu a pensar, a contra-corrente da ideologia hoje hegemônica, em que se recupera (mesmo nos cimos da filosofia) o progressismo da *Aufklärung* e se decreta a morte das ideologias (na verdade o ocaso da idéia socialista), redourando o brasão do liberalismo[1].

Mas por que a contra-corrente? Não é justamente a queda do Muro que devolve atualidade a Tocqueville? Já na abertura de seu livro, com efeito, Célia lembra que o aparente desfecho recente do velho combate entre liberalismo e socialismo parece justificar o renascimento do interesse por Tocqueville. Mas logo acrescenta que "essas idéias hoje pregadas como modernas e neoliberais longe estão dos ensinamentos do liberal Tocqueville".

O que, de nossa parte, queremos sublinhar, são dois pontos essenciais que este livro nos dá a pensar: a originalidade e a profundidade do "liberalismo" de Tocqueville, naquilo que têm de perfeitamente paradoxal e, delas inseparável, o curioso estatuto que atribui à "Ciência Política", que, como veremos, de algum modo o aproxima, inesperadamente, tanto de Marx como de Proudhon e de Georges Sorel, numa trindade pouco próxima da tradição estritamente liberal.

Heresia? Último sobressalto de uma esquerda intelectual que, justamente, teria perdido sua hegemonia com o "retorno" de Alexis

1 Na França, por exemplo, com a releitura da Revolução Francesa (F. Furet) e a desqualificação do radicalismo do chamado "Pensamento 68".

de Tocqueville, como diria François Bourricaud? Antes de mergulhar em nosso tema, lembremos a frase de Tocqueville "Je ne puis croire qu'on n'aperçoive pas nettement en moi un libéral d'une nouvelle espèce". Frase que parece indicar que se destaca de uma tradição liberal cega para a "nova ciência política", exigida pelos tempos modernos, e confirmar aqueles que nele vêem um profeta (um crítico *avant la lettre?*) da idade das massas de estilo americano[2].

II

Quanto ao liberalismo de Tocqueville, este livro nos coloca ao abrigo de anacronismos contumazes. Mais do que isto, permite-nos reler a obra de Tocqueville à luz da posteridade, de um modo algo diferente daquele proposto de maneira tão fina por Raymond Aron (que, no entanto, está, institucionalmente pelo menos, ligado à origem e à gênese da tese de Célia Quirino).

Como caracterizava Raymond Aron a "atualidade" de Tocqueville em meados dos anos 60? É preciso, aqui, para mostrar aspectos importantes de nosso livro, reproduzir dois parágrafos das *Étapes de la pensée sociologique* de Aron:

> "É interessante confrontar essas três visões, de Augusto Comte, de Marx e de Tocqueville. Uma era a visão organizadora daqueles que hoje chamamos de tecnocratas; a outra, a visão apocalíptica daqueles que ontem eram revolucionários; a terceira é a visão pacificada de uma sociedade em que cada um possui algo e em que todos ou quase todos estão interessados na conservação da ordem social".
>
> "Pessoalmente, penso que, dessas três visões, aquela que se assemelha mais às sociedades européias ocidentais dos anos 60 é a de Tocqueville. Para ser justo, é preciso acrescentar que a sociedade dos anos 30 tinha tendência a assemelhar-se mais à visão de Marx. Assim

---

2 Cf. Françoise Mélonio, "Un libéral d'une nouvelle espèce?" In: *Magazine Littéraire*, nº 236, dezembro de 1986.

resta aberta a questão de saber a qual dessas visões se assemelhará a sociedade européia dos anos 90" (*op. cit.*, Gallimard, 1967, p. 229).

Que não me compreenda mal o leitor. Não estou querendo, com esta citação, sugerir que Raymond Aron (ele próprio um pensador liberal-conservador) esteja transformando Tocqueville em *ideólogo* ou qualificando sua obra como *doutrinária* – uma doutrina *melhor* do que o marxismo. Pelo contrário, insiste na "cientificidade" dessa obra, sublinhando no herdeiro de Montesquieu o precursor da melhor sociologia do século XX. Lamenta mesmo o esquecimento em que a sociologia francesa (marcada pela tradição Comte/Durkheim) o relegou, deixando assim de lado suas intuições metodológicas que dele fariam um precursor do melhor Weber[3], particularmente com a antecipação da descoberta da riqueza heurística dos "tipos ideais".

O que causa estranheza é a ligação entre Tocqueville e a imagem de uma sociedade *apaziguada*. Menos de um ano após a publicação do livro de Aron (terceiro trimestre de 67) um sobressalto revelaria um subsolo pouco pacífico da sociedade francesa[4]. De outro lado, o próprio Aron não apresenta a dialética entre igualdade e li-

---

3 R. Aron chega a exagerar e a superestimar a cientificidade da sociologia contemporânea, endossando mesmo a duvidosa epistemologia das "*covering laws*". Como se pode ver no seguinte texto: "Segundo uma teoria da sociologia moderna, a formação de uma aristocracia ligada à propriedade da terra tem como condição a raridade da terra. Ora, na América, o espaço era a tal ponto imenso, que a raridade estava excluída, e a propriedade aristocrática não pôde constituir-se. Essa idéia encontra-se já em Tocqueville, mas em meio a muitas outras, e não penso que para ele tal seja a explicação fundamental". A idéia da aplicação de uma lei sociológica geral não deixa de ficar algo cômica, em face da riqueza da prática essencialmente *etnográfica e comparativa ou diferencial* de Alexis de Tocqueville.

4 Mas o próprio Aron, numa perspectiva sabiamente "historicista", suspende, por assim dizer, o seu juízo, deixando aberta a possibilidade da revisão "nos anos 90". No que, aliás, mostra-se perfeitamente tocquevilliano. Lembremos que Tocqueville, em áspera discussão com Ampère – "A revolução de 48 foi um acontecimento feliz ou infeliz?" –, concluía: "Depois de muitos gritos, terminamos por reportar-nos ambos ao futuro, juiz esclarecido e íntegro, mas que chega, ai de nós!, sempre muito tarde". Lembremos que, opondo-se ao otimismo de Ampère, Tocqueville vê a revolução de 48 de modo semelhante ao de Marx, mesmo sem partilhar sua visão geral da História (cf., a propósito, Parte IV, notas 97 e 98, p. 247).

berdade como condenada a uma feliz reconciliação. A "resignação" (para usar o vocabulário do próprio Aron) em face da equalização irreversível das condições – ou a adesão à democracia – não significa que Tocqueville assume o "progressismo" ou o otimismo da filosofia das Luzes e do liberalismo dos séculos XVIII e XIX. Invertendo os termos do quadro que Aron traça da trindade teórica do pensamento sociológico do século XIX (Comte/Marx/Tocqueville), poderíamos contrapor duas filosofias da História (Comte e Marx) que retomam o otimismo das Luzes, identificando a sociedade industrial como alavanca para a redenção, a um pensamento político que, na análise do presente, não exclui, pelo contrário, a possibilidade do advento da barbárie[5].

Mas vamos devagar com o andor: catastrofismo tocquevilliano? Não parece o processo irreversível da equalização das condições (*Fortuna*, Providencia Divina ou necessidade) perfeitamente compatível com a liberdade (*Virtù* ou *Grandeur* do cidadão), como demonstra o exemplo da *Democracia na América?* É certo que o aristocrata não é insensível ao modo pelo qual a velha *Grandeur* (isto é, os valores morais e espirituais) sofre com o processo de emburguesamento. Tampouco é cego para a possibilidade do aprofundamento das diferenças sociais numa sociedade industrial ou, pior ainda, a reaçao revolucionária violenta que, seguindo o declive natural da Providência Divina, visaria a extinção da propriedade e resultaria inevitavelmente no Despotismo, como nos casos de 1789 e 1848. Mas nem por isso o diagnóstico deixa de ser, de algum modo, otimista. Como observa Célia G. Quirino, Tocqueville crê que as eventuais desigualdades ou uma nova aristocracia (a do dinheiro) dificilmente poderiam firmar-se e perenizar-se, interrompendo o processo igualitário: essas novas e tristes aristocracias seriam essencialmente "*mais restritas e menos perigosas*" (cf. p. 109).

Mas não é bem a alternativa otimismo ou progressismo *versus* catastrofismo que importa, já que, tanto de um lado como de outro, o que se suprime é a contingência da história e sua radical imprevisibilidade, entendidas *como horizontes inultrapassáveis tanto do pensa-*

5 É verdade que em Marx também encontramos a frase "socialismo ou barbárie" (que espelha exatamente a frase de Tocqueville: "democracia com liberdade ou barbárie"). Mas tal coincidência só reforça a necessidade de nuançar a relação entre os dois pensadores. Em todo caso, não é apenas Marx que pode ser etiquetado de "catastrofista".

mento como da ação políticos. São exatamente tais traços do pensamento político de Tocqueville que, como vimos, R. Aron valoriza contra o "determinismo" ou o "fatalismo" das filosofias da história do marxismo e do positivismo. Mas Aron não sublinha, como seria necessário (ou, pelo menos, possível), a convergência entre o "golpe de vista" crítico de Tocqueville e o de Marx.

Lembro, aqui, o que afirmava eu em prefácio a *Ressentimento da dialética*, de Paulo E. Arantes, ressaltando a importância de Tocqueville e seu "golpe de vista" na Arqueologia da Dialética empreendida nesse livro[6]. Mas qual seria o ângulo desse olhar perspícuo? Que lucidez será essa, tão festejada? Não será aquela que visa a história presente na lógica de sua reprodução material. Trata-se de um olhar antes antropológico que econômico, e o que ele dá a ver não é a gênese ou a estrutura do Capital, mas a gênese e a estrutura social da Alma Burguesa[7]. Qual é a lei geral desse processo, como nasce a Alma Burguesa? Trata-se de um formidável e irreversível processo de *privatização da vida social.*

É impossível não notar a ambigüidade que impregna a dialética entre igualdade e liberdade no pensamento de Tocqueville, que o coloca a igual distância tanto do "*enrichissez-vous*" mais ou menos cínico de Guizot, quanto do discurso dos socialistas (da perspectiva altiva de Tocqueville: essa ralé intelectualóide herdeira dos filósofos das Luzes, desde sempre cega para a espessura e para a complexidade da História). Dos dois lados do Atlântico, os efeitos da igualdade

6 "A raiz real da Dialética, repitamos, é aqui buscada menos no confronto entre as 'classes fundamentais' do que nas metamorfoses da 'secessão' do corpo intermediário dos intelectuais. E o curioso, nessa empresa, é que, para refazer a história da 'grande e lamentável família dos intelectuais', ao lado do recurso óbvio a autores como Gramsci, Sartre (o de *Qu'est-ce que la littérature* e de *L'idiot de la famille)* e Lukács (o de *História e consciência de classe* ou o historiador da cultura alemã), Paulo Arantes recorre abundantemente à literatura dita 'conservadora', ou aos críticos das Revoluções e de todas as formas do *homo ideologicus*, de Tocqueville a A. Cochin. Como se o olhar conservador fosse, ousemos dizê-lo, freqüentemente mais 'materialista' ou realista do que o de seus adversários." Cf. Arantes, P.E. *Ressentimento da dialética e experiência intelectual em Hegel.* São Paulo, Paz e Terra, 1996, p. 12.

7 Lendo vasta literatura epistolar do período vivido por Tocqueville, para escrever seu livro sobre Flaubert, Sartre diz ter descoberto, no medo da Revolução que permeia todas essas cartas, quão grande é "a quantidade de merda que um coração burguês pode abrigar". Cf. *Sartre par Sartre: TV.*

das condições são ambíguas. Sem temer, como vimos, o nascimento de uma Aristocracia do dinheiro na América, Tocqueville não deixa de sublinhar, referindo-se aos Estados Unidos: "Não conheço aliás nenhum país onde o amor pelo dinheiro ocupe maior lugar no coração dos homens e onde se professe desprezo mais profundo pela teoria da igualdade permanente dos bens". Sem estar livre (como em lugar algum se está) dos perigos da igualdade, a tradição da prática da liberdade, desde as origens da história americana, teceu os fios de uma sociabilidade espontaneamente autônoma (o *Socius* solidário imaginado na utopia de Proudhon, pelo menos no capítulo referente ao federalismo, como efeito das contingências da geografia e da história...) que previne a separação entre sociedade e poder e, com ela, o advento do Despotismo[8].

Em contraponto, a equalização das condições na França, por efeito da grande revolução, tem efeitos inversos que tendem a suprimir a liberdade: "Seria razoável crer que um movimento social que vem de tão longe poderá ser interrompido pelos esforços de uma geração? Pensar-se-á que, depois de ter destruído a feudalidade e vencido os reis, a democracia há de recuar diante dos burgueses e dos ricos? Haverá de deter-se, quando se tornou tão forte, e seus adversários tão fracos?"

III

Com o livro de Célia G. Quirino, a imagem de Tocqueville que se esboça diante de nossos olhos não parece recobrir o perfil traçado por Raymond Aron, nem no que concerne à concepção da Teoria na Política, nem no que concerne à interpretação do movimento da

8 Se não me falha a memória, Marx, ao discutir a questão da educação na *Crítica do programa de Gotha*, faz descrições da organização política das comunas, nos Estados Unidos, com um espírito diferencial e comparativo semelhante ao de Tocqueville. Outros textos de Marx, consagrados à Guerra da Secessão, caminham, segundo Célia G. Quirino, na mesma direção. Para enriquecer o anedotário que ilustra essas inesperadas afinidades, lembro que a profa. Célia divertia-se passando os textos de Tocqueville sobre o capitalismo na Inglaterra, sem revelar o Autor, a seus alunos, que atribuíam automaticamente a autoria dos ditos textos a Marx e Engels.

História. E todo o interesse do livro reside justamente nessa pequena distorção ou correção, na mudança, digamos, de ênfase no ritmo da leitura. Não se trata de uma leitura *rival* (isso não parece ter jamais ocorrido à autora), mas de uma perspectiva diversa, que nos faz pensar de modo diferente tanto o tempo e o pensamento de Tocqueville, como o tempo e o pensamento de nosso presente histórico.

Comecemos pela dimensão, digamos, "epistemológica". Ao contrário do mestre francês, nossa Autora não se demora na prefiguração tocquevilliana da sociologia contemporânea no seu corte empirista-lógico ou analítico. De 1967 até hoje, muita água passou por sob a ponte da filosofia das ciências sociais – e não é preciso ser ingênuo ou irresponsavelmente pós-moderno para negligenciar o otimismo epistemológico de inspiração analítica a que se converteu Aron, formado embora na França dentro do horizonte do marxismo e das *Geisteswissenschaften*. Com o eclipse do último avatar do neopositivismo na segunda metade do século XX, torna-se mais clara a "liberdade" teórica de Tocqueville, uma espécie de "anarquismo epistemológico-filosófico" que só respeita o faro histórico-antropológico, entendido como guia da ação e do juízo (da *aposta*, diria eu) políticos. Não é por acaso que este livro se encerra (curiosamente após a conclusão) com um capítulo intitulado "O homem político".

Mas deixemos de lado o viés biográfico (no entanto, importante) e a ênfase que implica para o privilégio da *práxis* na edificação da "teoria" – melhor seria dizer na armação do *juízo político*. Voltemos à curiosa idéia, essencialmente antipositivista ou, pelo menos, antiilustrada, das "boas ilusões". A idéia de que pode haver uma "boa ilusão" significa, pelo menos, que a pura objetividade da razão pode ser inimiga da liberdade. E é aqui que o pensamento de Tocqueville parece apontar antes na direção do pensamento revolucionário de Georges Sorel do que do sociologismo analítico liberal de Raymond Aron (parentesco com Sorel que este último deveria considerar detestável). Aqui é necessário citar todo um parágrafo de Célia G. Quirino:

> "Sem dúvida ele não está tentando construir uma ciência política positiva ou materialista. Pelo contrário, os valores românticos e aristocráticos que o norteiam levam-no mesmo a imaginar que uma sociedade democrática ideal seria aquela onde todos, iguais e livres, cultivassem valores que, para ele, seriam próprios da antiga nobreza, tais como honra, dignidade, amor desinteressado pelas artes e ciências, desprezo por ativida-

des que visassem apenas o lucro etc. Mesmo que as maneiras em que se traduzem tais valores pudessem ser '*ilusões sobre a natureza humana, e freqüentemente mentirosas*', Tocqueville afirma que '*sentia um nobre prazer em observá-las*'. No entanto, é através do viés específico desses valores, que Tocqueville busca construir uma *nova ciência política*" (p. 203).

Antes de continuar, sublinhemos de passagem que tal liberalismo seria, de imediato, caracterizado por um Lukács como *anticapitalismo romântico*. Ou, ainda, que tal liberalismo reconhece a igualdade como *Destino* e a liberdade como uma *Conquista* sempre em *sursis*. Como se a Natureza Humana levasse a igualdade insensivelmente na direção do Despotismo, exigindo a tensão máxima da Vontade, e mesmo da faculdade fabulatória da imaginação ou do Mito, para manter o império sempre vulnerável da Liberdade. Lembrando Rousseau, *Virtus* (o império da Lei ou da liberdade civil) significa *Força*, resistência aos impulsos naturais.

Se os Tempos Modernos exigem uma "Nova Ciência Política", é porque a Revolução acelerou a marcha natural da História, o movimento providencial que conduz à equalização das condições, sem garantir a sobrevivência da Liberdade. A Ciência Política é, portanto, menos uma descrição neutra e explicativa de processos objetivos do que uma *intervenção voluntária e* "raisonée" *nesse processo, para dar-lhe uma direção nova*. Ciência Política é, portanto, um outro nome para a Ação Política guiada por valores a serem instaurados à contra-corrente da História. Como em Sorel, temos aqui uma concepção da ciência inequivocamente *pragmatista, antes da ordem da obra humana ou do constructo, da Póiesis, do que da pura Theoria*. Esse curioso registro semântico da expressão "ciência" transparece de modo evidente no comentário do malogro dos socialistas em 1848: "Os socialistas eram os mais perigosos, pois eram os que melhor correspondiam ao verdadeiro caráter da Revolução de Fevereiro e às únicas paixões que ela produziu, mas eram muito mais teóricos do que homens de ação, e, para transformar a sociedade segundo sua vontade, eles teriam tido necessidade de energia prática e da ciência das insurreições que somente seus confrades possuíam"[9].

9 Cf. *Obras Completas*, Tomo XII, p. 122-4, citado por Célia G. Quirino na Parte IV, nota 94, p. 246.

IV

Depois de apontar o desvio da leitura de Tocqueville aqui proposta, em relação ao paradigma fixado por Raymond Aron, caberia indicar, sumariamente, o seu lugar na literatura que dele derivou. Mas não poderia, nem estaria ao meu alcance, traçar um quadro exaustivo das interpretações da obra de Tocqueville nos últimos 30 anos. Nem sequer será possível, como seria útil, situar *Dos infortúnios da igualdade ao gozo da liberdade* entre pelo menos dois pólos: o de uma certa "direita", classicamente liberal, representado pela leitura de F. Bourricaud, e outro pólo, à esquerda, representado pelos escritos de Claude Lefort[10]. Sublinhemos, pelo menos, que a leitura de Célia aproxima-se mais da deste último, não só como perspectiva geral, mas sobretudo na insistência no ponto crucial, raramente mencionado, de que a obra de Tocqueville é antes obra de Pensamento que obra de Ciência. O leitor poderá, em todo caso, ter uma idéia desse quadro geral lendo o já citado nº 236 do *Magazine Littéraire*, que faz um balanço mais ou menos completo da bibliografia, desde a "resdescoberta" de Tocqueville por R. Aron (1967) até a data de sua publicação (1986) – vinte anos de hermenêutica e polêmica.

Mas não podemos deixar de exprimir o que o livro de Célia dá a pensar neste fim de milênio, marcado pelo triunfo do neoliberalismo imposto ao planeta pelo *Imperium* de uma América com que Tocqueville não poderia jamais ter sonhado. Ao contrário do diagnóstico de Aron, há 34 anos, o liberalismo de Tocqueville não parece aparentado com a figura atual do Capitalismo (ou, na sua expressão, "das sociedades européias ocidentais"). Antes está na moda o "*enrichissez-vous*" de Guizot, tanto mais apimentado quanto mais a lei férrea do mercado aumenta a pobreza e provoca crescente exclusão. O que nos faz lembrar o malogro do projeto tocquevilliano da "jovem esquerda", ironizado em 1844 pelo grande jornal republicano *La Nation*, que, como observa Françoise Mélonio, "ria do 'donquixotismo liberal' de Tocqueville e de sua 'velha jovem esquerda'

10 De quem traduzi "Da igualdade à liberdade (fragmentos de interpretação de *A democracia na América)*" no nº 9 de *Almanaque, Cadernos de Literatura e Ensaio*, consagrado ao tema "Pensamento e Política". São Paulo, Brasiliense, 1979.

de quadraqüinquagenários', pastichando o Cardeal de Retz: 'Lá estavam cinco ou seis melancólicos, que pareciam pensar no vazio'..."[11].

O declive natural da Providência Divina não levou à extinção da propriedade, mas, em compensação, o espaço da vida propriamente *política* parece ter-se drasticamente estreitado, com a generalização de um individualismo avesso ao duro trabalho da liberdade (numa palavra, *barbárie*, no sentido de Tocqueville como no de Marx), deixando lugar apenas para iniciativas tópicas e esporádicas de resistência, auto-organização e oposição. O que há pouco tempo aparecia como formas mais ou menos esperançosas de uma *new left* parece apresentar-se agora como mero remanescente arqueológico: alguns poucos sexagenários saudosistas *avec l'air de penser creux*... De algum modo Tocqueville não ignorava a ligação interna que articulava seu malogro político e seu êxito como pensador. Sempre será verdade que o desdobramento automático do processo da modernização pode levar ao Despotismo – no nosso caso, o triunfo do Pensamento Único. De qualquer maneira, a leitura de Alexis de Tocqueville, no pórtico do terceiro milênio, parece impor a tarefa de imaginar uma nova ciência e uma nova prática políticas *para um mundo inteiramente novo*. Careceríamos nós, hoje, de uma *new new left?*

Bento Prado Jr.
PPG de Filosofia da UFSCar

11 Cf. texto citado na nota 2.

APRESENTAÇÃO

ESTE TRABALHO foi escrito em 1982 e, com exceção da tradução das notas e pequenas modificações, permanece o mesmo. Desde então, cresceram muito o conhecimento e o interesse pela obra de Alexis de Tocqueville. No mundo acadêmico brasileiro, sobretudo na área de ciências humanas, a leitura de duas de suas obras mais conhecidas, *O antigo regime e a revolução* e *Da democracia na América*, parece ter-se tornado obrigatória. Recentes pesquisas e novas publicações têm surgido. Creio, entretanto, que, embora sejam obras significativas e importantes sobre Tocqueville, não afetaram as premissas deste trabalho de já quase vinte anos.

O aumento de interesse pela obra de Tocqueville nas últimas décadas não se deu apenas no Brasil. Se foi um autor sempre estudado e admirado nos Estados Unidos por ter realizado uma das mais perfeitas análises da democracia americana e ter dado início às teorias democráticas modernas, na maioria dos outros países, mesmo na França, seus escritos nem sempre foram considerados significativos. Tocqueville é um autor cuja obra, embora tenha sido produzida na primeira metade do século XIX, parece adquirir atualidade em determinados momentos históricos. Sobretudo, suas idéias ressurgem com força e atualidade e parecem adequadas a essas situações concretas nas quais é preciso combater governos autoritários, opressivos e ditatoriais sem haver necessidade de se apelar para revoluções de caráter socialista. Creio ter sido esse um dos fatores, nos anos 70 e 80, da revivescência das idéias tocquevillianas no Brasil e em alguns outros países onde essas formas de governo precisavam ser combatidas.

Outros fatores, nesses últimos vinte anos, também contribuíram para esse renascer do pensamento político de Tocqueville. O mais eloqüente deles desenvolveu-se a partir da aparência momentânea de que, no velho embate entre liberalismo e socialismo, o liberalismo teria saído vencedor. A globalização de idéias e políticas neoliberais parecia ter realmente conquistado o mundo, onde novas formas do capitalismo ostentavam sua dominação. É bom que se diga, como advertência, que essas idéias hoje pregadas como modernas e neoliberais longe estão dos ensinamentos do liberal Tocqueville.

NOTA SOBRE AS FONTES UTILIZADAS

Para a realização deste trabalho foram consultadas duas edições das *Obras Completas* de Alexis de Tocqueville.

A primeira, dirigida por J.P. Mayer, publicada pela Editora Gallimard, permanece incompleta; sendo mais correta que a outra, é rica em comentários úteis e pertinentes.

A segunda, organizada por Gustave de Beaumont e Mme. de Tocqueville, foi publicada em Paris em 1865-7 pela Editora Michel-Lévy Frères, somando nove volumes.

Neste texto, a edição Gallimard é notada pelas iniciais O.C., seguidas pela indicação de Tomo e Volume, e a edição Michel-Lévy, pelas iniciais O.C.*B.**

---

* Mais recentemente, em 1986, Robert Lafond realizou nova edição, em um só volume, das obras: *De la démocratie en Amérique, I et II*; *Souvenirs*; *L'ancien régime et la révolution*. Em 1991 a editora Gallimard incluiu Tocqueville na coleção La Pléiade. Dois volumes já foram publicados: *I. Voyages*; *Écrits politiques et académiques*. *II. De la démocratie en Amérique I et II*. Ambas as edições enriquecidas com importantes introduções, notas e comentários de especialistas atuais.

Le sujet que j'ai voulu embrasser est immense; car il comprend la plupart des sentiments et des idées que fait naître l'état nouveau du monde. Un tel sujet excède assurément mes forces; en le traitant, je ne suis point parvenu à me satisfaire (O.C., T. I, Vol. 2, p. 8).

INTRODUÇÃO

SOBRE A LIBERDADE E A IGUALDADE

A LIBERDADE E A IGUALDADE são temas fundamentais da Ciência Política. São temas tratados desde a Antiguidade pela filosofia política sem apresentar, no entanto, o mesmo sentido, a mesma significação. Se hoje falamos de liberdade, esta idéia não representa para nós o mesmo que representaria para os gregos da época de Péricles, para os filósofos da Ilustração, ou mesmo para um chinês de nossos dias. Da mesma forma, a idéia de igualdade assume significações diferentes nas diferentes situações sócio-históricas. Se os temas são retomados e rediscutidos, a história impede que eles o sejam da mesma maneira. Assim sendo, poderíamos dizer que, a cada compreensão da idéia de liberdade, deveríamos perguntar em primeiro lugar *para quem* e em seguida *para que* esta liberdade. É como se em cada uma de suas manifestações a idéia de liberdade fosse pensada *por* e *para* algumas pessoas somente. A liberdade de um príncipe não é a liberdade de seus súditos, a liberdade da burguesia não é a mesma da classe operária. A liberdade não é, portanto, algo genérico; o que é igualmente válido para a igualdade. Existem liberdades e igualdades específicas, às quais os diferentes liberalismos e igualitarismos atribuem valores diferentes.

Os séculos XVII e XVIII poderiam ser encarados como o momento em que a filosofia política passa a discutir o problema da liberdade e da igualdade como inseparáveis, sobre o fundo da condição natural do homem. É sobretudo com o jus-naturalismo moderno que a compreensão da sociedade civil e da política passa, necessariamente, por uma explicação da natureza humana agora referida a um estado de natureza, e não mais à ordem divina. Para os filósofos da Escola do Direito Natural, o estado de natureza é sempre um estado de independência: assim, estes pensadores imaginam o estado de natureza a partir da existência de homens que nascem livres e iguais. Não nos interessa discutir se o estado de natureza imaginado nesse período é bom ou mau, se é um estado de guerra ou de paz total, se é realidade que existiu, existe ou existirá ou se se trata de simples abstração; o que importa é que ele contém sempre a mesma condição natural de liberdade e igualdade, inerente a todos os seres humanos ao nascer. O passo seguinte, dado pelos juristas da Escola de Direito Natural (passo talvez ainda mais significativo), é a consideração de que, se os homens nascem livres e iguais, a liberdade e a igualdade devem ser tratadas como direitos naturais.

Uma vez estabelecidos um estado de natureza e os direitos naturais dos homens, impõe-se aos pensadores políticos a explicação do surgimento da sociedade civil e do Estado. A questão levantada por Rousseau no *Contrato social*, a de que "o homem nasce livre, mas por toda parte ele se encontra agrilhoado", não foi certamente apenas um drama rousseauniano. Sem dúvida é a partir de questões semelhantes que se construiu todo o pensamento político do jus-naturalismo.

Uma vez que o direito divino do soberano é contestado, a pergunta que se passa a fazer não é apenas a de quem *concede* a soberania e a legitima; é preciso saber também por que ela é *aceita*. Em outras palavras, como é possível aos homens criar e aceitar um novo tipo de dominação, perdendo assim a liberdade e a igualdade naturais? A solução proposta pelos contratualistas é a realização de convenções, do contrato.

A idéia de que o contrato, realizado entre os homens iguais e livres, é necessário para dar nascimento a uma sociedade civil, e ao mesmo tempo tornar legítima a autoridade política e o Estado, passa a ser o tema comum aos pensadores políticos da época. Os contratualistas vão aí encontrar a explicação seja para a perda da liberdade e da igualdade naturais, seja para sua manutenção em outros moldes[1].

Deixando de lado os motivos que levam os homens a abandonar o estado de natureza[2], seja ele um estado de guerra ou de paz,

---

1 No primeiro caso, poderíamos citar Grotius, para quem, embora os poderes soberanos em sua origem pertençam ao povo, tais poderes podem ser legitimamente transferidos (por meio do contrato) para um soberano absoluto, o que suprime tanto a liberdade quanto a igualdade. No segundo caso, o melhor exemplo é sem duvida Rousseau, para quem a liberdade e a igualdade naturais são suprimidas, dando nascimento, a partir do contrato, à liberdade e igualdade civis.

2 Entre os vários motivos que levam os homens a abandonar o estado de natureza, poderíamos citar como exemplos extremos desde a idéia hobbesiana da impossibilidade de sobrevivência no estado de natureza por ser um estado de guerra, até as idéias de um Puffendorf ou de um Locke, em que o estado de natureza é visto como um estado de paz, e em que o contrato é justamente pensado como condição necessária para preservar este estado de paz.

torna-se importante para a teoria política o fato de que é o contrato que resolve o problema do fundamento da autoridade e da origem do Estado. Embora todos os contratualistas partissem de uma concepção de igualdade e liberdade entre os homens como naturais, o contrato vai permitir a justificação da existência do Estado, do mais autoritário ao mais liberal e mesmo o mais igualitário.

De qualquer forma, na relação indivíduo-sociedade-Estado, o contrato possibilitará o aparecimento da figura do cidadão. Tanto em relação à teoria quanto em relação à própria realidade sociopolítica, o cidadão passa a encarnar a idéia de que, tendo o indivíduo nascido livre e igual, ele aceitará como legítima a existência do Estado e da dominação, pela pura e simples razão de que pactuou livremente, sendo portanto um cidadão, e não mais um súdito. Isto é, as leis, as constituições se encarregarão de criar esta figura, explicitando seus direitos e deveres em face da sociedade e do Estado, permitindo assim a visão de cidadão como a de um homem livre e igual aos demais perante a lei. Portanto, a liberdade e a igualdade, que apareceriam como naturais num primeiro momento, surgem agora como privilégio do cidadão, uma vez que o ser cidadão já é um privilégio na prática, embora na teoria política permaneça como condição a que todos têm acesso.

Dois problemas apresentam-se imediatamente, tanto em relação à análise do concreto quanto em relação à discussão teórica: quais são os limites da liberdade individual, social, política, e por onde deve passar o corte da igualdade? Voltamos assim a nossa questão inicial: liberdade *para quê* e *para quem?*

O nascimento do cidadão passa, pois, necessariamente, por essas considerações. No nível das relações econômico-sociais, a idéia de que as relações de trabalho resultam de um contrato livre permite, no século XVIII, a visão de indivíduos livres contratando-se para realizar a produção e a distribuição. No nível do político, a participação livre é dada fundamentalmente pela possibilidade de escolher e ser escolhido. A escolha e seu segredo garantem a idéia de que votar é um ato de liberdade.

Nos séculos XVII e XVIII a cidadania aparece como algo genérico. Teoricamente, de Hobbes a Rousseau, tem-se a impressão de que a imagem do cidadão é algo abstrato, embora a condição de cidadão seja necessária para os homens existirem em sociedade. Se todos os homens são iguais, todos seriam ou poderiam ser cidadãos. A liberdade e a igualdade são então preservadas na figura do cidadão.

As revoluções dos séculos XVII e XVIII encarregam-se de formalizar e concretizar a existência do cidadão[3]. A Declaração da Independência Americana, a Declaração dos Direitos Humanos, as constituições revolucionárias, ou melhor, as constituições da "liberal-democracia", em geral, afirmarão sempre que os cidadãos são livres e iguais, embora a prática constitucional, expressa na legislação ordinária, mostre o contrário. Se, formalmente, o contrato político encontra sua melhor expressão nestas constituições, concretamente a cidadania é conquistada através das lutas pelo sufrágio universal, pelas "vantagens sociais" etc. Estas lutas e as revoluções em geral são a maneira pela qual – à proposição formal: *todos os cidadãos são iguais e livres* – se dá a resposta concreta à questão fundamental: *para quem* a liberdade? Em outras palavras, são tentativas de ampliar social e politicamente a categoria de cidadão, procurando aumentar assim a faixa da igualdade.

Mas a propriedade, desde o início, determina quem pertence a esta faixa de iguais. Esta é a primeira forma que assume a resposta à questão: *para quem* a liberdade? Para os pensadores políticos dos séculos XVII e XVIII, a propriedade surge ora como necessária para preservar a união da liberdade e da igualdade, ora como uma cunha que compromete essa bela união. No segundo caso, é a propriedade que vai permitir que uma negue a existência da outra, impossibilitando a realização da união como universal, e desenvolvendo a contradição básica do pensamento liberal clássico. Talvez Rousseau tenha sido o primeiro a sugerir essa contradição, em termos sociopolíticos, da origem da dominação.

Para a filosofia do direito natural, no estado de natureza, nas suas mais diferentes concepções, tudo pertence a todos. Locke será o primeiro a estabelecer, na relação trabalho-natureza, o direito à propriedade. É o trabalho de cada um sobre a natureza que lhe dá o direito de posse[4]. Por outro lado, explica muito bem von Martin, a propriedade já não mais incide sobre os homens, mas sobre as coisas[5].

---

3 Tocqueville afirmava que a Revolução Francesa havia tido um caráter europeu-universal, na medida em que não se falava apenas no cidadão francês, mas no cidadão em geral (O.C., T. II, Vol. 1, p. 89).

4 "Embora a água que corre na fonte seja de todos, quem poderá duvidar que na bilha está somente a que pertence a quem a recolheu? Pelo trabalho tirou-a das mãos da natureza onde era comum e pertencia igualmente a todos e de tal forma se apropriou para si mesmo. Assim esta lei da razão torna o veado propriedade do índio que o matou; permite-se que pertençam os

O conceito de propriedade se limitava, assim, à apropriação da natureza, enquanto necessária à própria existência. O que passa a ser discutido, então, é o direito ou não ao excedente.

Lembremos que, no caso de Locke, não só a propriedade é uma necessidade, como a sua preservação constitui o fim principal da sociedade civil[6]. Para Rousseau, a propriedade, embora necessária para a existência, já era um elemento perturbador na discussão sobre as condições da manutenção da liberdade e da igualdade. Perturbação tão bem resolvida teoricamente em Rousseau pelo próprio contrato social e, sobretudo, pela soberania da Vontade Geral. Solução esta que permitiu a muitos de seus analistas políticos acusarem-no de ter resolvido o problema da igualdade, mas não o da liberdade.

Mas, se Rousseau já havia detectado esse elemento perturbador, nascido no momento mesmo que sua existência é reconhecida, é somente no século XIX que a questão da contradição entre essas categorias começa a aparecer para os pensadores políticos.

O século XIX recupera criticamente todos esses temas. O homem natural não existe: o que existe são homens desiguais na propriedade e na liberdade. A visão econômica, tendo se apoderado do conceito de propriedade, já havia desde o século XVIII penetrado a visão política, numa superposição de dimensões diferentes que reencontramos mesmo nos textos de hoje. A propriedade enquanto posse de bens materiais, a riqueza, enfim, o capital, iria se encarregar de estabelecer as diferenças, tanto no nível social como no político. As liberdades políticas serão para os cidadãos, e os cidadãos serão poucos.

---

bens àquele que dedicou o próprio trabalho" (Locke, *Segundo tratado sobre o governo*, Cap. V, secs. 29-30). Para Rousseau já a propriedade aparece como fundadora da sociedade civil, e como tal responsável pelo estabelecimento da desigualdade civil entre os homens: "O verdadeiro fundador da sociedade civil foi o primeiro que, tendo cercado um terreno, lembrou-se de dizer isto é meu e encontrou pessoas suficientemente simples para acreditá-lo" (Rousseau, *Discurso sobre a origem e os fundamentos da desigualdade entre os homens*, p. 263).

5 Embora a escravidão e a servidão em muitos lugares ainda continuassem existindo, o estudo de von Martin tenta explicar como, nesse período, o sentido e importância da propriedade já haviam se deslocado do ser humano para as coisas (cf. von Martin, *Sociología del renacimiento)*.

6 Não podemos deixar de lembrar que o conceito de propriedade para John Locke significa a propriedade de si, da sua liberdade e de seus bens (Locke, *op. cit.*, Sec. 85, p. 123-4).

Mas o legado do século XVIII ao XIX não será a mera recuperação de temas teóricos. Se por um lado a filosofia política continuava a se debater em torno da contradição liberdade-igualdade-propriedade, por outro, concretamente, a Revolução Francesa havia sido a grande experiência trágica, em que a tentativa de implantação da igualdade, em nome da liberdade, acabou por assegurar uma nova desigualdade, e apenas deixou formalizada, nas declarações e nas constituições, a liberdade de alguns poucos. É verdade que os utilitaristas ingleses e o pensamento conservador de Burke apontaram outros tipos de soluções ao levarem em conta as especificidades históricas e culturais das diferentes situações e nacionalidades.

A crença em novas revoluções salvadoras que permitissem implantar o reino da igualdade e da liberdade continuou existindo, como o próprio caminhar da humanidade em direção a um fim paradisíaco a ser alcançado. Não apenas 48 repetiu comicamente 89, como afirmava Marx no *Dezoito Brumário de Luís Bonaparte*, mas as duas revoluções acabaram por desaguar em impérios em que a igualdade e, sobretudo a liberdade seriam ainda mais violentadas.

O século XIX aprende rapidamente que as classes sociais existem e que, se o trabalho pode levar à acumulação e à riqueza, esta pode levar à cidadania, como já pregava a doutrina calvinista em relação ao reino de Deus. Mas descobre também que, se a propriedade é necessária e só o trabalho a produz, é preciso igualmente possuir o trabalho de outrem. Esta relação necessária, riqueza de uns, pobreza de outros, se desenvolve à medida que cresce o processo de industrialização. Mais ainda, a concentração de ricos e pobres, dentro de um perímetro urbano, torna impossível a ocultação da desigualdade. Os grandes centros urbanos industriais não conseguiram, pelo menos até a primeira metade do século, esconder, nem afastar, a miséria da vida quotidiana de homens, mulheres e crianças, pertencentes ao proletariado, no sentido mais profundo do termo[7].

---

7 Não é à toa que as grandes utopias desse período, e suas tentativas de implantação, passavam quase sempre por projetos arquitetônicos. Vejam-se, por exemplo, as construções inspiradas nas idéias de Robert Owen, da New Lamarck na Escócia, ou da Harmonia nos Estados Unidos, ou ainda os projetos dos Falanstérios, e alguns que, como o Familistère de Guise, construído por André Godin, chegaram a ser realizados. Todos estes projetos e construções surgiram como tentativas, viáveis ou não, para solucionar o problema da miséria urbana. Esta miséria que, além de ser visível, abalava as consciências, quando denunciada pela literatura contemporânea, tal como o

O fato de que a industrialização havia dividido os países em classes sociais tão desiguais impunha uma solução igualitária, ou melhor, pelo menos conciliatória.

A Revolução Francesa também havia espalhado o mito da fraternidade. Este mito se tornará necessário para contrabalançar a fenda aberta no binômio liberdade-igualdade pela propriedade. Embora a fraternidade, no seu contexto revolucionário, tivesse sido a resposta, nao apenas aos diferentes interesses individuais ou às diferentes vontades particulares rousseaunianas, mas também à necessidade de incorporar a massa de despossuídos que haviam tido um papel tão radicalizador durante a Revolução. Como a Revolução não podia excluir os não-cidadãos (sempre "perigosos"), encontrou-se a idéia de Fraternidade como meio de incorporá-los à nação. Todavia, é o século XIX que a preserva, a desenvolve junto com a idéia de nação e a relaciona não mais aos diferentes interesses individuais, mas muito mais adequadamente aos contraditórios interesses das classes sociais. A essas vontades que se opõem contrapõe-se o mito de que todos pertencem à mesma pátria e, nessa, são irmãos. O liberalismo econômico já havia estabelecido que a riqueza do cidadão faria a riqueza da nação. O pensamento político do século XIX transforma esta proposição adequando-a à idéia de que as nações devem ser livres, grandes e poderosas para que os indivíduos cidadãos possam ser livres e, assim, trabalhar pela sua grandeza[8]. O problema

fizeram escritores como Victor Hugo, Engène Sue, Charles Dickens. E, é claro, não podemos deixar de citar as evidentes preocupações dos analistas sociais, ao descreverem as condições de vida dos trabalhadores industriais, como o fazem Marx, em algumas passagens de *O capital*, Engels em *A situação da classe trabalhadora na Inglaterra*, ou ainda Tocqueville nos seus relatos de viagem à Inglaterra. Lembraria ainda que, em Paris, a famosa reforma de Haussmann, na época de Napoleão III, sempre apontada como anti-revolucionária, ou melhor, antibarricada, foi sobretudo realizada para (segregando as classes sociais no espaço) poupar, aos "puros", "limpos" e "sensíveis" olhares da alta burguesia parisiense, o terrível espetáculo da miséria, além de, é óbvio, possibilitar maior segurança.

8 Esta co-determinação "cidadão-nação" mantém-se viva até nossos dias. Assim como Maquiavel havia estabelecido que na relação príncipe-povo a existência de um implicava a determinação e reconhecimento do outro, da mesma forma a própria existência do cidadão - sua liberdade, riqueza e felicidade - implicará necessariamente a existência da Nação livre e poderosa, como tão bem souberam estabelecer os americanos, em sua independência, e os franceses, em 89.

fundamental, todavia, emerge quando se vê que, embora quase todos trabalhem (e sem dúvida a grande maioria muito mais do que uns poucos), apenas alguns têm o privilégio da cidadania e, portanto, poucos são livres. Isto é, mesmo que estes se aproveitem apenas daquelas liberdades que são formalmente generalizadas nas constituições e declarações de direitos.

A idéia da nação-pátria confunde-se, por vezes ambiguamente, talvez propositadamente, com a de Estado. Embora a cidadania e, portanto, as liberdades constitucionais valham apenas para os membros do Estado, a fraternidade deve englobar todos os nacionais.

O pensamento político do século XIX nas suas várias críticas ao liberalismo clássico desenvolve-se, portanto, a partir da descoberta de que a sociedade-nação traz em si a contradição de interesses de classes, mas também que a nação pode e precisa ter interesses que sejam de todo o povo.

As explicações passam ora pela necessidade de harmonizar as classes, apelando para o interesse geral nacional e muitas vezes universal, ora pela impossibilidade de se encontrar esta harmonia entre as classes (enquanto classes existirem) e o Estado ou estados não forem destruídos. Embora a confusão Estado-nação tenha sido sempre uma constante, parece que o pensamento político do século XIX a acentua, englobando os dois termos num só conceito[9].

O culto à nação, a soberania da nação em lugar da do rei, introduzidos pela Revolução Francesa, percorrem todas as preocupações políticas do século XIX. Com exceção das idéias anarquistas, talvez nenhuma outra teoria política deixaria de insistir na necessidade de a nação ser poderosa. Assim, o autoritarismo estatal vê na pátria grande a única explicação para a existência dos cidadãos. O novo liberalismo, dissociando claramente Estado e nação, embora seja favorável a estados fracos e descentralizados, não abandona a idéia de que a nação precisa ser poderosa; e, finalmente, até mesmo o socialismo de Marx, apesar do seu internacionalismo proletário, tão difundido a partir do Manifesto Comunista, não deixa de defender, em 1848, a necessidade de se constituir a nação alemã[10].

9 Talvez o termo Estado-nação fosse usado propositadamente não apenas para diferenciá-lo da cidade-Estado grega, ou do Estado-cidade italiano, mas sobretudo para significar nações que foram capazes de se organizar como Estado Moderno.

O problema que se coloca, então, para o pensamento político do século XIX é estabelecer – diante da tensão liberdade-igualdade/pátria grande – quais liberdades individuais (do cidadão) não negam a existência de uma nação poderosa, ou como a nação, sendo poderosa, pode permitir que seus cidadãos tenham determinadas liberdades.

No século XIX essa relação nação poderosa-cidadãos livres evoca naturalmente a necessidade do desenvolvimento, do progresso visto como universal, mas também o fato de que cada a nação, para construir sua grandeza, deve ser livre, deve crescer, deve expandir-se, o que se faz necessariamente em detrimento das outras.

A concepção de progresso, tal como se apresenta no século XIX, está sempre ligada à de liberdade e à de bem-estar. O Iluminismo havia desenvolvido a crença de que a razão e o conhecimento tornavam os homens sábios e, portanto, melhores. No século XIX o progresso vai encarnar não só a idéia de que os homens poderão, desenvolvendo a tecnologia, libertar-se da necessidade do trabalho e da miséria, como também a certeza do crescente aperfeiçoamento do gênero humano. Enfim, a idéia de que as nações prosperariam e os homens terminariam gradualmente, ou não, com a luta de classes, dando nascimento a um mundo melhor: ao reino da liberdade e da igualdade[11].

Cumpre salientar que, se a necessidade da nação livre e poderosa leva à libertação e construção de novas nações, leva também a novas conquistas. Se, por um lado, portanto, assistimos a lutas de independência e à formação de novas nações (sobretudo nas Américas, onde o exemplo dos Estados Unidos é seguido), por outro, será também o momento de um novo colonialismo expansionista, em que

10 Marx, em seus artigos na *Gazeta Renana*, por ocasião da revolução de 1848 na Alemanha, defende a necessidade de uma pátria alemã una e indivisível: "Na Alemanha a luta pela centralização, contra um sistema federativo, é a luta entre a civilização moderna e o feudalismo... não pedimos, o que seria utópico, que seja proclamada a *priori* uma república alemã una e indivisível..." (Marx & Engels, *La Nouvelle Gazette Rhénanne I*, 7 junho 1848).

11 Na questão que se colocava Marx, Socialismo ou Barbárie, estava também implícita a idéia de progresso tecnológico, como fator para o desenvolvimento do capitalismo e da futura revolução que daria nascimento à sociedade comunista, visualizada como o reino da igualdade e da liberdade. A única oposição a esta crença seria, talvez, a realizada por alguns românticos conservadores. Todavia, esta discordância romântica não negava o progresso, pois nele via algo de incontrolável e inevitável.

cada nação européia precisa marcar sua grandeza com novas conquistas, retalhando o continente africano ou dominando os velhos povos asiáticos.

No primeiro caso, a liberdade individual só poderá ser pensada após a libertação da colônia. A libertação nacional passa a ter prioridade sobre a liberdade do indivíduo. Em outras palavras: uma nação que não é livre não pode ser constituída de cidadãos livres. Este é o tipo de discussão que já encontramos em Maquiavel, nos economistas clássicos, em Hobbes e mesmo na sociologia política mais moderna. Na verdade, a pergunta que todos formulam é: o que faz uma nação ser livre? Uma nação, para ser livre, deve necessariamente ser poderosa? Uma nação é poderosa pela sua riqueza, pelo seu complexo militar, pelo seu domínio sobre outras? A tal ponto estes fatores se imbricam, que é difícil dizer o que a faz realmente mais livre e mais independente[12].

No segundo caso, a manutenção das colônias e a realização de novas conquistas são necessárias para a nação ser poderosa e livre. Novamente, o poder da nação e sua liberdade se juntam a fim de caracterizar as condições fundamentais para que o cidadão seja livre.

Nessa complexa discussão sobre as liberdades do cidadão e suas relações com a grande nação, o pensamento político do século XIX define suas abordagens explorando também a já clássica relação indivíduo-sociedade-Estado. As diferentes opções teóricas surgirão e se apresentarão segundo seus diferentes esquemas de privilégios ao indivíduo, à sociedade ou ao Estado, como determinantes da liberdade ou igualdade. Parafraseando Maquiavel, a questão a ser proposta será: onde colocaremos a guarda da liberdade, no Indivíduo, na Sociedade ou no Estado? Quem decidirá e estabelecerá a igualdade?[13]

Diríamos que tanto as visões liberais, quanto as socialistas ou as estatistas (chamaremos aqui de estatistas aquelas que privilegiam o Estado como determinante da liberdade e da igualdade, tanto individual quanto social) são as linhas mestras com que se debaterão as teorias políticas até nossos dias.

---

12 As análises políticas contemporâneas trabalham justamente esta complexidade do problema, ao caracterizar as nações mais pobres como subdesenvolvidas, dependentes, periféricas, etc.

13 A questão levantada por Maquiavel no Livro I, Cap. V, dos *Comentários sobre a primeira década de Tito Lívio* é: a quem confiar com segurança a guarda da liberdade, aristocratas ou povo?

O liberalismo, apesar de reconhecer a necessidade da existência do Estado como garantia da lei e da ordem, teme sua força e privilegia sempre as liberdades dos cidadãos em detrimento da igualdade dos indivíduos (a totalidade da sociedade) e do poder do Estado. Todos podem ser livres e iguais desde que sejam cidadãos e desde que não perturbem e trabalhem para a grandeza da nação. Mas, também, o poder do Estado não pode cercear a liberdade dos cidadãos. E o progresso, um dia, transformará todos em cidadãos.

O socialismo dirá que a liberdade só será possível se uma verdadeira igualdade existir. Não apenas a formal, a determinada pela lei, como a dos cidadãos liberais, mas a real, dentro das possibilidades estabelecidas pela sociedade como um todo e para todos os indivíduos. Só uma sociedade de iguais poderá permitir a existência de liberdades individuais. O Estado, embora ameaçador, poderá ser a força que estabelecerá esta igualdade e poderá desaparecer quando ele não mais for útil, pois não mais haverá necessidade de obrigar alguém a ser livre. A própria igualdade, a sociedade como um todo, e somente ela, será a guardiã da liberdade. E as revoluções, violentas ou não, permitirão no futuro que todos sejam iguais e livres, tão iguais e tão livres, que as próprias diferenças nacionais, como os Estados, poderão desaparecer.

Para outros, porém, somente o Estado forte, poderoso como a nação que encarnará, poderá determinar para quem e quais são as liberdades. Somente ele decidirá do corte de igualdade e somente ele poderá controlar os abusos dos indivíduos e da sociedade. Somente o Estado forte, autoritário, poderá realizar a pátria grande e livre, e, portanto, a liberdade dos seus súditos-cidadãos.

Poderíamos ainda acrescentar que as várias visões, suas variações, tendências e combinações possíveis sempre apresentarão um lado romântico, pouco realista, ou apenas saudoso de um passado não muito distante, ou mesmo pouco interessado em estabelecer ou realizar análises científicas. Assim, há desde proposições em que a impossibilidade do conhecimento da realidade política torna difícil considerá-las como científicas, em que as perspectivas de mudanças são vistas como utópicas, até aquelas que, embora com um tratamento mais cuidadoso do conhecimento da realidade, temem o desenvolvimento da técnica, do progresso que poderá desumanizar os homens, massificando-os.

Mas sempre há, também, a esperança de uma nova ciência do político, que surge com o nascimento de uma ciência social. Isto é, em que o conhecimento da realidade social e política aparece como possível, melhor ainda, como necessário. É nesta necessidade de uma nova ciência do político, que a teoria política do século XIX acaba por juntar as análises de realidade e suas críticas teóricas, as proposições de transformações, à obrigatoriedade da ação. Os pontos de partida podem se opor, ou indo da idéia à ação, ou partindo do pressuposto de que as ações é que dão nascimento às idéias, ou afirmando, simplesmente, que ambas fazem parte da mesma realidade; mas nenhum pensamento político do século XIX escapa a esta imbricação necessária entre teoria e prática.

A nova ciência social acaba por englobar também o político ao social e ao econômico, levando a teoria política a uma aparente perda de autonomia. Após a confusão estabelecida por Locke, ao colocar a questão da liberdade e da igualdade ao lado da propriedade, embora sua conotação de propriedade fosse mais ampla[14], a propriedade, com sua conotação econômica, vincula-se definitivamente à questão fundamental da Ciência Política. Torna-se assim difícil para toda teoria política ignorar a questão da propriedade, da riqueza, do *status*, enfim do fator econômico e social, ao tratar do tema da igualdade e liberdade.

Os pensadores políticos do século XIX, ao juntarem às suas idéias o imperativo da ação, iniciam uma discussão que permanece viva, até hoje, em todo o campo da ciência política. O fato de que o conhecimento da realidade é algo absolutamente obrigatório, para se adquirir a consciência do fenômeno político e poder agir corretamente, leva à idéia moderna da ligação essencial entre teoria e prática. É como se o texto bíblico – “A fé sem obras é morta” – perdesse sua conotação religiosa para assumir uma conotação científica. Na verdade, não apenas se abandonou o domínio das idéias abstratas, mas também se exige que a prática tenha justificação teórica[15].

O liberalismo político do século XIX não escapa a todas essas preocupações. Suas análises, proposições e soluções, sem abandonarem a questão da igualdade e da liberdade, abordam necessariamente esses novos temas. Esse pensamento político liberal pós-revoluções não será apenas crítico do liberal clássico, embora seja seu herdeiro mais direto, mas terá sempre presente, também, os acontecimentos

---

14 Cf. nota 6, p. 37.

15 Já Maquiavel havia levantado esta questão. Em O *príncipe* é uma constante o ensinamento de que é necessário o conhecimento da realidade e da *necessitas* do seu povo, para que a ação do Príncipe tenha eficácia.

revolucionários de 89 e as soluções concretas dadas pelas Revoluções Inglesas e Americana. Está ainda mais próximo destas duas últimas, talvez por serem mais liberais que a Revolução Francesa, ao determinarem várias saídas constitucionais e institucionais liberais para a preservação da liberdade e o estabelecimento da igualdade.

A crítica desse novo liberalismo ao pensamento político clássico será dirigida, sobretudo, à idéia dos direitos naturais dos homens, à verificação de que estes apareciam como abstrações anárquicas (como na Revolução Francesa, em que mesmo a Vontade Geral rousseauniana é tão mal compreendida). Tentar-se-á defini-los, localizando-os no espaço e encontrando algo que os garanta na realidade. Assim é que logo será abandonada a expressão "direitos naturais dos homens", na sua universalidade – que a Revolução Francesa e as guerras napoleônicas ajudaram a espalhar –, para transformá-la em "direito dos franceses", "dos ingleses" etc.

Para os novos liberais, as Revoluções Inglesas e Americana poderiam ser encaradas como pontos de partida para o estabelecimento de regimes liberais, em que alguns de seus mais caros valores já estavam presentes; a Revolução Francesa, no entanto, por vezes aparecia-lhes como uma grande tragédia. Tragédia esta devido, sobretudo, à desesperada tentativa dos revolucionários, em particular dos jacobinos, de estabelecer a igualdade em detrimento da liberdade. Era como se as Revoluções Inglesas e Americana apenas tivessem implantado a liberdade para aqueles que já eram de alguma forma iguais, enquanto a Francesa havia tentado realizar liberdade e igualdade ao mesmo tempo. É a partir do drama desta contradição fundamental liberdade-igualdade que o novo liberalismo se volta contra aqueles que haviam estabelecido que a liberdade e a igualdade deveriam caminhar juntas.

O medo de revoluções que novamente colocassem lado a lado as duas reivindicações, trazendo consigo a necessidade da violência, como a de 89, faz com que os novos liberais sejam, acima de tudo, anti-revolucionários[16].

Esse temor da revolução está intimamente ligado a um pavor maior: o de uma igualdade que se tentasse estabelecer "aqui e agora". Não é apenas o terror à desordem, mas, muito mais, o medo da

16 É verdade que, a despeito desta opção anti-revolucionária, o século XIX é cheio de revoltas e revoluções lideradas por liberais que defendiam justamente os princípios do novo liberalismo.

destruição do Indivíduo, das liberdades individuais. Nada pior, para um liberal do século XIX, do que a submissão do indivíduo, de suas vontades particulares, enquanto privadas, à sociedade ou ao Estado.

Nessa defesa do indivíduo e de suas liberdades, o novo liberalismo acaba por estabelecer uma separação bastante nítida entre o público e o privado. Tenta ainda alargar ao máximo a esfera do privado, insistindo que só o indivíduo é o limite para suas decisões particulares. A proteção do indivíduo é, pois, não apenas contra o Estado, mas também contra a sociedade, em suas mais variadas manifestações: opinião pública, preconceitos, crenças etc.

É por tudo isso que a igualdade pode ser ameaçadora. Por um lado, pode destruir as individualidades, obrigando os homens a se comportarem segundo padrões estabelecidos socialmente; por outro, há sempre a ameaça da tirania de um Estado, legitimado por uma massa de iguais, em que minorias dissidentes não encontrariam espaço político para se manifestar[17].

Assim, esse novo liberalismo volta-se ao mesmo tempo contra a sociedade e o Estado, mas sabe também que não pode passar sem eles. O seu trabalho constantemente será buscar os limites necessários de uma ou outra dominação. Enfim, até que ponto sociedade e Estado irão perturbar as liberdades fundamentais do indivíduo? Melhor explicando, se sociedade e Estado existem e são necessários para evitar a desordem e a anarquia, suas funções e poderes devem

---

17 Esta defesa do individualismo era uma constante nos escritos e discursos liberais do século XIX. Veja-se, por exemplo, como Benjamin Constant defende a liberdade individual em face da soberania dos cidadãos: "A universalidade dos cidadãos é o soberano, isto é, nenhum indivíduo, nenhuma facção, nenhuma associação parcial pode se arrogar o direito à soberania, se ela não lhe foi delegada. Mas a partir desta constatação não se pode inferir que a universalidade dos cidadãos, ou aqueles que por ela são investidos da soberania possam dispor soberanamente da existência dos indivíduos. Há, ao contrário, uma parte da existência humana que, necessariamente, permanece individual e independente, e que de direito está fora de toda competência social. A soberania só existe de uma maneira limitada e relativa. A jurisdição desta soberania acaba onde começa a independência e a existência individual... a sociedade não pode exceder sua competência sem ser usurpadora, a maioria, sem ser facciosa" (Constant, *Cours de politique constitutionnelle*, p. 9). Ou então Stuart Mill: "O princípio de todas as coisas sábias ou nobres vem e deve vir dos indivíduos". Ou ainda: "Para o indivíduo deve pertencer a parte da vida na qual o indivíduo é o principal interessado" (Mill, *On liberty*, p. 59).

ser limitados, de tal forma que a massa e a maioria não sejam impositivas e o poder do Estado não destrua o indivíduo e suas criações. A favor do Estado e da sociedade, mas apenas como garantia da liberdade do indivíduo, e de proteção contra os "outros".

Eis por que liberdade e igualdade são vistas como contraditórias. Mas, embora contraditórias no presente, elas não são abandonadas, muito pelo contrário, constituem a meta a ser atingida num futuro, quando o desenvolvimento tecnológico, a educação e a riqueza tiverem transformado gradativa e pacificamente os indivíduos em homens mais iguais, sem sacrifício da liberdade. Se a democracia, considerada como a sociedade de iguais, pode ser algo que atente contra a liberdade dos indivíduos, na medida em que esta igualdade pressuponha uma massa tirânica, tal tirania poderá ser evitada se a igualdade for a dos cidadãos. Portanto, sem abandonar, por um minuto sequer, a defesa da liberdade, a igualdade assume o caráter de um vir-a-ser, na medida em que a cidadania pode ser conquistada. É esta conquista da cidadania que passa a ser a meta dos novos liberais para a solução da contradição entre a liberdade e a igualdade.

A tal ponto tal conquista da cidadania é o fulcro central deste novo liberalismo, que muitas vezes se confunde com a conquista da felicidade, que não é inteiramente alheia à conquista do bem-estar e da propriedade[18].

É verdade que, nessa conquista da cidadania e, portanto, da felicidade e do bem-estar, há sempre uma enorme ambigüidade implícita nas preocupações liberais do século XIX. Desde que o progresso é inevitável e mesmo necessário, para se atingir a liberdade, a igualdade e o bem-estar, ele pode também ser destruidor da própria liberdade. Pois este mesmo progresso introduz novos valores, como a riqueza e a propriedade, para se atingir o bem-estar, transforman-

18 A Declaração de Independência Americana, em 1776, havia já substituído a trilogia lockiana – "Liberdade, Igualdade, Propriedade" – pelos direitos a "vida-liberdade-busca da felicidade". Já a Revolução de 89, na sua Declaração dos Direitos do Homem e do Cidadão, além, evidentemente, de estabelecer que os "homens nascem livres e iguais", declara que os seus direitos naturais são "a Liberdade e a Propriedade". Nesta perspectiva e no seu horror a 89, sem dúvida os liberais do século XIX, mesmo os franceses, sentir-se-ão sempre mais próximos do Bill of Rights do que da Declaração de 89. Mesmo a liberal constituição americana de 1787 incorpora o Bill of Rights, como suas dez primeiras emendas, somente em 1791.

do os homens em seus escravos, ameaçando justamente a criatividade livre que só a liberdade individual pode permitir. Eis por que, também, um forte romantismo impregnará tal ambigüidade. São os velhos valores do Antigo Regime, aliados a um temor ao desenvolvimento industrial, que irão se opor à destruição das pequenas comunidades e à sua transformação em grandes concentrações urbanas e massificantes. Sem dúvida, esta argumentação romântico-conservadora teve sua melhor manifestação nos vigorosos discursos políticos de Burke

É como se o progresso, ao mesmo tempo que libera e torna mais homens iguais, pudesse também os transformar em escravos da produção e do consumo, criando uma outra desigualdade, pior ainda que a anterior[19].

Mas, se o reino da igualdade e da liberdade e, portanto, a felicidade dos indivíduos, da nação e mesmo da humanidade, está no futuro, é preciso organizar o caminhar para lá, para que novas revoluções não sejam necessárias e que tudo possa ser atingido pacificamente, o que significa, para os liberais, *legalmente*, isto é, dentro da ordem constitucional. Assim a lei, as constituições e sua respeitabilidade serão elementos fundamentais que garantirão a igualdade e a liberdade. Aparentemente, a impressão que se tem é que os liberais do século XIX tomam de Rousseau a idéia de que a lei é a expressão da Vontade Geral, não importa se não o é, e a colocam no Poder Legislativo de Locke, com toda a sua legitimidade dada pelo voto da maioria. São, portanto, as constituições, como lei suprema, que irão estabelecer que "todos os homens são iguais perante a lei", e igualmente definir tanto os limites entre o direito público e o privado, quanto o possível controle do poder do Estado, para que a liberdade individual possa ser preservada da opressão da sociedade e do poder do Estado sem diminuir a grandeza da nação. Ao contrário, só assim ela pode ser preservada.

A questão da liberdade e da igualdade é, dessa forma, resolvida pelas constituições liberais, na medida em que declara que os cidadãos são iguais e livres. Não podemos nos esquecer, entretanto,

19 A idéia de democracia, como a de uma organização social e política de iguais, vai se chocar com os ideais liberais. Há continuamente um esforço em juntá-los em democracias liberais, a tal ponto que acabam por erroneamente se confundir, pois, para os liberais do século XIX, democracia é uma meta a ser atingida num processo de igualização.

como já dissemos, de que a cidadania não é para todos: ela é algo a ser conquistado, de preferência lentamente, mas sempre dentro da Lei.

Estamos retomando, sem dúvida, a nossa questão inicial e fundamental para todo o pensamento político: liberdade *para quem* e *para quê?*

O novo liberalismo não terá nenhum pudor em estabelecer quem são os cidadãos. Mas não será também sem polêmica que cada nação decidirá por onde passar o corte da cidadania.

De imediato, é óbvio que o escravo não é cidadão. A questão que se coloca é outra: deve o escravo ser libertado para que assim possa alcançar a cidadania? Embora a nação americana continuasse a ter escravos, é verdade que a maioria das nações européias já não os possuía, mas o debate continuará acirrado, ainda no século XIX, em torno da extinçao ou não da escravidão nas colônias[20].

Mas, se pode parecer mais ou menos óbvio que o escravo não pode ser cidadão, os demais cortes da cidadania não são necessariamente tão evidentes. Eis por que a gama desta escolha pode ser a mais variada. Duas únicas condições serão aceitas universalmente – a nacionalidade e o sexo. Todas as demais qualificações podem ser variáveis, não apenas na ideologia liberal, mas também nas muitas constituições nacionais liberais. Em geral acentua-se o fato de que este corte da cidadania passa quase sempre pela riqueza e pela propriedade, mas este também se faz comumente pela idade ou pela educação.

O liberalismo político do século XIX aceita tranqüilamente a fórmula, já expressa, de que a liberdade e os direitos políticos serão privilégios dos cidadãos, e não de todos os habitantes da nação.

Resolve-se, assim, a questão da liberdade e da igualdade, pela simples formulação de que "os cidadãos são livres e iguais" e pela restrição temporária da cidadania.

---

20 Durante a elaboração da Constituição dos Estados Unidos esse foi um ponto de grande discussão. Embora no final a escravidão permanecesse, não se sabia como resolver a questão da contagem dos escravos para efeito do estabelecimento do número correto dos representantes no Congresso, por estado, uma vez que se aceitou a proporcionalidade em relação ao número de habitantes por estado. O problema surgia pelo simples fato de ser preciso decidir se o escravo, embora não sendo cidadão, deveria contar como indivíduo-habitante.

Mas, se a cidadania pode ser uma conquista, repetimos, esta deverá ser feita pacificamente e dentro da lei. Nesta perspectiva, esse liberalismo irá acentuar a necessidade de que os caminhos escolhidos não perturbem a liberdade. Há realmente um reconhecimento de que, se a liberdade é para poucos agora, somente a sua preservação poderá permitir que algum dia ela seja para todos. É com esta preocupação fundamental que os novos liberais traçam os caminhos para a obtenção da cidadania e estabelecem alguns princípios essenciais. Estes, confundindo-se por vezes, procuram garantir que, ao expandir a igualdade, não se destrua, nem violente a liberdade para que, ela assim permanecendo íntegra, possa igualmente no futuro ser para todos.

Essa solução será muito clara. Em primeiro lugar, apesar do necessário progresso da sociedade e da existência do Estado, sempre serão a favor do cidadão. Em segundo lugar, formalmente, as constituições estabelecerão quais são as liberdades e quem são os iguais legalmente. Mas, e este talvez seja o aspecto mais interessante do liberalismo do século XIX, a garantia de que esta liberdade e esta igualdade não serão apenas formais dependerá necessariamente das próprias criações e ações dos cidadãos.

Os caminhos seguros e os princípios fundamentais para a salvaguarda da liberdade são traçados e enunciados pelos cidadãos. Alguns, como as instituições livres, a descentralização administrativa do Estado, a educação livre, a liberdade individual são já reconhecidos como elementos essenciais para a garantia da liberdade. Mas, o que se reconhece, também, é que é a ação política constante dos cidadãos que irá permitir a constituição e a manutenção de sua liberdade.

É essa ação política constante que possibilitará a existência de manifestações livres de todos, mesmo daqueles que ainda não são cidadãos, permitindo assim o alargamento da cidadania. As transformações sociais e políticas, as reformas possíveis são assim conquistadas, como se tudo fosse apenas um longo e constante aprendizado para o gozo da liberdade. E, quando todos tivessem tudo aprendido, só então liberdade e igualdade não mais seriam contraditórias[21].

É nessa ênfase na ação política, como garantia da liberdade, que Alexis de Tocqueville provavelmente dá a sua maior contribuição ao novo pensamento liberal, que começa a se delinear na primeira metade do século XIX. Sem dúvida esta necessidade da parti-

21 Da mesma forma democracia e liberalismo deixariam de ser contraditórios.

cipação política, para que não se destrua a liberdade, já havia sido levantada na Revolução Americana, mas Tocqueville é o primeiro a mostrar a sua importância, explicando-a; aliás, tomando como objeto de sua explicação a própria democracia nos Estados Unidos. É, também, porque está preocupado com o problema da liberdade que vai tentar entender o que é democracia. E é ainda, por compreender que a democracia é um processo de igualização crescente, inevitável, e ameaçador da liberdade, que vai expor os caminhos e os princípios liberais de salvaguarda a serem seguidos.

Falamos até aqui de um liberalismo genérico, quando talvez devêssemos especificar as diferenças entre o inglês, o francês, o italiano ou outros, já que mesmo a palavra liberal não significava a mesma coisa em cada país[22].

O liberalismo nacionalista é realmente um fato, e na grande maioria das vezes é mais romantico e aparece mais identificado com o povo do que com a nação[23].

Mas, se cada nação desenvolve o seu liberalismo, a impressão que temos é que o pensamento liberal do século XIX é tipicamente inglês. A tal ponto isto parece verdadeiro, que a maioria dos liberais

22 O termo "liberal", significando um tipo de opinião política, era novo no século XIX. Foi primeiramente usado para designar na Espanha os rebeldes de 1820. Na Inglaterra, por volta de 1820, era conhecido na sua forma francesa ou espanhola: falava-se em "English libéraux" ou "English liberales", com uma certa conotação pejorativa. É somente em meados do século que o termo assume uma significação respeitável. Mas, pelos anos 60, liberais na Inglaterra são os membros do partido de Gladstone. Muitas outras significações são encontradas durante o século XIX para o termo, segundo as diferentes lutas políticas de cada região. Na França é primeiramente difundido pelos "realistas" para designar, durante a Restauração, seus oponentes à esquerda na Câmara. A denominação de "liberal" continua a ser usada confusamente na França por muito tempo, a tal ponto que tanto Thiers, Barrot ou Guizot foram denominados liberais.

23 É interessante notar, por exemplo, como Louis Philippe se autodenominava "Rei dos Franceses", e não da França. Poderíamos também observar como, por todo o século XIX, há nas letras e nas artes em geral expressões, que não são necessariamente contraditórias, estabelecendo relações, entre um caráter nacional, racional e grandioso de um lado, e um popular, romântico e gracioso, de outro. Poderíamos citar, por exemplo: Chopin ou Lizt, mais próximos do popular romântico, em contraposição a um Wagner, mais perto do nacional grandioso. Da mesma forma, nas artes plásticas, um movimento como o dos pré-rafaelitas na Inglaterra comparado com David na França; ou ainda, na literatura, Walter Scott e Balzac.

franceses têm necessariamente alguma ligação com a Inglaterra ou com o mundo inglês. Sem falarmos no fato de que as instituições políticas inglesas são sempre o grande exemplo a ser seguido, os liberais franceses ou passam longas temporadas na Inglaterra, estudando-a para melhor compreender sua organização política, ou muitas vezes têm laços mais profundos, como os religiosos ou afetivos[24].

Será, portanto, tendo em vista aquela configuração dos temas mais gerais abordados pelo liberalismo no século XIX, em torno sempre da nossa questão fundamental da liberdade e da igualdade, que iremos analisar o pensamento político de Alexis de Tocqueville.

Esse, aliás, bastante francês, não apenas no seu magnífico estilo literário, mas, sobretudo, por demonstrar, em seus escritos e na sua atuação política, uma preocupação constante com o poder e a grandeza da nação francesa e o seu futuro. Mas, embora assim fosse, o liberalismo de Tocqueville é profundamente inglês. Mesmo no seu discutível conservadorismo estará sempre mais próximo do talentoso e realista Burke, do que do dogmático e intolerante conservadorismo teocrático francês de J. de Maistre e de Bonald. Sua forma de pensar, seus valores são tão ingleses, que não hesita em tristemente constatar a existência, na Inglaterra, de uma burguesia enobrecida enquanto, na França, a nobreza havia se aburguesado[25]. O que lhe

24 Já Montesquieu e Voltaire haviam sofrido, como demonstram suas obras, uma enorme influência do mundo inglês, mais liberal (após as revoluções do século XVII) que o francês. Mas é interessante como os liberais franceses, no século XIX, quase sempre estão intimamente ligados à Inglaterra, não só através do mundo político, mas também por laços pessoais. Curiosamente Benjamin Constant e Mme. de Staël, por exemplo, além de serem protestantes, passam longas temporadas na Inglaterra. Tocqueville não só desenvolve suas idéias liberais a partir da democracia americana, mas também das instituições políticas inglesas que admira. E mais curioso ainda é o fato de que tanto ele como o poeta Lamartine, também considerado um liberal, casam-se com inglesas de origem protestante.

25 Fascinado com o espírito ao povo inglês em sua viagem à Londres em agosto de 1833, Tocqueville escreve a G. de Beaumont: "O que é mais notável para mim em relação aos costumes é o seu exterior aristocrático. Parece-me que o espírito aristocrático penetrou em todas as classes" (O.C., T. VIII, Vol. 1, p. 124). Ou ainda em carta de Tocqueville a Nassau W. Senior, quando expressa seu interesse pela opinião dos ingleses sobre um dos seus relatórios à Assembléia: "Eu prezo quase tanto o que se diz de mim de um lado da Mancha como do outro; tenho, aliás, tantos sentimentos e idéias que comungo com os ingleses, que a Inglaterra tornou-se para mim como uma segunda pátria intelectual" (*O.C.B.*, Vol. VII, p. 270).

era triplamente penoso, dada a sua condição de nobre, francês e católico, pois, além de tudo, a Igreja Católica Romana havia condenado as idéias liberais[26].

26 Gregorio XVI, que foi papa de 1831 a 1846, deixa bem claro na sua encíclica *Mirari vos* que não há lugar para o liberalismo dentro da doutrina da Igreja. Mais tarde, Pio IX, em 1864, denuncia o liberalismo, juntamente com o panteísmo, o racionalismo, o indiferentismo, o socialismo, o comunismo, as sociedades secretas, as sociedades bíblicas, como os grandes erros da época. E, embora Tocqueville declarasse constantemente que havia perdido a fé desde sua adolescência, é com tristeza que encara os atos antiliberais da Igreja Católica Romana.

I

A IGUALDADE

J'aime la liberté par goût, l'égalité par instinct et par raison[1].

ALEXIS DE TOCQUEVILLE tornou-se conhecido como pensador político após a publicação, em 1835, do primeiro volume de sua obra *De la démocratie en Amérique*. Esta mereceu, na época, um prêmio extraordinário da Académie Française[2]. A sua divulgação e o interesse que despertou entre seus contemporâneos são devidos, em boa parte, ao impacto causado por apresentar pertinentes comentários, baseados em pesquisa que havia realizado nos Estados Unidos, sobre sua organização social e política. Afinal, essa nação, em seus 59 anos de existência, havia conseguido se exibir para o mundo como uma democracia. Democracia que, apesar da escravidão, era considerada como uma nova forma de organização política e social, na qual os seus cidadãos aparentavam ser muito mais livres e iguais que os europeus. Além disso, Tocqueville procurava demonstrar, nessa sua primeira publicação, que a democracia, como organização social e sistema político, com suas qualidades e defeitos, seria o futuro da humanidade.

Em nossos dias a importância do pensamento político de Tocqueville parece ainda estar ligada a essa sua preocupação em compreender as diferentes transformações e revoluções que ocorrem no seio das sociedades para que a democracia possa se realizar.

Tocqueville tornou-se também conhecido pelos seus prognósticos em relação ao futuro de algumas grandes nações[3].

---

1 O.C., T. VI, Vol. 1, p. 293.

2 Tocqueville é eleito para a Académie des Sciences Morales et Politiques em janeiro de 1838. Após a publicação do segundo volume de *De la démocratie en Amérique*, é eleito, em 23 de dezembro de 1841, para a Académie Française.

3 Sem dúvida, um dos mais conhecidos prognósticos de Tocqueville é o relativo ao futuro dos Estados Unidos e da Rússia, que deveriam tornar-se duas grandes potências no futuro (O.C., T. I, Vol. 1, p. 430-1). Ou ainda, como as democracias no futuro poderiam transformar-se em grandes sociedades massificantes.

Ainda hoje, no entanto, o maior interesse que as obras de Tocqueville despertam no campo da teoria política refere-se à defesa que realiza da possibilidade de virem a existir, na grande maioria das nações, democracias em que igualdade e liberdade possam conviver em harmonia.

Esses e outros temas, desenvolvidos em suas várias obras, têm suscitado inúmeras discussões teóricas e metodológicas[4]. Essas discussões sempre salientam o seu método de análise da realidade social e política do seu tempo e a riqueza de suas observações ao explicar e construir conceitos tais como democracia e liberdade. A compreensão desses conceitos é fundamental para o perfeito entendimento de sua obra e de sua importância para a construção das teorias democráticas.

Sem dúvida, o pensamento político de Tocqueville é a expressão teórica de um liberalismo preocupado com os problemas de sua época, do futuro de seu país e da democracia. Como tal, ao tentar apresentá-los e discuti-los, não se pôde furtar à problemática da liberdade e da igualdade lançada pelo liberalismo clássico, no seu desafio de colocá-las como categorias não contraditórias de um mesmo todo. A idéia de uma sociedade democrática já havia surgido como a solução formal para este desafio. Os Estados Unidos apareciam para os europeus da primeira metade do século XIX como o país onde ela se realizava.

Embora a nação americana possa apresentar-se como um modelo de democracia, Tocqueville não vê nesta a solução imediata para a questão da igualdade e da liberdade; pelo contrário, a democracia traz em si problemas constantes que podem levar à destruição de pelo menos um de seus dois elementos. Na verdade, para ele liberdade e igualdade não são categorias que se possam facilmente pôr lado a lado. Com efeito, é sempre mais fácil encontrar a liberdade lá onde ela existe para alguns poucos, onde portanto não exista uma igual-

4 Além dos dois volumes de *De la démocratie em Amérique*, Tocqueville publica, em vida, apenas *L'état social et politique de la France avant et depuis 1789*, texto este que apareceu primeiramente em inglês, em tradução de John Stuart Mill, para sua *London and Westminster Review* em 1836; *L'ancien régime et la révolution*, em 1856; seus trabalhos e relatórios sobre a situação das prisões nos Estados Unidos e na França; e alguns artigos não assinados no jornal *Le Commerce*, do qual não apenas fez parte do conselho de redação, mas também, por um determinado período, possuiu algumas ações.

dade geral; do mesmo modo, uma igualdade social e política das mais amplas, embora desejável, pode determinar a extinção da liberdade.

É, pois, muito mais vendo a complexa relação liberdade-igualdade como passível de contradição que Tocqueville se dispõe a enfrentar o problema do liberalismo clássico. Não lhe basta, porém, tratar a questão apenas como uma especulação teórica. É preciso, antes de mais nada, compreender o que seria esta tão falada realidade sociopolítica democrática americana, é preciso saber o que é a democracia, definindo-a a partir de sua própria existência real, para só então poder realizar qualquer tipo de discussão teórica sobre a possibilidade de convivência da liberdade e da igualdade na democracia.

No entanto, a Revolução Francesa havia deixado aparente o processo de democratização francês, com os múltiplos problemas que trouxera em seu bojo. Tal situação surge para Tocqueville, tanto como ator quanto como teórico político, na condição de um desafio: entender a democracia conforme ela se apresenta em uma situação ideal, para poder agir corretamente em seu próprio país.

O tema da liberdade é sempre para Tocqueville o mais caro. É por temer que a liberdade desapareça com o desenvolvimento da igualdade que termina por aceitar a sua separação, embora provisória, isto é, aceitar que concretamente a liberdade deva sempre ser preservada, mesmo que ainda não tenha atingido a todos. Para ele, no futuro, a união harmoniosa das duas é possível, a democracia americana pode até apresentar o caminho nesse sentido, mas é preciso que se zele sobretudo pela liberdade. Enquanto a igualdade é providencial, como se fosse determinada por Deus, nada pode impedi-la de crescer. A liberdade, porém, sendo a parte mais frágil – pois ela só depende da ação dos homens –, necessita, para a sua defesa, de trabalho e luta, já que qualquer distração pode levar ao seu extermínio total.

No entanto, mesmo que se reconheça essa precedência da liberdade sobre a igualdade, ainda assim é extremamente difícil separar os dois temas no pensamento político de Tocqueville. Embora sua paixão pela liberdade os mantenha separados, ainda que apenas por uma distância hierárquica, não consegue tratá-los separadamente, sobretudo quando precisa apresentar as soluções para os riscos que corre a liberdade em relação ao desenvolvimento da igualdade. Tentaremos, apesar disto, trabalhar de início com o tema da igualdade para, em seguida, abordar o da liberdade, pois o primeiro traz problemas que só o segundo irá resolver.

OS INFORTÚNIOS DA IGUALDADE

J'ai pensé que beaucoup se chargeraient d'annoncer les biens nouveaux que l'égalité promet aux hommes, mais que peu oseraient signaler de loin les périls dont elle les ménace. C'est donc principalement vers ces périls que j'ai dirigé mes regards, et, ayant cru les découvrir clairement, je n'ai pas eu la lâcheté de les taire[5].

1. DEMOCRACIA

Ao dedicar-se ao estudo da igualdade, Tocqueville acaba por confundi-la com a própria democracia. Seria, pois, impossível abordarmos a questão da igualdade sem falarmos na da democracia. Em verdade, a igualdade só lhe interessa porque, para ele, nela se encontram os fundamentos e a explicação para a existência da democracia. No entanto, é preciso desde logo salientar o sentido novo que Tocqueville empresta ao conceito de democracia. Em seu pensamento político não se trata, de fato, da concepção clássica de democracia como forma de governo, designando o poder do povo, por ele instaurado e destinado a servi-lo. Na verdade, o conceito é mais amplo para Tocqueville. É através da análise de suas múltiplas facetas que procuraremos esclarecer aos poucos a complexa realidade a que ele se refere.

PROCESSO IGUALITÁRIO E IGUALDADE DE CONDIÇÕES

Democracia, para Tocqueville é, em primeiro lugar, um processo. Processo este constante e interminável que a humanidade realiza em direção à igualização crescente das condições em que vivem os homens. Como tal, a democracia é também inevitável e até mesmo providencial, como se fosse a própria vontade divina realizando-se na história da humanidade: *o desenvolvimento gradual da igualdade*

5 O.C., T. I, Vol. 2, p. 8.

de condições é, então, um fato providencial; deste fato tem ele as principais características: é universal, é durável, escapa todos os dias aos poderes humanos; todos os acontecimentos, como todos os homens, servem ao seu desenvolvimento[6]. Assim, *se longas observações e meditações sinceras levam os homens de nossos dias a reconhecer que o desenvolvimento gradual e progressivo da igualdade é, ao mesmo tempo, o passado e o futuro de sua história, esta única descoberta daria a esse desenvolvimento o caráter sagrado da vontade do soberano mestre. Querer parar a democracia pareceria, então, lutar contra Deus; só resta, portanto, às nações acomodar-se ao estado social que lhes impõe a Providência*[7].

É, pois, como se este *desenvolvimento gradual da igualdade de condições* entre os homens fosse algo que, além de não poder ser sustado, levasse também a uma ação constante de todos, mesmo daqueles que querem impedir esse processo, para que ele se realize. E é por este processo ser providencial e universal que *por toda parte assistimos aos diferentes acontecimentos das vidas dos povos caminharem em benefício da democracia; todos os homens a têm ajudado com seus esforços, tanto aqueles que pretendiam concorrer para o seu sucesso, como os que nem sequer sonhavam em servi-la; tanto aqueles que combateram por ela como os que se declararam seus inimigos; todos foram levados confusamente pelo mesmo caminho e todos trabalharam em comum, uns apesar deles próprios, outros sem o saberem, cegos instrumentos na mão de Deus*[8].

Embora possa aparecer como estranha esta idéia de Tocqueville, da democracia como um processo providencial, ele apenas está, neste caso, afirmando o seu caráter de lei necessária para se compreender o desenvolvimento da história da humanidade.

SITUAÇÃO DE IGUALDADE DE CONDIÇÕES

Além de ser um processo, para Tocqueville a democracia é também uma situação. Um estado social em que os homens vivem uma *igualdade de condições*, sejam elas definidas no plano econômico, político ou social, como igualdade de posses de direitos, igualdade cultural, de valores e de crenças etc. Isto não implicaria, no entanto, que neste estado democrático o próprio processo encontrasse

6 O.C., T. I, Vol. 1, p. 4.

7 *Ibid.*, p. 5.

8 *Ibid.*, p. 4.

o seu fim, pois, a sociedade jamais sendo imóvel, sempre haveria a conquistar uma nova igualdade.

PRINCÍPIO E FATOR GERADOR

Na verdade, a *igualdade de condições* não se limita a ser uma situação dada, já que ela vai permitir a existência de um princípio democrático. Da mesma forma que, numa situação dada a *igualdade de condições* é a expressão do próprio princípio que nela se realiza, também a existência do princípio democrático necessita concretamente de uma situação dada em que se exprima.

Explicando melhor, é como se, para Tocqueville, os homens tivessem partido de, ou chegado a, uma situação igualitária qualquer que lhes permitisse ver-se como iguais. É esta mesma situação de aparência, da visão de si e dos outros como iguais, que, por sua vez, irá desenvolver o princípio básico da igualdade entre os homens.

Seria, talvez, importante salientar, como faz François Furet, que a *igualdade de condições* segundo Tocqueville é simplesmente *um princípio constitutivo da ordem social democrática* compreendido como *norma, e não constatação.* Assim sendo, da mesma forma que podemos perceber, no seu processo democrático, o providencial como lei, podemos entender esta *igualdade de condições* como norma[9].

A *igualdade de condições* existiria, portanto, quando houvesse algo de igualitário em comum que possibilitasse a visão da igualdade, desde aquela dada num determinado momento em torno de determinados aspectos – fossem eles, como já dissemos, sociais, econômicos, políticos, culturais etc. e que se expressassem formalmente como igualdade jurídica ou simplesmente como igualdade de possi-

---

9 François Furet trabalha com esta idéia ao comentar a frase de Tocqueville "A igualdade de condições faz do senhor e do criado novos seres e estabelece entre eles novas relações" (O.C., T. I, Vol. 2, p. 188). Escreve Furet: "Assim, a igualdade de condições, uma das expressões favoritas de Tocqueville para caracterizar a democracia, não significa que senhor e criado sejam realmente iguais, mas que podem sê-lo, ou, ainda, que a relação de subordinação provisória não é parte constitutiva de um 'estado' que defina inteiramente a ambos, pois pode, por exemplo, inverter-se no futuro, em função de seus respectivos êxitos... A igualdade de condições não deve pois ser entendida em sentido material, e sim como um princípio constitutivo da ordem social democrática, em oposição ao mundo aristocrático: *norma,* e não constatação" (Furet, F. "Démocratie en l'Amérique". In: *Commentaire,* 1980).

bilidades – até aquela ampla e total igualdade que está sempre por vir e aparece como um futuro a ser atingido.

A *igualdade de condições* pode, pois, ser entendida deste modo amplo como o fator gerador, por um lado, de uma futura igualdade cada vez mais ampla e, por outro, como uma visão dos homens de que, nesse dado momento e nessa dada situação, são iguais.

Uma situação de igualdade de condições pode fazer com que a igualdade se consolide. A visão da igualdade, enquanto princípio, permite que ela seja não apenas garantida e durável, mas também possa prosseguir no seu caminhar igualitário. Assim sendo, ambas fazem com que o processo democrático se realize, tanto em relação ao sentimento concreto de novas situações igualitárias, quanto em relação ao princípio ideológico que torna possível a existência de tais situações.

A DEMOCRACIA AMERICANA

Para Tocqueville é preciso mostrar, no entanto, que essas idéias não são abstrações desvinculadas da realidade. Por isso, é na busca de exemplos de uma situação em que a *igualdade de condições* esteja mais próxima do real, em outras palavras, em que o processo democrático esteja mais próximo da democracia que ele se volta para os Estados Unidos. Afinal, *este é o país no mundo onde a grande revolução social (democracia) parece ter quase atingido seus limites naturais*[10]. Os Estados Unidos seriam essa nação, mais do que qualquer outra, onde ele consegue detectar tanto o aspecto de uma situação igualitária, quanto a igualdade como *princípio gerador* da sociedade civil e do governo democrático.

De fato, é nesse país que ele descobre o verdadeiro âmbito da influência que a *igualdade de condições*, como um fator primordial, exerce sobre o caminhar da sociedade: *ela fornece ao espírito público uma certa direção, uma determinada configuração às leis, máximas novas aos governantes e hábitos peculiares aos governados. Ela estende sua influência muito além dos costumes políticos e das leis, e tem domínio tanto*

10 O.C., T. I, Vol. I, p. 11. Para Tocqueville realmente uma igualdade plena de indivíduos será muito difícil de ocorrer, pois "um povo, por mais esforços que realize, não conseguirá, em seu âmbito mais profundo, tornar as condições perfeitamente iguais. Restaria ainda a desigualdade das inteligências" (O.C., T. II, Vol. 1, p. 144).

sobre a sociedade civil e o governo, como sobre o comportamento e a ideologia. Em outras palavras, *cria opiniões, faz nascer sentimentos, sugere usos e modifica tudo aquilo que ela própria não produz*[11].

À medida que Tocqueville estuda a sociedade americana, vê cada vez mais na *igualdade de condições* o fator gerador *do qual cada fato particular parece descender* e volta a ela todo o tempo *como um ponto central* para onde é obrigado a dirigir sempre suas observações[12].

Supondo, pois, que a sociedade americana é a que mais se aproxima da democracia, aquela onde a *igualdade de condições* está mais realizada, a caracterização de Tocqueville da democracia passa a ser feita a partir de seus estudos e considerações sobre os Estados Unidos. Ao dedicar sua obra à democracia na América, não está preocupado propriamente com a América, mas, em verdade, com o fenômeno da democracia. Vê Tocqueville nos Estados Unidos mais que os Estados Unidos. Ele procura neste país a imagem da democracia[13]. E, se a democracia é um fenômeno inevitável, é preciso compreendê-lo e defini-lo.

Na verdade, ao afirmar que adaptara as idéias aos fatos, e não os fatos às idéias[14], sua finalidade é construir uma definição para este fenômeno que, embora tão antigo, parece surgir como novo, pois a Revolução Americana e a de 89 acabaram por salientar a sua significação ao imprimirem uma importância decisiva à *igualdade de condições*. Sabe ele que o que descreve não corresponde exatamente a uma sociedade democrática existente. Sua ambição é construir um modelo de democracia como se estivesse elaborando um *tipo ideal*, à semelhança do que Weber elaboraria mais tarde, apenas para se chegar à compreensão do fenômeno[15]. Em suas próprias palavras, Tocqueville

---

11 O.C., T. I, Vol. 1, p. 1.

12 *Ibidem*.

13 *Ibid*., p. 12.

14 *Ibidem*.

15 De tal forma estão presentes, para Tocqueville, na compreensão de democracia uma situação "ideal"-real e o processo de igualização crescente, que isto tem levado, muitas vezes, comentadores de sua obra a criticá-lo, ora por ter elaborado o conceito de democracia a partir da realidade sociopolítica americana, como se fosse uma real sociedade de iguais, ora por não ter definido de maneira clara o que entendia por democracia. Neste último caso poderíamos citar, por exemplo, Harold Laski, que na sua introdução a *De la démocratie en Amérique*, afirma que Tocqueville confundiu o emprego do termo "democracia".

o diz a Stuart Mill: *partindo de noções que me forneciam as sociedades americana e francesa, eu quis pintar os traços gerais das sociedades democráticas das quais não existe ainda nenhum modelo completo*[16].

A IGUALDADE ECONÔMICA

Dado, pois, o escopo da investigação de Tocqueville e a ambigüidade que ela obrigatoriamente comporta, é necessário deixar claro que a igualdade econômica no que se refere à *igualdade de condições* não é um fator preponderante. O cerne da *igualdade de condições* não é necessariamente dado pelo aspecto econômico. As revoluções Americana e Francesa puseram em evidência também as desigualdades sociais e políticas. Tocqueville compreende que estas revoluções reivindicaram, sobretudo, o direito a possibilidades iguais, isto é, o direito de os homens virem a ser iguais, sem a existência de barreiras intransponíveis e o direito a serem tratados como iguais. Ao evidenciarem o quanto os hábitos e costumes das diferentes classes se tornaram mais iguais, como opiniões e sentimentos passaram a assemelhar-se, ao estabelecerem leis que diziam que os homens são iguais, ao generalizarem a idéia de que os homens podem ser iguais, estas revoluções permitiram que se ampliasse uma situação de *igualdade de condições*[17].

Tocqueville não analisa o processo capitalista de produção. Não capta os complicados emaranhados da produção industrial. Dá-o por existente. Critica-o pelos males que produz nas relações sociais e políticas e por introduzir novos valores morais. A igualdade, na propriedade, na riqueza, a igualdade econômica em geral, não é portanto para Tocqueville o elemento essencial para se configurar uma situação de *igualdade de condições*. Ela pode ser significativa em determinados momentos, em determinadas situações, mas não é necessária. Pode aparecer no princípio, no meio, ou ser o fim de um processo democrático, e, por isso mesmo, pode também permanecer apenas como alvo a ser atingido, nunca vindo a existir realmente.

---

16 O.C., T. VI, Vol. 1, p. 330.

17 Tocqueville defende em *L'ancien régime et la révolution* a idéia de que a Revolução Francesa teria sido uma revolução apenas para substituir a ordem feudal por "uma ordem social e política mais uniforme e mais simples, que tinha a igualdade de condições por base" (O.C., T. II, Vol. 1, p. 95).

Ela é apenas um dos fatores pelos quais se irá cumprindo a crescente democratização. Ela aparece simplesmente como um dos vários aspectos possíveis, tanto para a existência de uma situação de *igualdade de condições*, como para o estabelecimento e a permanência do *princípio democrático*, que permite aos homens acreditarem que são iguais.

Apesar disso, Tocqueville não deixa de lado a questão da igualdade econômica, e, apesar de não a colocar no cerne da questão, ela está presente em suas argumentações todo o tempo em que trabalha com a idéia de surgimento de um novo tipo de dominação nas sociedades democráticas. Mas, se a democracia não faz da igualdade econômica objeto de sua luta primordial, o fim das classes e uma situação econômica mais igualitária seriam também algumas das metas da democracia: *pode-se conceber que, após ter destruído o feudalismo e vencido os reis, a democracia recuará diante dos burgueses e dos ricos? Deter-se-á ela agora que se tornou tão forte e seus adversários, tão fracos?*[18] Assim sendo, a *igualdade de condições* pode existir a partir de um fato social qualquer que torne os homens iguais em algum aspecto da realidade, seja ela econômica, social ou política. Tanto poderia advir de uma constituição que estabelecesse que *todos os homens são iguais perante a lei*, como de uma revolução que viesse repartir as riquezas[19].

IGUALDADE NOS ESTADOS UNIDOS

Tocqueville dedica-se em *De la démocratie en Amerique* a estudar os Estados Unidos naqueles aspectos que realmente possibilitaram a existência, enquanto situação e enquanto princípio, da *igualdade de condições*. Para ele, naquele país, o princípio e a situação da *igualdade de condições* estavam presentes no momento de seu nascimento, o que tornaria mais simples demonstrar a interdependência desses dois fatores.

A igualdade de condições existe, enquanto situação, quando da chegada dos pioneiros na Nova Inglaterra. Trata-se, no caso, de uma situação de igualdade econômica, social e política, tanto material quanto espiritual. De fato, os famosos pioneiros que chegaram

18 O.C., T. I, Vol. l, p. 4.

19 Tocqueville vê, por exemplo, já no desaparecimento do direito à herança por primogenitura um passo para haver maior distribuição das riquezas.

às costas de Massachusetts no *Mayflower* encontravam-se então na mais absoluta situação de *igualdade de condições*: economicamente todos possuíam muito pouco em bens materiais, ideologicamente a religião já os havia determinado como iguais; tratava-se, enfim, apenas de um grupo social com as mesmas dificuldades de sobrevivência. Na verdade, bastaria lembrar que esta população, formada por puritanos, já se havia definido como um grupo de homens iguais mesmo antes de sua saída da Inglaterra, pois o próprio motivo da partida já exprimia um princípio igualitário, que diferenciava o puritanismo das demais seitas inglesas.

Era fácil, pois, a partir dessa situação, transformar em realidade este princípio igualitário, por meio da realização de um contrato, criando-se assim a sociedade civil e estabelecendo-se um governo[20]. Não importa que, no decorrer das atividades de cada um, uns se tornassem mais ricos ou mais poderosos que outros; o que é significativo é que, em um dado momento, estabeleceu-se uma *situação de igualdade de condições* que permitiu o desenvolvimento do princípio igualitário. É este que, ao estabelecer que os homens são iguais, vai direcionar o espírito público e configurar as leis, que não apenas legitimarão o próprio princípio, mas também serão feitas por indivíduos que pensarão estar legislando para homens iguais. Da mesma forma que governantes saberão que irão governar, enquanto iguais, homens iguais, também os governados terão hábitos tendo em vista a crença em sua igualdade. São estas considerações que irão significar para Tocqueville o princípio da democracia.

Sem dúvida, o caso utilizado refere-se a uma situação exemplar, que não se repete mesmo nos Estados Unidos, mas é baseando-se nela que Tocqueville pode explicar uma situação, das mais puras, de *igualdade de condições*. Sem dúvida, também é por isso que, para ele, se torna mais fácil compreender o fenômeno político Democracia a partir da democracia americana.

Tocqueville enfatiza bem este ponto: os *emigrantes que vieram fixar-se na América, no começo do século XVII, libertaram de alguma maneira o* princípio da democracia *de todos aqueles contra os quais ele lutava no seio das velhas sociedades da Europa, e o transplantaram sozinho para as praias do Novo Mundo. Ali ele pôde crescer em liberdade e, cami-*

20 "Ao desembarcar nessa margem inóspita, o primeiro cuidado dos emigrantes foi de se organizar em sociedade" (O.C., T. I, Vol. 1, p. 34).

nhando com os costumes, desenvolver-se tranqüilamente nas Leis[21]. Embora aparentemente generalize, Tocqueville reconhece a especificidade da condição dos colonos que vieram para a Nova Inglaterra[22]. Vê nesta condição os verdadeiros aspectos responsáveis pela expansão e realização do princípio democrático, por apresentar uma especial *igualdade de condições*, em que tanto uma situação igualitária quanto o princípio já estavam presentes. Salienta Tocqueville que, além de estes peregrinos não serem nem ricos nem pobres, havia ainda o desejo da comunidade como um todo de *fazer triunfar uma idéia*, idéia esta que não expressava apenas uma doutrina religiosa, mas *se confundia também, em muitos pontos, com as teorias democráticas e republicanas*[23].

É a partir, portanto, dessas categorias que possibilitam a compreensão do que é democracia, que Tocqueville irá desenvolver seus estudos sobre a questão da igualdade. Suas análises, fundamentalmente políticas, sempre procurarão abordar os problemas que se apresentam na democracia americana enquanto modelo, mas, por vezes, generalizando-os. Trabalha, dessa forma, não apenas em *De la démocratie en Amérique*, mas também em suas outras análises de situações concretas. Salienta, sobretudo, esses aspectos que considera mais significativos para o entendimento do processo de igualização.

Assim é que discute, por exemplo, o comportamento do homem democrático, seus hábitos e costumes, segundo as diferentes classes a que pertence, enquanto classes existirem na democracia; a organização formal da sociedade civil e do governo, suas instituições, leis etc.; a formação e influência da ideologia democrática, isto é, os sentimentos, crenças, opiniões, valores e idéias dos homens em um mundo democrático, e assim por diante. No entanto, não se pode esquecer que democracia significa também um processo de igualização. Assim sendo, pressupõe sempre a existência do princípio demo-

21 O.C., T. I, Vol. 1, p. 11.

22 "É nas colônias inglesas do Norte, mais conhecidas sob o nome de Estados da Nova Inglaterra, que se estabeleceram as duas ou três principais idéias que formam hoje a base da teoria social dos Estados Unidos. Os princípios da Nova Inglaterra expandiram-se de início para os estados vizinhos; em seguida ganharam aos poucos os mais afastados e acabaram, se assim posso me expressar, por *penetrar* a confederação inteira" (O.C., T. I, Vol. 1, p. 30).

23 O.C., T. I, Vol. 1, p. 31.

crático, porque – é importante ainda uma vez destacar –, embora este surja de uma situação de *igualdade de condições*, suas constantes diretrizes são necessárias à própria existência da democracia, para que ela possa continuar cumprindo sua trajetória.

ÉPOCA DEMOCRÁTICA

Partindo da idéia de que *a primeira e a mais viva das paixões que nascem da igualdade de condições é o amor desta mesma igualdade*[24], preocupa-se Tocqueville em demonstrar que, se um estado social democrático faz nascer e desenvolver um amor à igualdade, há tempos históricos em que esta busca da igualdade se torna uma verdadeira paixão. Apesar de a democracia ser um processo contínuo, tem-se, no entanto, a impressão de que em determinados momentos (Tocqueville fala em épocas e séculos) ela se apresenta como o elemento mais significativo, o *fato dominante e singular ao qual os outros se ligam*[25]. Afirma-nos ele: *o fato particular e dominante que singulariza estes séculos (democráticos) é a igualdade de condições, a paixão principal que agita os homens nestes tempos é o amor a esta igualdade. Não me perguntem que encanto singular encontram os homens das épocas democráticas em viverem iguais, nem as razões particulares que eles possam ter para apegar-se tão obstinadamente à igualdade, mais que aos outros bens que a sociedade lhes oferece: a igualdade forma o caráter distintivo da época em que vivem; basta isto para explicar que eles a prefiram a todo o resto*[26]. Estes sentimentos podem ainda ser mais fervorosos, pois *os povos democráticos amam a igualdade em todos os tempos, mas há certas épocas em que levam até o delírio a paixão que sentem por ela*[27].

Mas, mesmo nessa caracterização dos sentimentos dos homens em relação à igualdade em determinadas épocas, Tocqueville não abandona a visão da democracia como um processo contínuo, que deve levar a resultados permanentes: *os homens não se apegam à igualdade apenas porque lhes é cara; ligam-se a ela ainda porque crêem que deve durar para sempre*[28].

---

24 O.C., T. I, Vol. 2, p. 101.

25 *Ibid.*, p. 102.

26 *Ibidem.* Cf., também, O.C., T. II, Vol. 1, p. 248.

27 O.C., T. I, Vol. 2, p. 103.

28 O.C., T. I, Vol. 2, p. 103.

DE LA DÉMOCRATIE EN AMÉRIQUE: UM MANIFESTO

Apesar de Tocqueville, em sua grande obra, *De la démocratie em Amérique*, analisar a democracia americana para construir o seu modelo de democracia, escreve para os franceses e, sobretudo, preocupado com o que ocorre na França. Na sua visão de mundo, as idéias políticas que orientam sua teoria e sua ação estão sempre voltadas para a França. Toda essa obra é uma enorme advertência sobre as vantagens, mas também sobre os perigos, que o processo democrático pode apresentar. Em todas as análises desse trabalho, busca sempre comparar a situação francesa com a dos Estados Unidos, através de dissertações constantes sobre as diferenças entre o desenvolvimento de ambos os processos de igualização. Embora Tocqueville proceda da mesma forma nos seus demais escritos – discursos políticos e mesmo em sua correspondência particular –, é em *De la démocratie en Amérique* que explora todos os temas políticos de seu tempo, relativos à questão da democracia, que pudessem afetar a França: *esta obra é definitivamente escrita sobretudo para a França ou, no jargão moderno, do ponto de vista francês. Escrevo num país e para um país onde a causa da igualdade já está ganha, sem retorno possível à aristocracia*[29].

Embora creia que o processo democrático seja universal e apesar de ter concentrado seus estudos nos Estados Unidos, é a particularidade social e política francesa que Tocqueville terá em mente de modo constante. Parafraseando Gramsci, que vê em *Il principe* de Maquiavel um manifesto político ao povo e aos governantes italianos, diríamos que a obra *De la démocratie en Amérique* constituiu, também, um manifesto político aos cidadãos da nação francesa e aos que viessem a governá-la.

Na análise do governo e do povo americano Tocqueville apresenta, além da inexorabilidade do processo igualitário, os percalços deste caminho. Não pode deixar Tocqueville de apontar, sempre que necessário, os maus desvios que se apresentarão e como evitá-los, para que se guarde a trilha correta que leva à igualdade e à liberdade.

É porque a democracia é inevitável e já há muito se desenvolve na França que Tocqueville precisa advertir os franceses sobre os seus perigos, além de apontar as suas vantagens. Não basta, porém, mostrar como preservar estas e evitar aqueles: é necessário também salientar que o processo democrático francês difere muito do americano. Se *De la démocratie en Amérique* pode ser considerada como

---

29 O.C., T. VI, Vol. 1, p. 47-8.

um manifesto aos franceses, *L'ancien régime et la révolution*, sua segunda grande obra, poderia aparecer como o trabalho de analisar a França antes e depois da Revolução de 1789, que é necessário conhecer para completar a advertência da primeira obra.

Obriga-se, pois, Tocqueville, como político e como patriota, na sua descrição-construção da democracia, a apresentar o que considera como os graves problemas, que tanto podem aparecer nos Estados Unidos como em outras nações onde a democracia se realiza. Por isso mesmo, ele pode muitas vezes parecer contraditório, pois, assim como precisa enaltecer as vantagens da democracia, precisa, sobretudo, indicar tanto os defeitos de uma situação de *igualdade de condições*, quanto as possíveis desgraças que o processo igualitário poderá acarretar. Para Tocqueville, embora a democracia seja inevitável e desejável, precisa, entretanto, ser acompanhada e educada, tal como uma criança, que não pode ser abandonada no seu desenvolvimento. Pode, assim, Tocqueville na primeira obra, ao escrever sobre a democracia, fazê-lo generalizando; já na segunda precisa particularizar para poder caracterizar os problemas próprios à França.

Assim sendo, dificilmente poderíamos ver uma ruptura entre suas três grandes obras políticas publicadas antes de sua morte. *De la démocratie en Amérique* (1835-40), *L'état social et politique de la France avant et depuis 1789* (1836) e *L'ancien régime et la révolution* (1856), sem dúvida, atestam a atenção de Tocqueville para o desenrolar do processo igualitário, e para a situação francesa. É verdade, como já afirmou François Furet, que em *L'ancien régime et la révolution* Tocqueville deixa visível um certo pessimismo com relação à democracia francesa, pois a realidade havia mostrado que, após duas revoluções democráticas (como as de 89 e 48), a França enveredara para um regime autoritário, quase despótico, com os seus dois imperadores. Deste modo, Tocqueville pareceria ter abandonado em *L'ancien régime et la révolution* sua postura de reformador e a visão otimista de *De la démocratie en Amérique*, transformando-se num conservador, desanimado em face dos acontecimentos de 1848-51 na França. Embora isto possa ser verdade, acreditamos contudo que as diferenças entre as duas obras devam-se sobretudo ao fato de Tocqueville querer destacar em *L'ancien régime et la révolution* a especificidade do processo democrático francês[30].

---

30 François Furet afirma que não apenas em *De la démocratie en Amérique* Tocqueville mostraria uma visão otimista da democracia, mas que também no

Assim, pois, em *De la démocratie en Amérique* há um trabalho de Tocqueville para explicar, aos europeus e aos franceses em particular, o que é a democracia, com suas qualidades e defeitos, ao passo que em *L'ancien régime et la révolution* a preocupação é mostrar, com relação ao processo democrático francês, enquanto processo de igualização, crescente, sua diferença, marcada sobretudo pelo fato de a França necessitar de revoluções para o seu caminhar igualitário. Tocqueville teme, sem dúvida, novas revoluções que possam trazer tiranias mais freqüentes[31].

Veríamos, então, na grande obra de Tocqueville, em primeiro lugar, uma tentativa de construção do conceito de democracia, o que o autor faz retirando da realidade democrática americana os seguintes elementos significativos que o pudessem caracterizar: a) o *fator gerador*, entendido como aquele ponto de partida, tomado como exemplar, historicamente dado pela fundação da Nova Inglaterra pelos iguais pioneiros americanos; b) o *princípio*, a crença de que os homens são iguais, analisado como se fosse a ideologia geral dominante, que orienta o desenvolvimento do processo igualitário universal, perpétuo e providencial; c) a *situação de igualdade de condições*, apresentada, sobretudo, por meio da descrição da forma e das instituições políticas democráticas americanas, mas também, por vezes, salientando-se nesta situação o que poderia existir de igualitário no surgimento das diferentes relações entre as novas classes sociais.

Em segundo lugar, à medida que trabalha com estas categorias que explicam a democracia, Tocqueville trata principalmente das conseqüências relativas às transformações democráticas que ocorrem nas relações entre indivíduo, sociedade e Estado. É sobretudo em relação a este aspecto que Tocqueville enfatiza as suas críticas à democracia. Por um lado, considera como as ações e reações de um povo democrático podem transformar-se em um comportamento igualitá-

---

texto de 36, *L'état social et politique de la France avant et depuis 1789*, ele referir-se-ia mais vezes à palavra *democracia* (Furet, F. *Penser la révolution française.* Paris, Gallimard, 1978).

31 Em sua introdução de 1848 a *De la démocratie en Amérique* Tocqueville chama a atenção dos franceses para este aspecto de sua obra: "Não voltemos os nossos olhares em direção à América para copiar servilmente as instituições que ela criou, mas para melhor compreender aquelas instituições que nos sejam convenientes, tomando-as mais como ensinamentos do que como exemplos, emprestando-lhes os princípios mais do que os detalhes de suas leis" (O.C., T. I, Vol. 1, p. xliv).

rio pouco enriquecedor de um ponto de vista intelectual e moral e, por outro, como os sentimentos e a visão de mundo desse povo são e serão condicionados por esta situação democrática, fechando-se assim o círculo de influências.

Em terceiro lugar, Tocqueville apresenta as soluções encontradas na própria experiência sociopolítica americana, inglesa ou mesmo do Antigo Regime francês, que podem ou poderão salvar as democracias, seja das tiranias da sociedade e do Estado, seja da destruição do indivíduo.

2. INDIVÍDUO - SOCIEDADE - ESTADO

É encarando a igualdade tal como Tocqueville a apresenta, ao discutir a questão da democracia, que iremos analisá-la em face da temática política de sua época[32].

O liberalismo de Tocqueville irá definir um caminho bastante inovador comparativamente ao liberalismo clássico e exercerá também enorme influência sobre seus contemporâneos. Tocqueville, ao examinar a problemática da relação entre indivíduo, sociedade e Estado, embora possa parecer que segue caminhos já percorridos por outros pensadores liberais, tais como Benjamin Constant e Mme. de Staël, o faz em outro nível de considerações e com diferente método de análise, apresentando novas e complexas abordagens em relação às questões críticas sobre o individualismo, a massificação da sociedade e o autoritarismo do Estado[33].

INDIVIDUALISMO

O caráter igualitário da democracia, para Tocqueville, quase sempre apresenta problemas e situações que, na maioria das vezes, são prejudiciais ao indivíduo em face de sua liberdade e seu desenvolvimento intelectual e moral.

À semelhança de todos os liberais, Tocqueville salienta a necessidade de se manter a independência individual, para o bom de-

---

32 Convém lembrar que estaremos sempre utilizando o termo "democracia" nos vários sentidos que lhe atribui Tocqueville.

33 É bem verdade que ambos os autores mencionados não estavam preocupados em definir "democracia", nem a identificavam à igualdade.

senvolvimento de um povo e de sua nação. Mas, apesar de expressar esta preocupação constante com as liberdades pessoais, Tocqueville irá demonstrar também como a democracia pode ser capaz de desenvolver um individualismo egoísta e pernicioso. Isto é, ele tentará mostrar como *nos séculos de igualdade cada homem procura nele mesmo suas crenças e volta todos os seus sentimentos apenas para si*[34]. O individualismo é para ele uma expressão recente. No Antigo Regime seus ancestrais conheciam apenas a palavra egoísmo. Comparando-as, diz Tocqueville: o *egoísmo nasce de um instinto cego; o individualismo procede mais de um julgamento errôneo do que de um sentimento depravado*[35]. E, se em curto prazo o individualismo atinge apenas as virtudes públicas, *com o correr do tempo ele ataca e destrói todas as outras e termina por se absorver no egoísmo*[36].

Em outras palavras, o individualismo, que de início *é um sentimento refletido e pacífico que dispõe cada cidadão a isolar-se da massa de seus semelhantes e a se retirar à parte com sua família e seus amigos*, acaba por desenvolver-se *de tal maneira, que, após ter criado uma pequena sociedade para seu uso, o cidadão abandona de bom grado a grande sociedade a ela própria*[37]. A tal ponto ele identifica este individualismo ao igualitarismo, que vê neste a origem e desenvolvimento daquele: o *individualismo é de origem democrática, e ameaça desenvolver-se à medida que as condições se tornam mais iguais*[38].

Assim sendo, *à medida que as condições se igualam, encontra-se um maior número de indivíduos que, não sendo nem bastante ricos nem suficientemente poderosos para exercer uma grande influência sobre a sorte de seus semelhantes, adquiriram ou conservaram, entretanto, luzes e bens suficientes para poderem se manter por si próprios. Estes não devem nada a ninguém, não esperam nada de ninguém, habituaram-se a se considerar sempre isoladamente e acreditam que detêm o destino em suas mãos*[39].

Pior, entretanto, que esse individualismo que pode desenvolver-se num processo igualitário pacífico é o que provavelmente sur-

---

34 O.C., T. I, Vol. 2, p. 105. Sobre a noção de individualismo em Tocqueville, cf. Lamberti. *La notion d'individualisme chez Tocqueville*. Paris, PUF, 1970.

35 O.C., T. I, Vol. 2, p. 105.

36 *Ibidem.*

37 *Ibidem.*

38 *Ibidem.*

39 O.C., T. I, Vol. 2, p. 106.

girá de um processo revolucionário. Porque está nesta origem revolucionária de sociedades democráticas a disposição dos cidadãos de isolar-se uns dos outros. Durante uma revolução igualitária, pondera Tocqueville, nasce um ódio implacável entre as classes, ao mesmo tempo em que desaparece, ao final da revolução, a solidariedade no interior de cada classe. A argumentação de Tocqueville lembra-nos de que, por um lado, aqueles que eram os superiores na hierarquia destruída dificilmente esquecem a antiga grandeza, vêem-se como estrangeiros dentro da nova situação igualitária e, não se sentindo ligados por interesses comuns aos seus antigos iguais, por tudo isso se isolam. Por outro lado, é com certa inquietude que aqueles que eram inferiores na hierarquia social gozam a nova independência e olham os seus antigos superiores com olhares de triunfo e de medo. Mas, ao mesmo tempo, sentem-se orgulhosos do seu novo poder, concebem uma presunçosa confiança nas suas forças e, imaginando que daí em diante não precisarão da ajuda de seus semelhantes, pensam apenas neles próprios.

Assim é que, se *a democracia leva os homens a não se aproximar dos seus semelhantes, as revoluções democráticas os dispõem a fugir uns dos outros e a perpetuar no seio da igualdade os ódios que a desigualdade fez nascer*[40].

Dessa forma, a democracia seria incentivadora desse isolacionismo, pelo fato de, nela, o indivíduo só contar consigo mesmo e acreditar que é o seu trabalho, bem como os seus esforços e suas capacidades, que irá conceder-lhe tranqüilidade e bem-estar.

Em que pese o seu liberalismo e o favor que este concede ao indivíduo, Tocqueville, no entanto, não parece ser um admirador do *self-made man*. Pelo contrário, apesar de encarar a possibilidade de os indivíduos poderem criar separada e individualmente seu bem-estar, vê ele nisto algo de prejudicial não só para a sociedade em geral, mas sobretudo para o próprio indivíduo. Justamente por temer que não haja nenhum tipo de solidariedade nascendo de uma sociedade mais igualitária, Tocqueville advertirá sobre a sorte do indivíduo, enfrentando sozinho a sociedade e o Estado. *Não estando mais os homens ligados uns aos outros por qualquer laço de casta, classe, corporação ou família, inclinar-se-ão a se preocupar apenas com seus interesses particulares, serão sempre levados a pensar unicamente em si, e a se retirar num individualismo estreito, onde toda virtude pública é abafa-*

40 *Ibid.*, p. 107-8.

da[41], o que facilitará enormemente, nessa sociedade igualitária e individualista, o surgimento do despotismo. Na verdade, tendo os cidadãos abandonado os negócios públicos, os cuidados destes e o poder que deles decorre tendem a concentrar-se nas mãos de alguém. É nesse indiferentismo político por parte dos cidadãos que reside, para Tocqueville, a possibilidade de o Estado, assumindo o vazio de poderes deixado pelos cidadãos, tornar-se despótico. Este despotismo, por sua vez, tornará aquela *tendência individualista irresistível, pois ele retira dos cidadãos toda ocasião de agir em conjunto, enclausurando-os numa vida privada*[42].

Desta forma, se, por um lado, a igualdade alimenta um individualismo que pode permitir o desenvolvimento do despotismo do Estado, por outro, à medida que cresce pode criar também condições para o desenvolvimento do despotismo da própria sociedade sobre os indivíduos. É esta possibilidade que permite o nascimento de uma tendência contrária à anterior. Conforme os indivíduos tornam-se mais iguais, a sociedade que daí resulta, uma sociedade de massa, passa a determinar o comportamento de cada um, fazendo com que ele perca sua individualidade.

É desse modo que o individualismo pernicioso que nasce da democracia torna o indivíduo muito frágil para enfrentar a tendência despótica da sociedade e do Estado. Além disso, é dessa possível união entre igualdade e despotismo que é possível haver um impedimento, no interior da sociedade, ao aparecimento de indivíduos que se destaquem civil ou intelectualmente. Dessa forma, não haverá nem grandes cidadãos, nem um grande povo. Tocqueville não teme afirmar que *enquanto igualdade e despotismo estiverem juntos, o nível comum dos corações e dos espíritos não cessará de baixar*[43].

A SOCIEDADE DE MASSA

É dessa forma que, para Tocqueville, à medida que as desigualdades entre as classes vão desaparecendo e que a sociedade caminha para uma situação de total *igualdade de condições*, a democracia vai também conduzindo os homens a um isolamento individualista

---

41 O.C., T. II, Vol. 1, p. 74.

42 *Ibidem.*

43 O.C., T. II, Vol. 1, p. 75.

que pode dar nascimento àquilo que aparentemente seria sua negação, ou seja, uma sociedade massificadora.

Dois perigos advêm dessa situação aparentemente contraditória. O primeiro nasce desse indiferentismo individualista que permite à sociedade, mas sobretudo ao Estado, arrebatar cada vez mais os poderes de seus cidadãos; o segundo surge desse processo em que homens, cada vez menos diferentes, acabarão por existir não mais como indivíduos cidadãos, mas como uma enorme massa ditadora de normas e de leis.

Tocqueville precisa advertir sobre estes perigos – de um lado, a crescente semelhança que os homens vão adquirindo à medida que a democracia caminha, de outro, o indiferentismo que o individualismo pernicioso causa – e o faz trabalhando tanto com o exemplo da democracia americana como com o processo igualitário revolucionário francês.

Analisando a sociedade francesa anterior à Revolução, em que já existia maior igualdade entre nobreza e burguesia, Tocqueville nota que a semelhança entre essas duas classes era tanta, que apenas os direitos as diferenciavam, pois possuíam as mesmas idéias, os mesmos hábitos e gostos, liam os mesmos livros, falavam a mesma linguagem e se abandonavam aos mesmos prazeres[44]. Mas *estes mesmos franceses, que possuíam tantos traços semelhantes entre eles, estavam, entretanto, mais isolados uns dos outros, como nunca se viu em nenhum lugar, nem mesmo na França anteriormente*[45]. *E cada um dos milhares de pequenos grupos de que se compunha a sociedade francesa pensava apenas em si mesmo. Era, se assim posso expressar-me, uma espécie de individualismo coletivo, que preparava as almas ao verdadeiro individualismo que conhecemos. E o que há de mais estranho é que todos estes homens, que se mantinham tão separados uns dos outros, se haviam tornado tão semelhantes entre eles, que bastaria fazê-los mudar de lugar para não se poder mais reconhecê-los... estavam todos prontos a se confundir na mesma massa*[46].

Essa semelhança entre os homens, que os transforma em massa, é um dos pontos centrais das críticas de Tocqueville à igualdade e marca sobremaneira seu pensamento político. O temor a essa mas-

44 *Ibid.*, p. 146.

45 *Ibid.*, p. 147.

46 O.C., T. II, Vol. 1, p. 148.

sificação parece estar em todas as suas análises e talvez seja, dos perigos da democracia, o que mais o atormenta. Na sua postura ética e política, Tocqueville precisa manifestar e denunciar esse temor, juntamente com todas as suas conseqüências, e o faz constantemente, sempre com muita ênfase. Sabe-se, diz ele, *que a igualdade não é a causa única de tudo o que acontece nesse momento*, mas sabe-se também que muitos se encarregarão de louvar as suas vantagens, é por isso que ousa assinalar *os perigos com os quais a igualdade ameaça os homens*[47].

A igualdade, portanto, vai aos poucos modificando os próprios homens. A democracia pode transformá-los, a ponto de seus pensamentos perderem sua individualização. Deixariam os homens de possuir opiniões e idéias próprias, da mesma forma sentimentos e comportamentos seriam igualmente nivelados, enfim, seriam atingidos dessa forma seus costumes e todo estado moral e intelectual de um povo.

É por essa sua evidente preocupação, ao enxergar na democracia os fundamentos para a existência de uma sociedade massificadora, a qual, por sua vez, poderia permitir e incentivar o nascimento e o desenvolvimento de instituições políticas autoritárias e governos despóticos, que Tocqueville é acusado, ora de ser inimigo da democracia, ora simplesmente de ser o aristocrata que apenas aceita a derrota de sua classe[48].

TIRANIA DA MAIORIA

Bem à moda do liberalismo que lhe é contemporâneo e, em geral, do pensamento liberal do século XIX, Tocqueville irá identifi-

---

47 O.C., T. I, Vol. 2, p. 7-8.

48 São ambas as acusações mais freqüentes a Tocqueville. À primeira, acreditamos, ele próprio responde com várias afirmações constantes em toda a sua obra, como, por exemplo: "É justamente porque não sou um adversário da democracia que quis ser sincero em relação a ela" (O.C., T. I, Vol. 2, p. 8). Quanto à segunda, sua defesa só poderia ser parcial, pois Tocqueville demonstra em toda a sua obra a sua face aristocrática, sobretudo em relação aos valores. Acreditamos que, para ele, a sociedade ideal seria a democracia em que todos os cidadãos fossem nobres, ou manifestassem um comportamento baseado em valores da nobreza. A sociedade mais próxima desta, para ele, era sem dúvida a inglesa. H.J. Laski discute bem esta questão na sua introdução a *De la démocratie en Amérique*.

car essa massificação dos indivíduos à tirania das vontades, opiniões e decisões da maioria[49]. Afinal, é evidente, para ele, que *é da essência mesma dos governos democráticos que o império da maioria seja absoluto, pois fora da maioria, nas democracias, nada pode resistir*[50].

Essa onipotência da maioria penetra todos os aspectos da vida humana, tanto em nível privado como em nível social e político. E, à medida que o público confunde-se cada vez mais com o privado, esta maioria chega mesmo a dirigir os anseios mais íntimos de cada homem. A maioria age como se fosse um único indivíduo coletivo que *tivesse opiniões e freqüentemente interesses contrários a outro indivíduo, que se denomina minoria*[51]. Deste modo não seria admissível aceitar-se um poder supremo, não importa se emanado de um rei todo-poderoso ou de todo um povo, pois, como diz Tocqueville, o *poder de tudo fazer que eu recuso a um só de meus semelhantes, eu não o concederia a muitos*[52]. Assim, ele afirma, *quando vejo conceder-se o direito e a faculdade de tudo fazer a um poder qualquer, que se chame povo ou rei, democracia ou aristocracia, que se exerça numa monarquia ou numa república, eu digo: aqui está o germe da tirania. E procuro ir viver sob ou outras leis*[53].

A preocupação de Tocqueville, do ponto de vista do desenvolvimento cultural do indivíduo vivendo em uma sociedade democrática, é a pouca criação original que daí possa surgir; do ponto de vista político, o poder desta mesma maioria, que havia nivelado os homens culturalmente, pode tornar-se imenso, à medida que esta maioria concentra em si todos os poderes. Para Tocqueville, da mesma forma que esta sociedade massificadora acabaria por impedir o surgimento de cidadãos notáveis, o governo democrático poderia facilmente se tornar despótico.

---

49 Já Burke havia levantado esta questão. Mas durante o século XIX é praticamente uma posição adotada por todos os liberais, por temerem a destruição das liberdades individuais. Entre os liberais ingleses, é Stuart Mill quem mais sofre a influencia da argumentação de Tocqueville contra a sociedade de massa. Veja-se sua *Autobiography*, em que reconhece a importância das análises de Tocqueville sobre seu pensamento (Mill, John Stuart. *Autobiography*. Nova York, Columbia University Press, 1960).

50 O.C., T. I, Vol. 1, p. 257.

51 *Ibid.*, p. 262.

52 *Ibidem.*

53 *Ibid.*, p. 263.

Ao tratar dessa questão política em *De la démocratie en Amérique*, utilizando, como sempre, o exemplo americano, Tocqueville refere-se algumas vezes aos *governos das repúblicas americanas* para designar os governos dos diferentes estados da União. Outras vezes fala em *governos de estados democráticos, ou repúblicas democráticas*, para indicar genericamente qualquer governo, republicano ou não, de uma sociedade democrática[54]. Aparentemente confuso no uso dos termos *governo democrático, república* ou *governo de repúblicas democráticas*, Tocqueville não parece preocupado em elucidá-los, pois sua preocupação é outra. Sua atenção está voltada, realmente, para um dos maiores perigos que poderiam surgir de um governo democrático em geral. Quer Tocqueville advertir sobre a grande concentração de poder que pode ocorrer nestes governos, por causa da força tirânica da maioria[55].

Para ele, *nas repúblicas democráticas, o poder que dirige a sociedade* pode não ser estável, mas *sua força é quase irresistível*, parecendo-lhe mesmo ser o *governo das repúblicas americanas tão centralizado e mais enérgico que o das monarquias absolutas na Europa*[56]. Mas ele insiste na idéia de que a força e a energia destes governos têm sua sustentação na onipotência da maioria, cujo despotismo pode levar à destruição da liberdade.

É contra essa *pouca garantia que se teria contra a tirania* que Tocqueville quer chamar a atenção. Para ele, um indivíduo qualquer, ao sofrer uma injustiça qualquer, numa sociedade democrática, não teria a quem apelar. Nos Estados Unidos, por exemplo, *a opinião pública é que forma a da maioria; o corpo legislativo é representante da maioria e lhe obedece cegamente; o poder executivo é nomeado pela maio-*

---

54 Tocqueville deixa claro que está utilizando o exemplo dos estados da União, e não do governo central, para falar na concentração de poderes que o governo particular de cada estado recebe da maioria despótica (O.C., T. I, Vol. 1, p. 271).

55 Por ocasião da publicação da primeira parte de *De la démocratie en Amérique*, Tocqueville escreve ao seu parente e amigo Kergorlay: "Confesso que, havendo condições iguais, não vejo mais nenhum intermediário entre um governo democrático (e por esta palavra eu não me refiro a república, mas a uma determinada sociedade em que todos, mais ou menos, tomariam parte nos negócios) e o governo de um só se exercendo sem controle" (O.C., T. XIII, Vol. l, p. 373).

56 O.C., T. I, Vol. 1, p. 271.

ria e lhe serve de instrumento passivo; a força pública não é outra coisa senão a maioria armada; o júri é a maioria revestida do direito de pronunciar acórdãos, e os próprios juízes, em certos estados, são eleitos pela maioria[57].

Esse despotismo da maioria expressa-se, para Tocqueville, no nível social, por uma descaracterização do indivíduo em face da massificação cultural, enquanto, no nível político, os próprios cidadãos, por meio de processos eleitorais, acabam por reforçar o poder do Estado, ou por concentrar forças em um governo. Ambos os processos enfraquecem o indivíduo.

CONCENTRAÇÃO E CENTRALIZAÇÃO DO PODER

Para Tocqueville, dois seriam os caminhos que iriam permitir a existência da concentração e da centralização de poder.

O primeiro seria o da própria escolha dos dirigentes de um governo democrático, isto é, o voto popular com sua tendência à universalização. O segundo, que Tocqueville acredita ser não apenas uma via natural dos estados democráticos, mas uma tendência geral de sua época, seria o caminho fácil e quase sem barreiras que leva os cidadãos, cada vez mais, a aumentar a centralização dos poderes tanto no seu aspecto administrativo como no seu aspecto político.

O primeiro caminho envolveria, necessariamente, uma discussão sobre as várias instituições políticas existentes em um Estado, desde a forma de governo e a divisão de poderes até eleições, representação etc. Em *De la démocratie en Amérique,* Tocqueville traça um paralelo entre a França e os Estados Unidos com relaçao a este tema. Talvez a sua idéia fosse, ao realizar esta comparação, fazê-la tendo em vista, de um lado, um governo republicano e, de outro, uma monarquia constitucional, podendo, porém, ambas as formas de governo ser encaradas como democracias, no sentido amplo da definição de Tocqueville. Mas não são, realmente, as semelhanças e diferenças políticas dos dois países o que ele está querendo ressaltar, mesmo porque, para ele, *a França* [de 1835], *com o seu rei, assemelha-se mais a uma república do que a União* [Estados Unidos], *com o seu presidente, a uma monarquia*[58].

---

57 O.C., T. I, Vol. 1, p. 263.

58 *Ibid.*, p. 126.

O que Tocqueville precisa ressaltar, e o que verdadeiramente é importante, é o fato de existir um país em que o processo democrático já se desenvolvera de tal forma, que a escolha dos governantes, tanto do executivo como do legislativo e, em alguns estados (estados da União), mesmo do judiciário, fosse realizada pela vontade da maioria. Para ele, o presidente de um país, eleito por uma grande maioria de cidadãos, receberia, apenas por isto, um enorme poder. Este seria um poder dos mais incontestáveis e legítimos e, por isto mesmo, incomparavelmente maior que o de um monarca absoluto[59]. Sem dúvida, Tocqueville via neste poder o espectro do Leviatã, não fosse ele contrabalançado por outro, no caso, talvez ainda mais poderoso: o legislativo.

Tal como o executivo, o poder legislativo sustenta-se na vontade da maioria, pela força das próprias eleições. Como tal, este poder pode vir a ser, também, inteiramente dominado por aquela vontade, na medida em que os seus representantes devem, necessariamente, governar de acordo com ela. A *legislatura é, de todos os poderes políticos, aquele que mais voluntariamente obedece à maioria. Os americanos quiseram que os membros da legislatura fossem nomeados diretamente pelo povo, e por um termo muito curto, a fim de obrigá-los a se submeter não somente às opiniões gerais, mas ainda às paixões cotidianas de seus constituintes. É freqüente ainda que os eleitores, ao nomearem um deputado, tracem para ele um plano de conduta e lhe imponham um certo número de obrigações positivas, das quais ele não saberia como escapar... É como se a maioria, ela própria, deliberasse em praça pública*[60].

---

59 Ao tratar desta questão, Tocqueville trabalha mais com os poderes dos estados americanos do que com os da União, evidentemente porque considera o que acontece, nos diferentes estados americanos, mais significativo, em relação à tirania da maioria, do que propriamente o que ocorre na grande nação em geral. Também porque ele vê neste federalismo autêntico, uma das salvações possíveis de qualquer espécie de tirania, pois para ele são "os governos dos estados que dirigem realmente a sociedade americana" (O.C., T. I, Vol. 1, p. 257).

Preocupado com a situação da França em 1848, Tocqueville escreve nos seus *Souvenirs* que, em um país sem tradição monárquica, nada mais sábio do que encarregar a nação da escolha do representante do poder executivo, mas que a condição da França é bem outra... em tais condições um presidente eleito pelo povo seria certamente um pretendente à Coroa (O.C., T. XII, p. 187-8).

60 O.C., T. I, Vol. 1, p. 257-8.

Nos Estados Unidos, afirma Tocqueville, nem mesmo o judiciário escaparia a essa pressão da maioria, pois, segundo o modelo ame ricano, também parte substancial deste poder seria eleita[61].

Esse temor pela democracia, bem como a necessidade de desejá-la – afinal, além de ser providencial, é o único caminho correto, como vêm demonstrando a história e a própria razão humana –, obriga Tocqueville, ao apresentar os resultados de suas investigações, não apenas a traçar paralelos entre os Estados Unidos e a França, ou outros países europeus, mas também a denunciar todos os aspectos prejudiciais ao cidadão que a democracia contenha ou possa vir a conter.

Para Tocqueville é, portanto, necessário mostrar como funciona o processo eleitoral nos Estados Unidos, suas vantagens e defeitos, sem deixar de opinar sobre os danos que ele poderia apresentar por força de sua simples manutençao e, com muito mais razão, se se tentasse transpô-lo para outra realidade sociopolítica.

Toda essa questão é extremamente angustiante para Tocqueville, pois, se, por um lado, condena a massificação dos homens, saída diretamente da dominação da maioria e, indiretamente, da própria democracia, não pode deixar de reconhecer, por outro lado, que esta mesma democracia só pode fazer nascer os seus poderes da vontade da maioria. Pior ainda é o fato de que todos estes poderes sofrem a influência da opinião pública, que nada mais é do que a da própria maioria, a qual, por sua vez, justifica tal procedimento, fundamentando-se na crença de que há *mais luz e sabedoria em muitos homens reunidos do que em um só*. Isto é, *a teoria da igualdade aplicada às inteligências*[62].

---

61 Tocqueville analisa cuidadosamente as diferenças entre o poder judiciário dos Estados Unidos e o dos demais países. Procura destacar sobretudo o fato de que os juízes americanos têm o direito de fundamentar suas sentenças na Constituição, mais do que nas leis. Salienta também o caso do julgamento político nos Estados Unidos, onde a Câmara e o Senado têm o direito de denunciar e julgar os casos de malversações de funcionários públicos, de tal forma que, ao se retirar de seus cargos públicos, tais funcionários tornam-se cidadãos comuns para serem julgados por um júri ordinário. Isto possibilita à maioria ser inteiramente senhora daqueles que governam. Para elucidar este exemplo, Tocqueville apresenta o que seria uma hipótese provável de um caso de impedimento do próprio presidente, que muito se assemelha ao futuro caso Watergate nos Estados Unidos (O.C., T. I, Vol. 1, p. 108-11).

62 O.C., T. I, Vol. 1, p. 258.

Tocqueville não pode deixar de pensar em contradição, pois, ao *enxergar como ímpia e detestável esta máxima de que em matéria de governo a maioria de um povo tem o direito de tudo fazer*, não obstante, admite também, que *coloca nas vontades da maioria a origem de todos os poderes*[63].

A problemática é ambígua por si, e Tocqueville, ao abordá-la, também se reconhece explicitamente em idêntica situação. Além de se questionar se não estaria sendo contraditório, precisa constantemente declarar-se amante da democracia, e justificar-se pelas críticas que a ela faz.

O problema que se apresenta para ele é, de fato, duplamente ambíguo. Por um lado, a validade e a justeza de um poder se fundam na expressão da vontade da maioria, a qual, porém, por ser maioria, pode ser tirânica. Por outro lado, ao mesmo tempo que a escolha de seus representantes por parte da maioria permite que haja nas pessoas destes uma enorme concentração de poder, esta mesma concentração de poder, por sua vez, só poderia deixar de existir pela pressão dos próprios eleitores e, portanto, da maioria.

A idéia de Tocqueville é que estas contradições, se não forem bem resolvidas, podem ser fatais para o cidadão. A dominação da maioria, ao concentrar os seus poderes numa só pessoa ou instituição política, pode transformar, concomitantemente, todos os homens em escravos, na medida em que forem cada vez mais iguais, o que significa que serão igualmente fracos em face do grande poder.

Se é verdade que esse poderia ser um dos perigosos caminhos da democracia, não é menos certo que, para Tocqueville, a marcha irreversível da humanidade em direção à igualdade apresenta também ainda uma outra via extremamente enganosa. Este segundo caminho, quase que natural na época moderna, é aquele que conduz a uma crescente centralização administrativa e governamental.

CENTRALIZAÇÃO ADMINISTRATIVA E POLÍTICA (GOVERNAMENTAL)

Para Tocqueville, a centralização dos poderes, embora não seja um fenômeno essencialmente democrático, tende, no entanto, a se desenvolver à medida que o processo de igualização se realiza.

Sendo esse um dos temas caros a Tocqueville, ele o aborda de diferentes maneiras. É natural que, como sempre, procure salientar

---

63 O.C., T. I, Vol. 1, p. 261.

as vantagens e desvantagens da centralização, sua importância no processo democrático, seus perigos, a lógica e os resultados do modelo, bem como o que já ocorreu na própria França e as suas dificuldades para adotar as soluções salvadoras.

Como convém a quem pretende ensinar o que é democracia aos seus conterrâneos, Tocqueville apresenta em *De la démocratie en Amérique* toda a problemática da relação democracia-centralização, não deixando de sugerir os caminhos que levam à salvação. Quase ao mesmo tempo, em *L'état social et politique de la France*, ele discute como a democracia se desenvolvia na França, para, finalmente, em *L'ancien régime et la révolution*, mostrar sua origem e crescimento nesse país, enfatizando, também, a possibilidade de se utilizarem os exemplos do modelo americano para se escapar à tragédia revolucionária e à concentração de poder, em um governo central forte.

É como *uma tendência natural* que Tocqueville analisa o *caminhar dos povos democráticos em direção à centralização do poder*, como *se um povo democrático se deixasse levar nesta direção por instinto e só por reflexão chegasse às instituições provinciais*[64].

Partindo da argumentação de que numa situação de *igualdade de condições*, num país onde a democracia estivesse bastante desenvolvida, *não existiriam nem superiores nem inferiores*, Tocqueville considera que, em tal situação, *os homens se voltariam voluntariamente para si mesmos e se considerariam isoladamente*. Nesse isolamento, os homens acabariam por se dirigir, toda vez que preciso fosse, a algum poder mais forte. As *necessidades e desejos dos homens os transportam incessantemente em direção ao Estado, pois somente este permanece como o apoio único e necessário à fraqueza individual*[65].

A explicação de Tocqueville para essa naturalidade da tendência centralizadora da democracia passa também por um processo crescente, à semelhança do que ocorre com a própria democracia. Assim, sua argumentação leva-nos, a partir de uma situação de *igualdade de condições*, à compreensão de que o *amor à igualdade cresce sem cessar com a própria igualdade*, isto é, a partir do desenvolvimento do próprio processo democrático, *qualquer desigualdade se torna insuportável à medida que a uniformidade seja mais completa*[66]. É por meio

64 O.C., T. II, Vol. 1, p. 54-5.

65 O.C., T. I, Vol. 2, p. 301-2.

66 *Ibid.*, p. 302.

destas sensações de amor à igualdade e de *ódio imortal, cada vez mais inflamado, que os povos democráticos têm contra os menores privilégios* que se perpetuará, por assim dizer, *a tendência à concentração gradual de todos direitos políticos nas mãos de um único representante do Estado. Estando necessariamente e sem contestação acima de todos os cidadãos, o soberano não excita a inveja de ninguém, e cada um acredita retirar de seus semelhantes todas as prerrogativas que ele lhe concede*[67].

Enfatizando em sua análise sobre a centralização de poderes o papel dos sentimentos, para expressar a ação do princípio democrático, Tocqueville define *os homens dos séculos democráticos* como aqueles que *só obedecem a seus vizinhos (que são seus iguais) com extrema repugnância, recusando-se a reconhecer neles luzes superiores às suas*. Estes homens, por possuírem muito enraizada em si mesmos a idéia de igualdade, não podem aceitar o poder de alguém que não é um seu superior – pelo contrário, é necessário fazê-lo *sentir, a cada instante, a comum dependência que todos têm do mesmo senhor*. Assim sendo, *a igualdade facilita singularmente a ação de todo o poder central, expandindo-o e assegurando-o*. Aliás, *poder-se-ia dizer, igualmente, que todo poder central adora a uniformidade*[68].

Tocqueville pretende, pois, mostrar que a igualdade não apenas *sugeriria aos homens o pensamento de um governo único, uniforme e forte*, mas também que *ela os faria amá-lo*. A centralização aparece, então, para ele, como *o caminho natural que as nações de sua época, se nada as retiver, seguirão*[69].

Embora apresente a centralização de poderes como um processo problemático, ainda que desejado e crescente à medida que a igualdade aumenta, Tocqueville não a toma como uma desgraça geral e sem solução. Ao contrário, desde os primeiros capítulos de *De la démocratie en Amérique*, estabelece as diferenças fundamentais entre a centralização administrativa e a governamental. A primeira re-

---

67 Tocqueville reforça esta idéia em nota explicativa ao afirmar que "nas sociedades democráticas apenas o poder central possui alguma estabilidade em sua posição e alguma permanência em seus empreendimentos. Todos os cidadãos deslocam-se sem cessar. Ora, é da natureza de todo governo querer expandir continuamente sua esfera. É, portanto, bem difícil que, a longo prazo, não venha a ter sucesso, pois ele age com um pensamento fixo e uma vontade contínua sobre os homens, nos quais a posição, as idéias e os desejos variam todos os dias" (O.C., T. I, Vol. 2, p. 301-2).

68 O.C., T. I, Vol. 2, p. 302.

69 *Ibid.*, p. 303.

almente aparece, para Tocqueville, como prejudicial ao indivíduo e à nação, mas ele é capaz de salientar as possíveis vantagens da segunda, sobretudo em relação à nação.

Tocqueville procura distinguir os dois tipos de centralização. Para ele *certos interesses são comuns a todas as partes da nação, tais como a formação das leis gerais e as relações do povo com os estrangeiros. Outros interesses, tais como empresas comunais, são específicos de certas partes da nação. Concentrar num mesmo lugar ou na mesma mão o poder de dirigir os primeiros é fundar a centralização governamental. Concentrar da mesma maneira o poder de dirigir os segundos é fundar a centralização administrativa*[70]. Embora se auxiliem mutuamente e uma reforce a outra, estas duas centralizações não estão necessariamente unidas. É verdade que a centralização governamental pode adquirir uma enorme força se vier a se ligar à administrativa[71].

Tocqueville procura tratá-las separadamente. Já vimos como as vê desenvolvendo-se dentro de um processo natural e como ambas seriam deletérias, na medida em que os cidadãos abandonassem as ocupações e decisões públicas a um Estado centralizador e, portanto, mais pleno de poderes. Seus maiores temores, entretanto, dizem respeito à centralização administrativa, pois, quanto à governamental, admite que não poderia *conceber que uma nação pudesse viver e, sobretudo, prosperar, sem que esta fosse suficientemente forte*[72].

Nessa discussão sobre as vantagens e problemas causados respectivamente pelos dois tipos de centralização, Tocqueville expressa suas preocupações, ora em relação ao indivíduo-cidadão, ora em relação à nação.

É em *De la démocratie en Amérique*, com o relato sobre a organização política e administrativa americana, que as diferenças entre as duas centralizações aparecem como mais evidentes, talvez por serem os Estados Unidos de então o país onde a existência de uma e não da outra é necessária para manter o equilíbrio entre o cidadão e a nação. Apesar disso, Tocqueville não abandona as comparações

---

70 O.C., T. I, Vol. 1, p. 87.

71 Tocqueville reconhece, entretanto, a possibilidade da existência de situações em que ambas as centralizações possam se confundir: "Há pontos nos quais as duas espécies de centralização chegam a se confundir. Mas, considerando-se em seu conjunto os aspectos mais específicos de cada uma, facilmente se chega a distingui-las" (O.C., T. I, Vol. 1, p. 87).

72 O.C., T. I, Vol. 1, p. 87.

com alguns países europeus, é claro, enfatizando sempre, a situação da França, para cujo povo realmente escreve.

A democracia americana havia sido feliz ao estabelecer uma centralização governamental, ao mesmo tempo que cultivava uma descentralização administrativa, pois a primeira fora absolutamente necessária à própria fundação e existência da União federativa[73]. Talvez esta situação tivesse sua origem na própria colonização inglesa, graças à qual os colonos implantaram algo semelhante ao sistema conhecido, ou simplesmente, como já foi dito, nas circunstâncias de formação da federação, que impuseram esta solução.

Infelizmente, para Tocqueville, a França apresentava uma centralização plena, tanto administrativa quanto governamental, aliás bem implantada já havia muito. Em *L'ancien régime et la révolution* ele procura mostrar como este processo antecede a própria Revolução Francesa e como esta havia apenas confirmado e organizado ainda mais a centralização que as monarquias absolutas haviam estabelecido e desenvolvido. *Sob o Antigo Regime, como nos nossos dias* [1856], *não havia cidade, aldeia, vilarejo, nem mesmo o menor agrupamento humano na França, hospital, fábrica, convento ou colégio, que pudesse ter uma vontade independente nos seus negócios particulares ou administrar por conta própria seus próprios bens. Naquela época, como hoje, a administração mantinha todos os franceses sob tutela e, se a insolência da palavra não se havia ainda produzido, tinha-se já a coisa*[74].

Ao descrever esse processo de desenvolvimento da centralização administrativa na França, Tocqueville também nos informa sobre o que ela é, por que é tão nefasta e, afinal, o que a fez nascer e se desenvolver. Resumindo a sua exposição sobre o sistema administrativo francês, diz ele: *um corpo único colocado no centro do reino, que regulamenta a administração pública em todo o país; o mesmo ministro dirigindo quase todos os negócios interiores; em cada província um só agente que se ocupa de todos os detalhes; não há corpos administrativos secundários ou qualquer outro que possa agir sem autorização; tribunais excepcio-*

73 "Nós observamos que nos Estados Unidos não existia qualquer centralização administrativa. Encontra-se apenas o vestígio de uma hierarquia. Mas nos Estados Unidos a centralização governamental existe na mais alta escala. Seria fácil provar que o poderio nacional é nesse país mais concentrado do que tem sido em qualquer das monarquias da Europa" (O.C., T. I, Vol. 1, p. 88).

74 O.C., T. II, Vol. 1, p. 122.

nais, que julgam os negócios nos quais a administração está interessada, protegem todos os seus agentes[75].

Do ponto de vista dos interesses dos indivíduos e da nação, esse sistema centralizador é extremamente maléfico. O cidadão se desinteressaria cada vez mais pelos assuntos da nação, passando a ver o Estado como o responsável pelas decisões, políticas e administrativas, nacionais e mesmo locais. Os funcionários designados pelo poder central não seriam capazes de defender e, por vezes, nem mesmo de entender as necessidades regionais, provinciais etc. Além disso, em nome de uma boa ordem e da tranqüilidade da nação, passaria a haver uma uniformidade nacional dos negócios individuais. Dentro dessa lógica de argumentação, Tocqueville quer mostrar como os cidadãos, confusos, acabariam cada vez mais por se furtar a uma participação ativa na condução dos negócios públicos, o que certamente iria ajudar o desenvolvimento da já natural tendência democrática massificadora.

Salientando quais poderiam ser, para um povo, as vantagens momentâneas e as duráveis em face da centralização administrativa, Tocqueville deixa bem claro que, em certos lugares e em dadas épocas, ela pode reunir *todas as forças disponíveis da nação*, o que lhe permitiria ter algum sucesso em determinados momentos, mas não contribuiria de forma alguma à *prosperidade constante deste povo*. Assim, a permanência de uma centralização administrativa levaria, sem dúvida, o povo que a ela estivesse submetido a *diminuir o seu espírito de civilidade* a ponto de se desinteressar pelos seus próprios negócios[76]. Cidadãos e nação perderiam igualmente em tal situação, pois o caráter da cidadania haveria desaparecido, podendo-se mesmo dizer que nessa nação *encontraríamos súditos, e não cidadãos*. Se *nações há que chegam a este ponto, elas deverão ou modificar suas leis e seus costumes, ou então perecer, pois tais nações estão prontas para serem conquistadas*[77].

---

75 O.C., T. II, Vol. 1, p. 127.

76 O.C., T. I, Vol. 1, p. 88.

77 O.C., T. I, Vol. 1, p. 94. Para exprimir a indiferença dos cidadãos com relação aos assuntos da nação, e referindo-se a países onde existe grande centralização administrativa, Tocqueville diz: "Há certas nações na Europa nas quais um habitante se considera como uma espécie de colono indiferente ao destino do lugar que ele habita. As maiores transformações ocorrem em seu país sem seu concurso; ele escutou contar por acaso o que aconteceu" (O.C., T. I, Vol. 1, p. 93).

É bastante compreensível, para Tocqueville, o argumento daqueles que são favoráveis à centralização administrativa, quando salienta a eficácia do trabalho de funcionários mais aptos, enviados pelo governo central, em comparação com a pouca eficiência dos cidadãos locais, incapazes para tal atividade. Mas, diz ele, se isto pode ocorrer, somente levará, a longo prazo, a piorar a situação, pois acredita que quanto mais *a centralização aumentar, mais crescerá esta dupla tendência e desenvolver-se-ão mais a capacidade de uma parte e a incapacidade de outra.* Ao contrário, *quando o povo for esclarecido, alertado para os seus interesses, e habituado a pensar neles, a força coletiva dos cidadãos será sempre mais poderosa que a autoridade do governo para produzir o bem-estar social*[78].

Para Tocqueville, dificilmente, portanto, uma administração centralizada poderia substituir a ação dos cidadãos locais sem trazer sérias conseqüências para os indivíduos e para a nação. Em primeiro lugar, um governo central não poderia, realmente, por mais eficiente que fosse, ocupar-se de todos os negócios do povo. Em segundo lugar, se isto viesse a ocorrer, sem dúvida não apenas os cidadãos seriam levados a um desinteresse maior pelas coisas públicas, mas também passariam a ser vistos e tratados uniformemente pelo governo, isto é, como súditos exatamente iguais. Quanto mais assumisse para si as ações administrativas, mais a autoridade que viesse a representar o Estado retiraria de cada cidadão o *élan* para realizações públicas, que interessassem a todos. Da mesma forma, ao permitir o fortalecimento do Estado e a centralização dos negócios públicos, na verdade os cidadãos estariam contribuindo para o enfraquecimento da nação, pois esta seria composta por um povo apático, sem expressão e sem atividade política.

A centralização pode, assim, ser extremamente maléfica, pois consegue *imprimir uma regularidade aos assuntos correntes; reger sabiamente os detalhes da ordem social, reprimir as simples desordens e os pequenos delitos; manter a sociedade num* statu quo *que não é propriamente nem uma decadência nem um progresso; manter no corpo social uma espécie de sonolência administrativa que os administradores costumam chamar de boa ordem e tranqüilidade pública. Numa palavra, é hábil em impedir, não em fazer. Quando se trata de mover profundamente a sociedade ou de lhe imprimir uma marcha rápida, sua força a abandona. Por*

78 O.C., T. I, Vol. 1, p. 90.

pouca necessidade que tenham essas medidas do concurso dos indivíduos, sempre nos surpreendemos com a fragilidade desta imensa máquina; ela se encontra de repente reduzida à impotência[79].

Sem dúvida, ao realizar esta demonstração de fatos perniciosos que a centralização produz, Tocqueville estaria tentando mostrar que não se pode impedir, em nome da boa ordem, da tranqüilidade e mesmo da prosperidade, que a nação e os cidadãos se desenvolvam, apesar de, por vezes, em meio a certa efervescência. A apatia individual não é salutar para a nação, da mesma forma que um Estado que estenda seus poderes além dos interesses mais gerais – o que deve ser estabelecido pelos cidadãos – também não favorece o bem-estar nacional.

A centralização administrativa é, pois, um dos problemas mais sérios que a democracia pode desenvolver, e dos mais nefastos para o indivíduo e para a nação. Mas, se a democracia facilita e mesmo incentiva esta tendência centralizadora da administração, o mesmo ocorre com o governo. A centralização governamental, entretanto, não conduz aos mesmos males da centralização administrativa. Se, por vezes, pode ser prejudicial ao cidadão, é quase que necessária à boa sobrevivência da nação.

Já vimos como, por um lado, pelo próprio processo de escolha de seus representantes, os cidadãos e, no caso, a maioria podem concentrar poder no legislativo ou no executivo; e como, por outro lado, a centralização governamental pode fortalecer-se pelo simples fato de que os cidadãos, na sua igualdade, só aceitem a superioridade do Estado. Assim, a centralização governamental acaba, também, por enfraquecer o cidadão, deixando-o desamparado em face do Estado e obrigando-o a dirigir-se diretamente a este, sem passar pela mediação da sociedade civil.

Se a democracia pode contribuir para o desenvolvimento desse tipo de enfraquecimento e massificação dos cidadãos, é natural que Tocqueville tema, à medida que o processo se desenvolve, pelo surgimento de uma nova forma de opressão. É porque ele acredita que um *estado social democrático pode oferecer facilidades singulares para o estabelecimento do despotismo* que precisa prevenir os povos europeus, em especial o francês, sobre esta possibilidade. Para ele, o novo déspota seria uma espécie de soberano *mais absoluto e mais poderoso do que os conhecidos anteriormente*, pois *aparentemente, se o despotismo*

79 O.C., T. I, Vol. 1, p. 91.

viesse a se estabelecer nas nações democráticas atuais, teria outras características: seria mais amplo e mais ameno, e degradaria os homens sem os atormentar[80].

É de uma forma catastrófica que Tocqueville descreve essa possibilidade de um poder imenso e tutelar vir a dominar, pouco a pouco, todos os aspectos da vida dos cidadãos, sobretudo porque o poder governamental tem uma tendência a se alastrar, isto é, transformar cada vez mais o privado em público.

Felizmente para os Estados Unidos, esses perigos foram por enquanto evitados. A França, porém, cultiva há longo tempo ambos os processos de centralização. Ao criarem a federação e parcelarem a administração até os mais ínfimos agrupamentos sociais, os Estados Unidos tentaram escapar em parte à massificação e à destruição do cidadão. A França, no entanto, pelo próprio desenvolvimento das monarquias absolutas, à medida que o processo de igualização aumentava, isto é, à medida que nobreza e burguesia se assemelhavam, veio gradativamente desenvolvendo os dois tipos de centralização. Para Tocqueville, nesta relação democracia-centralização, é a França o país europeu onde ambos se desenvolvem há mais tempo, mas, talvez por isso mesmo, é também o país onde o processo igualitário é dos mais rápidos e dos mais visíveis[81].

A NAÇÃO

Ao considerar as estruturas de poder sob o ângulo da nação, mais uma vez depara-se Tocqueville com um problema que poderia parecer-lhe ambíguo, pois, apesar do seu horror à centralização, em geral não deixa de reconhecer a necessidade da centralização governamental para a existência e a grandeza da nação. Por isso, ora elo-

---

80 O.C., T. I, Vol. 2, p. 322-3.

81 É em *L'ancien régime et la révolution* que Tocqueville melhor explica sua tese sobre a aliança igualdade-centralização. Veja-se, por exemplo, esta passagem: "Na França as condições eram mais iguais que em outros lugares; a Revolução aumentou a *igualdade de condições* e introduziu nas leis a doutrina da igualdade. A nação francesa havia abandonado, antes de todas as demais e de forma mais completa, o sistema de fracionamento e de individualidade feudal da Idade Média; a Revolução terminou por unir todas as partes do país e organizou-as como um só corpo. Mais do que em qualquer país do mundo, entre os franceses o poder central já havia se apoderado da administração local" (O.C., T. II, Vol. 1, p. 65 e 129).

gia o sistema federativo americano, que pode enfraquecer e mesmo impedir que uma centralização mais ampla se estabeleça, ora critica-o, por prejudicar ou mesmo deter o desenvolvimento da grandeza nacional. Para ele, então, alguma centralização precisa existir, para que a própria nação possa sobreviver e prosperar. Neste caso, seu exemplo mais perfeito é o inglês, em que, ao lado de uma total descentralização administrativa, ele vê, na esfera governamental, uma grande centralização política[82].

Sendo, porém, seu modelo de democracia os Estados Unidos, país onde o sistema federativo teve sucesso, Tocqueville procura, como é seu procedimento habitual, buscar nos exemplos americanos as vantagens e desvantagens que esse tipo de solução oferece para a existência da nação, não abandonando, é claro, suas referências à França. Assim, ao comparar a soberania na França e nos Estados Unidos diz: *a soberania nos Estados Unidos é dividida entre a União e os estados, enquanto para nós ela é um compacto; disto nasce a primeira e maior diferença entre o presidente dos Estados Unidos e o rei da França. Nos Estados Unidos o poder executivo é limitado e excepcional, como a soberania em nome da qual age; na França, ele se estende por toda parte, tal como a própria soberania. Os americanos têm um governo federal, nós temos um governo nacional*[83]. Mas, apesar de trabalhar com a idéia de que um governo menos centralizado é menos favorável ao desenvolvimento da nação, Tocqueville não vê no exemplo americano uma União fraca. Sua força dependerá muito do que lhe atribuírem em termos nacionais. Deste ponto de vista, a constituição americana soube marcar bem os limites das diversas áreas de poder. *Com que arte os americanos, em sua constituição, ao mesmo tempo em que fechavam o poder da União em um círculo restrito dos governos federais, conseguiram, entretanto, dar-lhe a aparência e, até certo ponto, a força de um governo nacional*[84].

---

82 "Atualmente, vemos uma potência, a Inglaterra, onde a centralização governamental atingiu um alto grau; na Inglaterra o Estado parece mover-se como um só homem; conforme a sua vontade, ele levanta massas imensas, reúne e carrega por toda parte, onde lhe apraz, todo o esforço da sua potência. A Inglaterra, que tem realizado grandes feitos nesses cinqüenta anos, não possui uma centralização administrativa" (O.C., T. I, Vol. l, p. 87).

83 O.C., T. I, Vol. l, p. 125.

84 *Ibid.*, p. 170.

Embora saliente essas vantagens do sistema federativo nos Estados Unidos, Tocqueville reconhece a exceção do caso americano, pois há situações em que determinadas nações não podem prescindir de um governo altamente centralizado. Ele lembra, por exemplo, a situação privilegiada dos americanos em face dos perigos de uma guerra. O fato de os Estados Unidos estarem localizados num continente longe das grandes nações européias permite-lhes viver mais afastados das possíveis guerras, o que ameniza nesse país a ausência de um forte exército nacional. Assim, apesar de reconhecer as vantagens que o sistema americano apresenta, vendo nele *uma das mais poderosas combinações em favor da prosperidade e liberdades humanas* e invejando a sorte das nações que possam adotá-lo, Tocqueville recusa-se entretanto a acreditar que *povos confederados* possam lutar muito tempo com igualdade de forças contra uma nação onde o poder governamental seja centralizado[85].

Sabe, portanto, Tocqueville que, apesar de a centralização ser perniciosa para o cidadão, ela não pode ser considerada como um mal geral, nem seu contrário ser pensado como um bem para toda e qualquer situação. Situações diferentes das várias nações pedem soluções diferentes. É necessário considerar o desenvolvimento histórico e cultural de cada país e, sobretudo, como vem se realizando o processo igualitário em relação à independência dos cidadãos. Para Tocqueville, é preciso ainda ter bem presente que não basta transplantar sistemas políticos, ou mesmo copiar constituições, para se obterem resultados semelhantes, em povos e nações com diferentes processos igualitários. Na verdade, para ele, boas leis não fazem bons costumes, mas bons costumes fazem boas leis.

Na lógica do pensamento de Tocqueville, a democracia desenvolve-se naturalmente a partir de uma situação dada, de *igualdade de condições*, que permite também o desenvolvimento do princípio igualitário. Mas, se em diferentes democracias nem a situação a partir da qual se estabelece a igualdade, nem as condições forem as mesmas, seu processo igualitário também não será o mesmo. É como se povos diferentes, em situações diferentes e, portanto, com diferentes condições de igualdade, estabelecessem por contrato democracias diferentes.

Assim, para compreender-se uma centralização como a francesa, é preciso saber que esta ganhou força dentro de um processo igua-

85 O.C., T. I, Vol. I, p. 174.

litário em nada semelhante ao americano, em que a liberdade é anterior à igualdade ou, pelo menos, em que ambas são concomitantes.

Na França, o processo igualitário crescente se deu de maneira diversa, ou quase mesmo de modo oposto, já que se desenvolveu sobretudo sob monarquias absolutas – foi *sob os olhos dos reis que a igualdade penetrou nos hábitos dos povos, muito antes que a liberdade penetrasse nas suas idéias*[86].

Ao salientar essas diferenças entre o caso americano e o francês, Tocqueville pretende mostrar que, apesar de democracia e centralização caminharem naturalmente lado a lado, cada processo democrático engendra suas próprias formas de centralização e a governamental pode, por vezes, ser necessária e mesmo benéfica.

É importante também, para ele, destacar que, embora tanto a igualização quanto a centralização funcionem como um processo crescente, no entanto, o primeiro não pode ser estancado, enquanto o segundo pode não só ser reduzido, como até mesmo destruído pela força dos cidadãos. Para Tocqueville, infelizmente, não é o que vem ocorrendo na França. Nesse país se, ao constituírem a nação, os monarcas realizaram gradativamente a centralização, a revolução tornou-a absolutamente necessária, ao implantar uma nova igualdade, destruindo as classes que ainda mantinham a direção dos negócios locais. *Não se pode nem louvar nem censurar Napoleão por ter concentrado em suas mãos quase todos os poderes administrativos; pois, após o brusco desaparecimento da nobreza e da alta burguesia, esses poderes chegaram a ele espontaneamente*[87]. *Uma tal necessidade não se fez jamais sentir entre americanos, e, por terem sido desde a origem governados por eles mesmos, nunca encarregaram o Estado de servir-lhes, ainda que momentaneamente, de tutor*[88]. *Assim, a centralização não se desenvolve apenas num povo democrático, segundo o progresso da igualdade, mas, também, segundo a maneira pela qual esta igualdade se estabelece*[89].

---

86 O.C., T. I, Vol. 2, p. 235. Tocqueville refere-se à anterioridade da liberdade em relaçao à igualdade nos Estados Unidos por pensar, em primeiro lugar, na situação em que se deu a fundação da Nova Inglaterra, onde os colonos já eram livres antes de serem iguais. Em segundo lugar e principalmente, Tocqueville tem em vista a fundação da nação americana, ou seja, a realização do contrato entre os estados.

87 O.C., T. I, Vol. 2, p. 305.

88 *Ibidem.*

89 *Ibidem.*

Ao mesmo tempo em que teme uma centralização generalizada, à medida que o processo democrático se desenvolve, Tocqueville acredita também que a centralização governamental tende a se tornar mais necessária, à medida que a nação cresce. Nações maiores e mais poderosas não podem prescindir de maior centralização governamental. A grande ameaça, portanto, não viria deste fato, pois a *unidade nacional facilita a unidade do governo, assim como a unidade do governo serve à unidade nacional*[90]. O que o preocupa sobretudo é o perigo que poderia advir de um povo que não encontrasse o caminho correto entre a manutenção do poderio da nação por um lado e, por outro, a independência do cidadão, de modo que se evitem tanto o enfraquecimento da nação, como a transformação de todo o povo numa uniforme massa apática. Seria, pois, este equilíbrio entre a grandeza da nação - que pede uma centralização - e o poder do cidadão - que só se manifesta na descentralização - que é necessário encontrar, para que nem o cidadão nem a nação se percam no caminhar democrático.

PATRIOTISMO E CIDADANIA

Acredita ainda Tocqueville que todo cidadão está ameaçado, se sua pátria também o estiver, e que só uma nação poderosa e próspera possibilita a seus filhos ter prosperidade e tranqüilidade.

A nação francesa o preocupa, portanto, não apenas por suas questões internas, mas também pela sua força nacional, sua importância internacional, bem como seu poderio colonial.

Tocqueville distingue perfeitamente a concepção do que seria, de um lado, a nação, englobando todo o povo, cidadãos ou não e, de outro, o Estado e seu governo, que podem ou não ser representativos da nação. Na sua teoria política a nação precisa ser forte, mesmo que para isso seja necessário um aumento do poder e da centralização política do Estado. Mas o Estado e seu governo não podem ter poderes que cerceiem a vida pública e privada dos nacionais, assim como não podem desmoralizar a nação e seu povo.

Quando Tocqueville fala da nação, não pode deixar de salientar o sentimento de patriotismo que, para ele, o povo em geral precisa ter em relação ao seu país. Contudo, é apenas nas mãos dos cida-

---

90 O.C., T. II, Vol. I, p. 59.

dãos que coloca a obrigação de zelar por sua pátria. Assim, da mesma forma que o Estado e seu governo não devem centralizar todos os poderes, também não são eles os únicos responsáveis pelas desgraças do país. Aos cidadãos compete, mais do que a qualquer instituição ou poder, cuidar do engrandecimento da nação. Assim como elogia o fato de, *nos Estados Unidos, a pátria se fazer sentir por toda parte, o seu habitante se ligar a cada um dos interesses do seu país como aos seus próprios, e se vangloriar com a glória da nação*[91], também critica duramente os seus compatriotas (em 1848) pela decadência dos costumes públicos, sobretudo governamentais, que humilham a França[92].

Mas o perigo constante, para a nação e o cidadão, que Tocqueville vê nas repúblicas democráticas é justamente que os cidadãos sejam afastados dos interesses da nação ou, pior ainda, que venham a misturar constantemente a vida pública com a privada à medida que cresce o alargamento da cidadania. Numa real contradição e de modo até mesmo paradoxal, *as repúblicas democráticas colocam o espírito de corte ao alcance praticamente de todas as pessoas e o fazem penetrar simultaneamente em todas as classes,* transformando todos ao mesmo tempo em cortesãos do Estado e do governo – e, entenda-se, no caso, também da maioria[93].

91 O.C., T. I, Vol. 1, p. 95.

92 Em seu famoso discurso na Câmara dos Deputados a 27 de janeiro de 1848, Tocqueville expressa bem esse sentimento de patriotismo e se envergonha com o comportamento dos governantes para com a nação: "...Eu me sinto envergonhado quando percebo que não apenas a autoridade moral da França se enfraquece, mas também a força de seus princípios, de suas idéias, de seus sentimentos. A França foi a primeira a atirar ao mundo, em meio ao estrondo da trovoada de sua primeira revolução, princípios regeneradores de todas as sociedades modernas. Esta foi a sua glória e é a sua mais preciosa contribuição. E então, senhores, são esses princípios que nossos exemplos enfraquecem hoje em dia... Eis aí, senhores, o que me dá mais pena no espetáculo que oferecemos ao mundo" (O.C., T. I, Vol. 2, p. 371). Do mesmo modo, afirma também: "Se lanço um olhar atento em direção à classe governante, a classe que possui direitos políticos, e em seguida àquela que é governada, se observo o que se passa em uma e outra me assusto e me inquieto... os costumes públicos se degradam... cada vez mais, às opiniões, aos sentimentos, às idéias comuns sucedem interesses particulares" (O.C., T. I, Vol. 2, p. 369).

93 O.C., T. I, Vol. 1, p. 269.

COLONIALISMO

Ao considerar os problemas políticos de uma nação, Tocqueville preocupa-se também em mostrar como ela precisa manter uma posição de força e de destaque no âmbito internacional. Como bom patriota, é em defesa da França que, tanto como deputado ou ministro do Exterior, quanto nos seus cuidadosos relatórios e discursos sobre a colonização da Argélia, ele melhor demonstra sua posição. Tocqueville considera importante a manutenção da colônia argelina para que a França possa ter um poderio sobre o Mediterrâneo, necessário à grandeza da nação francesa. Por isso, não pode deixar de criticar a centralização excessiva do governo da metrópole, que se manifesta tanto na administração interna em Argel, como nas ordenações que saem diretamente de Paris[94]. Se a centralização existente na França já é temível, na Argélia só pode prejudicar ainda mais a conquista e a fixação dos franceses, bem como a vida dos nativos[95]. Embora, na opinião de Tocqueville, em Argel algum tipo de centralização fosse necessária, a intervenção direta de Paris, ignorante da realidade local, só piora a situação. Tal intervenção é *tão grande, que chega a ter os inconvenientes da centralização de todos os serviços em uma única administração, sem dela obter as vantagens*[96].

Essa crítica de Tocqueville à administração francesa na colônia é feita no sentido de mostrar, em primeiro lugar, o quanto ordens emanadas de um centro político longínquo podem não corresponder às necessidades locais e, em segundo lugar, o quanto pode ser igualmente arbitrário o poder de um funcionário local. Tanto numa como noutra situação, é a importância dos problemas das populações que habitam a colônia a responsável pelos insucessos da colonização.

---

94 O.C., T. III, Vol. 1, p. 334-5.

95 *Ibid.*, p. 335 e 348-9.

96 A questão mais importante que se discutia na época, sobre a Argélia, era como os franceses poderiam estabelecer a colonização. A divergência existente era, por um lado, entre uma posição que defendia apenas a ocupação militar da África, ou a criação de campos agrícolas a serem doados exclusivamente a militares e apenas por eles defendidos e, por outro lado, a posição que pregava a necessidade da fixação de colonos, de preferência cultivadores agrícolas e civis. Tocqueville é a favor da segunda proposição (O.C., T. III, Vol. 1, p. 294). (Debates realizados na Câmara dos Deputados nos anos de 1846-7. Tocqueville, desde 1837, vinha publicando textos sobre a colonização da Argélia.)

Para que essa tivesse êxito, pensa Tocqueville, o melhor seria que a população francesa colonial pudesse sentir-se na Argélia como se estivesse na *mãe pátria*[97]. Contudo, é preciso marcar bem as diferenças entre os colonos e os cidadãos franceses. Quer exista ou não centralização administrativa, em Argel ou em Paris, compete ao governo e à administração da colônia, com ordens vindas ou não de Paris, estabelecer os parâmetros dessas desigualdades. É porque existem de fato duas populações distintas na colônia que se deverá marcar esta diferença com duas legislações diferentes: *nada impede que se tratem os europeus como se estivessem sozinhos e que as regras feitas para eles sejam apenas a eles aplicadas*[98].

No entanto, é preciso compreender que esta proposta de uma diferença de tratamento não significa, necessariamente, um desrespeito de Tocqueville para com o colono nativo, ainda que o considere pertencente a uma *civilização imperfeita e atrasada*[99]. Precisa, por um lado, defender os franceses fixados na colônia. Por isso, ele critica o governo que havia cedido aos argelinos as terras mais férteis. Por outro lado, contudo, condena a violência do exército de ocupação, bem como o desinteresse daqueles franceses que representam o governo local pelos costumes e hábitos muçulmanos, o que, afirma, acabou por tornar estes últimos *mais miseráveis, mais desordenados, mais ignorantes e mais bárbaros do que eram antes da ocupação*[100]. Deste modo, suas propostas são um resumo prático destas suas idéias a respeito do problema. Em primeiro lugar, pede tratamento diferente para argelinos e franceses, já que são de fato povos diferentes. Em segundo lugar, ao afirmar esta diferença, Tocqueville também demonstra, a importância de se conhecer a cultura dos povos colonizados para fazê-los compreender que poderiam ter interesses em comum com seus colonizadores[101].

---

97 O.C., T. III, Vol. 1, p. 274.

98 *Ibid.*, p. 275.

99 *Ibid.*, p. 323. Nesta e em outras passagens de suas obras pode-se observar o quanto Tocqueville percebia a história como um processo democrático e como este poderia ser civilizatório ou bárbaro, conforme se preservassem ou não as liberdades fundamentais.

100 *Ibid.*, p. 321 e 323.

101 "Não há governo que seja tão sábio, benemérito e justo, que possa, repentinamente, aproximar e unir intimamente povos que pela sua história, sua religião, suas leis e seus costumes têm estado tão profundamente divididos."

De qualquer forma, nos vários relatórios e discursos Tocqueville nunca pressupõe o abandono da colônia e assinala sempre a necessidade de se proteger o cidadão francês. A própria tutela do argelino deve ser realizada para que se possam conseguir boas condições de sobrevivência para o colonizador europeu.

ESCRAVISMO E RACISMO

Embora Tocqueville saliente a desigualdade entre nativos e colonos franceses e seja mesmo favorável à sua manutenção, não pode, entretanto, admitir que se preserve a escravidão. Ele reconhece que *é necessário proceder à abolição da escravidão com precaução*; contudo, embora a escravatura entre os maometanos se tenha tornado mais branda, *não se tornou menos contrária a todos os direitos naturais da humanidade*[102].

Já em *De la démocratie en Amérique* Tocqueville havia caracterizado a escravidão como um problema social não apenas para os próprios escravos, mas também para os seus senhores: *a escravidão desonra o trabalho; introduz a ociosidade na sociedade e, com ela, a ignorância e o orgulho, a pobreza e o luxo. Ela abate as forças da inteligência e adormece a atividade humana*[103].

A desigualdade da escravidão seria, sem dúvida para ele, a pior das desigualdades. A própria democracia americana é mais autêntica nas regiões onde não há escravidão: *os americanos que nelas habitam são os únicos que podem apresentar uma imagem completa de uma sociedade democrática*[104].

Não é apenas contra a desigualdade imposta pela escravidão que Tocqueville se bate; é igualmente contra todo e qualquer racismo. Sua interessante correspondência com Gobineau mostra o quanto despreza as teorias deste sobre a desigualdade das raças humanas.

"Os povos civilizados oprimem e desesperam freqüentemente, sem querer e por assim dizer sem saber, os povos bárbaros apenas pelo contato: as mesmas regras de administração e de justiça que são consideradas por um europeu como garantias da liberdade e da propriedade aparecem para o bárbaro como uma opressão intolerável" (O.C., T. III, Vol. 1, p. 327-9).

102 O.C., T. III, Vol. 1, p. 330.

103 O.C., T. I, Vol. 1, p. 30.

104 O.C., T. I, Vol. 2, p. 243.

Nessa polêmica Tocqueville-Gobineau, este último, esforçando-se por convencer o adversário sobre suas teorias, tenta atraí-lo, retomando uma idéia bastante em voga no século XVIII sobre a possível origem da nobreza francesa, tida como descendente dos invasores franco-germânicos, que seriam superiores aos antigos gauleses romanizados. Tocqueville pode até admitir que esta fosse realmente a origem dos nobres feudais franceses, mas não crê que por isso possam ser considerados superiores.

Defende Tocqueville seu anti-racismo utilizando-se de alguns autores conhecidos na época por serem especialistas no assunto. De acordo com Buffon e Flourens, tenta demonstrar que, se homens diferentes existem, não deixam, entretanto, de pertencer à mesma espécie e que *as variedades humanas são produzidas por três causas secundárias e exteriores: o clima, a nutrição e a maneira de viver*[105]. Assim, embora possa existir uma certa determinação dada pelo clima, são fundamentalmente as variedades culturais que fazem as diferenças entre os povos, e não as raças.

Para ele, as teorias racistas são extremamente perniciosas. Em carta a Gobineau escreve Tocqueville contra suas teorias racistas: *tenho um grande preconceito contra vossa idéia-mãe, a qual me parece, confesso-o, pertencer não apenas à família das teorias materialistas, mas ser mesmo um dos seus mais perigosos membros, pois é a fatalidade da constituição aplicada não mais ao indivíduo apenas, mas a esta coleção de indivíduos que se denomina raça*[106]. Além disso, na prática esta doutrina não é útil à humanidade: na verdade, *que interesse haveria em persuadir povos acovardados que vivem na barbárie, sem ânimo, ou na servidão, que tal estado lhes é natural pela sua própria raça, e que nada há a fazer para melhorar sua condição, mudar seus costumes ou modificar seu governo?* Assim, *desta doutrina saem naturalmente todos os males que a desigualdade permanente gera, o orgulho, a violência, o desprezo pelo*

105 G. Lefebvre, na sua Introdução a *L'ancien régime et la révolution* chama a atenção para a frase de Tocqueville sobre a nobreza francesa, dizendo-a "nascida da conquista", para demonstrar com isso que Tocqueville deveria ter-se imbuído desta literatura (O.C., T. II, Vol. 1, p. 10). Esta discussão é retomada por J.J. Chevallier na sua Introdução a *Correspondance d'A. de Tocqueville et d'Arthur de Gobineau* (O.C., T. IX, p. 20). Na página 197 desta mesma publicação, Tocqueville escreve que retirara suas idéias de uma obra de Flourens, *Histoire des travaux et des idées de Buffon*, publicada em 1850 (O.C., T. IX).

106 O.C., T. IX, p. 199.

semelhante, a tirania e a abjeção sob todas as formas. Enfim, tal teoria institui *a abolição completa da liberdade*[107].

Assim, embora Tocqueville, para que a França consiga guardar bem sua colônia, pregue tratamentos diferentes para coloniais nativos e franceses, descarta, entretanto, toda possibilidade de que os argelinos sejam tratados como escravos ou possam, por serem de raça diferente, ser vistos como inferiores. A diferença a ser enfatizada, para Tocqueville, é a que diz respeito à cultura, e não à raça. E o fato é que os muçulmanos têm outros costumes, outros valores que os diferenciam dos colonos franceses. Embora Tocqueville qualifique tais costumes de *mais atrasados, bárbaros e incivilizados,* isto não significa para ele que se possam considerar os muçulmanos como se estivessem condenados a ser inferiores permanentemente, como seria um destino determinado pela raça. Assim sendo e não existindo por enquanto uma *igualdade de condições* entre esses dois povos, sua desigualdade de situação será mantida enquanto não deixarem de ser totalmente diferentes, isto é, enquanto os *bárbaros* não forem *civilizados.* Segundo Tocqueville, uma vez civilizados, poderão no futuro, como os franceses, ser também cidadãos.

Outra, porém, é a situação nos Estados Unidos. Nesse país, o escravo não é ainda cidadão, mas poderá sê-lo com a abolição. É nos Estados Unidos que a democracia está mais desenvolvida, onde, portanto, o princípio igualitário existe por toda parte, sendo defendido por todos. Assim, a abolição neste país não apresentaria problemas sociais e políticos, se não houvesse racismo. Para ele, portanto, todos os problemas – prevê que serão muitos e graves – advirão do racismo, pois, quanto aos costumes, os negros americanos estão cada vez mais semelhantes aos seus senhores. Como prova concreta disso, Tocqueville nos dá o exemplo da fundação da Libéria, na costa da Guiné, onde os negros libertos americanos que para lá foram

---

107 O.C., T. IX, p. 202-3. A título de curiosidade e apenas como informação sobre mais um dos famosos prognósticos de Tocqueville, comentando ele o racismo na obra de Gobineau escreve a este: "Os alemães, que são os únicos europeus a possuir a particularidade de se apaixonar pelo que consideram a verdade abstrata, sem se ocupar de suas conseqüências práticas, podem vos fornecer um auditório realmente favorável"... "Vosso livro está destinado a ter um lugar considerável no espírito dos pensadores de todos os países, mas, salvo na Alemanha, talvez, não está destinado a agitar a massa dos leitores" (O.C., T. IX, p. 267-8).

se estabeleceram como se fosse uma colônia de brancos americanos. Estes, a exemplo do que ocorreu na origem de qualquer estado americano, fundaram igrejas, abriram escolas, criaram um governo representativo com eleições, júris etc....[108] Portanto, são os costumes diferentes que tornam os homens desiguais, e não a cor, o aspecto ou a raça, como querem as teorias racistas. Mesmo na Argélia, à medida que os costumes se tornarem mais iguais será possível a negros, brancos e argelinos desenvolver uma *situação de igualdade de condições* que, por sua vez, permitirá a esses homens encararem-se como iguais, fazendo, assim, caminhar o processo democrático.

É por isso que, para Tocqueville, os Estados Unidos apresentam uma situação discrepante e até mesmo paradoxal, prevendo ele nesse país futuras lutas internas. Estas, num processo abolicionista, não serão apenas produzidas por questões econômicas, de mão-de-obra etc., pois muito mais sérios serão os problemas relativos à integração do negro na sociedade dos brancos, por ser negro, e não por ter deixado de ser escravo. Será o racismo, evidenciado pela associação entre a diferença de cor e uma situação de inferioridade, que colocará o negro como desigual, e não propriamente sua condição econômica ou seus costumes[109].

Aliás, lembra Tocqueville, os brancos, como que sabendo da importância da igualdade de costumes, já procuram marcar nestes a diferença, mantendo os seus escravos analfabetos e afastados dos seus bens culturais. Esta seria também uma forma de impedir os futuros escravos libertos de virem a participar da vida social e política do país[110]. Pois, como diz Tocqueville, o escravista prefere *deixar o negro na escravidão, para poder mantê-lo num estado próximo da animalidade; livre, não poderia impedi-lo de se instruir o bastante para apreciar a extensão de seus males e perceber o remédio que a eles ponha fim*[111].

Contudo, a democracia não pode permitir a permanência da escravidão por muito tempo, pois esta, *no meio da liberdade democrática e das luzes da época, não é uma instituição que possa durar. Ela terminará, ou por obra do escravo, ou do senhor. Nas duas hipóteses, entretanto, podemos esperar grandes desgraças*, como aquelas que acompa-

108 O.C., T. I, Vol. 1, p. 375.

109 *Ibid.*, p. 373-6 e 378.

110 *Ibid.*, p. 377.

111 *Ibid.*, p. 371.

nham todo processo de convulsão social[112]. Trata-se, porém, nesse caso, de desgraças inevitáveis, porque, a seu ver, mesmo que se chegue a uma perfeita *igualdade de condições* o racismo marca na diferença física uma das desigualdades mais intoleráveis.

NOVAS DESIGUALDADES

Além das formas de desigualdade até agora analisadas – algumas gritantes, outras ainda necessárias para Tocqueville –, resta considerar as novas desigualdades que poderão surgir, a despeito e por causa mesmo do processo democrático. Será portanto a própria democracia que as fará nascer.

Em uma democracia, apesar do constante desenvolvimento do processo igualitário, a produção industrial, o comércio e, de modo geral, o progresso poderão permitir o surgimento de novas classes sociais, com diferentes costumes, possibilitando a existência de novas desigualdades.

Com essa perspectiva, Tocqueville analisa o fim do Antigo Regime na França, desde o desaparecimento da nobreza e de seu poder econômico e político, passando pelas relações desta classe com o campesinato, do monarca e o poder central com a burguesia e seus novos poderes, até o que imagina ser o futuro da democracia.

Tocqueville procura diferenciar nobreza de aristocracia. Para ele, a aristocracia tomada no seu sentido vulgar, mais próximo do que hoje se poderia considerar como a elite de um país, marca a desigualdade existente entre o *conjunto de classes superiores*, isto é, aquelas que eram *as mais esclarecidas, as mais ricas e mais influ*entes, e as demais classes da nação[113]. Na França do século XVIII, assim como havia nobres que não pertenciam à aristocracia do país, existiam outras classes que dela haviam muito já faziam parte, enquanto classes dominantes.

---

112 O.C., T. I, Vol. l, p. 379.

113 "O que se entende geralmente por aristocracia, tomando a palavra em seu sentido vulgar, é o conjunto das classes superiores. A nobreza francesa era um corpo aristocrático, mas estaríamos cometendo um erro se disséssemos que ela formava sozinha a aristocracia do país... A nobreza francesa era para a aristocracia da Inglaterra, tal como ela existe atualmente, o que a espécie é para o gênero" (O.C., T. II, Vol. l, p. 37).

Em *L'ancien régime et la révolution* Tocqueville procura demonstrar como, apesar de nobreza e burguesia terem constituído a aristocracia do país, acabaram por se tornar inimigas, a ponto de uma delas precisar ser destruída. Analisa também a diferença entre a nobreza inglesa e a francesa, tentando mostrar como a desigualdade de comportamentos irá permitir o desenvolvimento de democracias diversas nos dois países.

Como uma contradição necessária à sua própria sobrevivência, a *nobreza francesa possui cada vez menos o direito de comandar, mas os nobres obtêm, cada vez mais, prerrogativas exclusivas para serem os primeiros seguidores do senhor*, de tal sorte que *quanto mais esta nobreza deixa de ser uma aristocracia, mais ela parece tornar-se uma casta*[114].

Embora a nobreza tentasse manter os seus privilégios econômicos e políticos – cobranças de taxas feudais, ocupação de postos de prestígio junto à corte etc. –, havia muito já quase nem se diferenciava da burguesia pela sua riqueza, costumes e idéias[115]. A um empobrecimento gradual da nobreza seguia-se um enriquecimento da burguesia, e *a educação e maneira de viver já haviam também estabelecido outras mil semelhanças* entre as duas classes[116].

É interessante observar o destaque que Tocqueville dá ao desenvolvimento igualitário nesse período da história francesa em que nobreza e burguesia progressivamente se assemelham, enfatizando em especial as novas leis de herança, como se estas fossem o golpe final à existência da nobreza com todos os seus costumes e valores. Acredita ele que estas leis são mais uma conquista da igualdade, na medida em que necessariamente fracionam as grandes propriedades territoriais: *com a lei de sucessao os bens passarão para outras mãos que não as da família, as riquezas tenderão cada vez mais a igualar a classe alta e esta acabará por se fundir com a classe média, que se tornará imensa, impondo a tudo sua igualdade*[117].

---

114 O.C., T. II, Vol. 1, p. 151.

115 "Os privilégios que levam ao enriquecimento são, concomitantemente, menos importantes e mais perigosos dos que os que concedem poder. Os nobres franceses, conservando, de preferência, os primeiros aos outros, guardaram, da desigualdade, aquilo que fere, e não aquilo que serve" (O.C., T. II, Vol. 1, p. 40-1).

116 O.C., T. II, Vol. 1, p. 145-6.

117 O.C., T. XIII, Vol. 1, p. 233; cf., também, T. II, Vol. 1, p. 52; T. I, Vol. 1, p. 46.

Assim, pois, se o caminhar democrático acaba de modo inexorável por destruir, tal como já fizera com a nobreza, outras classes que dominantes forem, como se poderia então falar em novas desigualdades, ou mesmo, como afirma Tocqueville, em um novo tipo de aristocracia?

NOVA ARISTOCRACIA

É o reconhecimento da transformação do objeto da riqueza, bem como dos novos costumes que desta podem surgir que obriga Tocqueville a pensar na possibilidade do aparecimento de uma nova aristocracia. Enquanto trabalha com os elementos que constituíram a ordem feudal, mas acabaram também por permitir o seu desaparecimento – a terra e sua forma de exploração, a dignidade que sua posse confere, as relações de costumes entre nobreza, campesinato e burguesia –, é a terra e só ela, como domínio feudal, que surge aos olhos de Tocqueville como base de sustentação desta sociedade. Assim, a própria destruição da nobreza advém dessa divisão da terra que, reconhece, na França é muito anterior à Revolução e às reformas napoleônicas. Além disso, a nobreza francesa não soube comportar-se como a inglesa, que, além de não perder o seu poder político, ao se aproximar da burguesia, não só transmitiu a esta seus valores aristocráticos, como também se ligou a ela, participando das novas formas de aquisição de riqueza. *Certamente, a aristocracia da Inglaterra era de natureza mais altaneira que a da França e menos disposta a se familiarizar com todos os que estavam abaixo dela; mas as necessidades de sua condição levaram-na a isso: ela era capaz de tudo para comandar*[118].

A nobreza francesa, que não soube manter o seu poder político, ao tentar permanecer como uma casta, apenas se empobreceu e perdeu sua dignidade. Ela conservou ainda a maioria das idéias de seus ancestrais, algumas bastante prejudiciais aos novos tempos. À frente destas, Tocqueville vê o preconceito que proibia aos *gentilshommes* as atividades comerciais e industriais[119]. Ora, é justamente no desenvolvimento do comércio e da indústria que Tocqueville vê a possibilidade do surgimento de uma nova aristocracia.

118 O.C., T. II, Vol. 1, p. 145, 159-60.

119 *Ibid.*, p. 41.

A democracia havia possibilitado o desaparecimento do poder de uma classe, permitindo que nobres e burgueses se confundissem. E deveria continuar seu caminhar igualitário, destruindo, talvez, outras classes se o surgimento de novos valores introduzidos pelo desenvolvimento da indústria e do comércio não pudesse fazer nascer, no próprio seio da democracia, outro tipo de desigualdade.

Para ele, é com o aparecimento de uma nova ética que, baseando seus valores na riqueza, no dinheiro, enfim, em coisas perecíveis, uma nova camada social, a mais rica, poderá vir a ser a nova *aristocracia* de uma nação. Entretanto, esta nova aristocracia nada teria a ver com a anterior, pois, apesar de mais rica, não seria a mais esclarecida, e nem seus costumes seriam os mesmos.

É com muita preocupação que Tocqueville vê o progresso da indústria e do comércio, tão inevitável como a democracia, ameaçar o bom caminho da igualdade. Ele acredita que a própria situação democrática, isto é, aquele *estado social em que nem a lei, nem o costume mantém ninguém no mesmo lugar*, seja responsável pela inquietude que se apodera dos homens. Na verdade, desde que todas as prerrogativas de nascimento e fortuna foram abolidas, é natural que esta situação resulte em uma grande inquietação para os indivíduos, diante da possibilidade de todos terem acesso a todas as atividades. Conseqüentemente, todos poderiam chegar ao topo de cada uma delas, pelos seus próprios esforços, fazendo crer aos homens que têm um imenso futuro pela frente. Há, então, para os indivíduos que vivem nesse estado, uma enorme necessidade de gozo dos bens materiais. A idéia de Tocqueville é que, sendo tudo instável, os homens precisam ligar-se rapidamente aos bens materiais que conseguem obter, já que sua posse pode ser tão-somente passageira. Além disso, o medo de perder algo que já foi alcançado lança-os continuamente em busca de outras coisas materiais que possam aumentar ainda mais o seu bem-estar[120].

É com certa surpresa que Tocqueville constata a existência de uma situação de inquietude num povo como o americano, que goza de relativo bem-estar material. Esta situação, que gera uma incessante procura do *novo*, leva necessariamente os habitantes dos Estados Unidos a desenvolver o comércio e a indústria. Para ele, *não é o comércio e a indústria que sugerem aos homens o gosto pelo gozo das coisas materiais, mas, antes, este gosto que os leva em direção às carreiras*

120 O.C., T. I, Vol. 2, p. 144-5.

comerciais e industriais, em que esperam satisfazê-lo mais completamente e mais depressa... Todas as coisas que fazem predominar no coração humano o amor dos bens deste mundo desenvolvem a indústria e o comércio. A igualdade é uma destas causas[121].

A partir dessas suas análises, o pensamento de Tocqueville vai aos poucos demonstrando a enorme relação existente entre a democracia e o desenvolvimento industrial e comercial. A tal ponto isto é verdadeiro, ele lembra, que nos Estados Unidos, *mesmo aqueles que se ocupam da agricultura o fazem com espírito de negócio*[122].

Na medida em que a população de um país é dessa forma atraída para a indústria, o desenvolvimento desta, para Tocqueville, acaba por criar uma nova desigualdade. Apesar da aparente contradição entre o processo democrático e o de industrialização, a integração dos dois numa mesma situação permite o surgimento de novas classes com uma imensa separação e distância social e política entre elas. Além de estabelecer uma terrível desigualdade entre o operário e seu patrão, o acúmulo de riqueza por uma das classes – numa sociedade em que os bens materiais e a riqueza são o maior valor – permite também o nascimento de uma nova aristocracia, que será uma *das mais duras que já apareceram sobre a terra*[123].

Tentando mostrar como a industrialização pode ser um processo pernicioso ao bom desenvolvimento da democracia, Tocqueville desenvolve sua análise relatando não só a condição do operário, mas também a do patrão e a da própria indústria. Desde que *foi reconhecido que, quando um operário se ocupa todos os dias do mesmo detalhe, chega-se com mais facilidade, mais rapidamente e com mais economia à produção geral da obra*, reconheceu-se também que, *quanto maior for uma indústria com grande capital e grande crédito, mais baratos serão seus produtos*[124]. Mostrando as vantagens para o patrão da divisão do trabalho e da especialização do operário, Tocqueville descreve a que ponto este se degrada, perdendo cada vez mais sua condição de ser humano, enquanto o patrão prossegue em seu desenvolvimento, gozando cada vez mais de uma situação de bem-estar. *O patrão e o operário nada mais têm de semelhante e a cada dia tornam-se mais diferen-*

121 O.C., T. I, Vol. 2, p. 160-1.

122 *Ibid.*, p. 163.

123 Cf. especialmente O.C., T. I, Vol. 2, Parte II, Cap. 20, *passim*.

124 *Ibid.*, p. 164.

tes. Eles apenas se mantêm como os dois elos extremos de uma longa cadeia. Cada um ocupa seu lugar e dele não pode sair. Um está na dependência contínua, estreita e necessária do outro, e parece nascido para obedecer, tal como este outro para comandar. O que é isto senão a aristocracia?[125].

Na medida em que essa situação se generaliza, e, na medida em *que a massa da nação caminha para a democracia, a classe particular que se ocupa da indústria (enquanto patrões) se torna mais aristocrática... Assim é que, se voltarmos à fonte, teremos a impressão de ver a aristocracia sair por um esforço natural ao próprio seio da democracia*[126].

O nascimento dessa nova desigualdade, dessa horrível aristocracia, que apenas quer se apoderar do trabalho do operário industrial, embrutecendo-o e empobrecendo-o, é para Tocqueville uma grande ameaça à democracia, apesar de ser algo criado e desenvolvido pela própria democracia. *É nessa direçao que os amigos da democracia devem, sem cessar, voltar com inquietação os seus olhares; pois, se jamais a desigualdade permanente de condições e a aristocracia penetrarem de novo no mundo, pode-se dizer que é por esta porta que elas entrarão*[127].

Desse modo, entre os vários infortúnios que a democracia pode acarretar, o pior e o mais terrível é aquele que, de certa forma, é a própria negação da democracia, isto é, o aparecimento de novas desigualdades. Tocqueville não acredita, entretanto, que elas se manterão e que a democracia venha a desistir de seu caminhar igualitário. O surgimento de uma nova aristocracia poderá quebrar este processo, poderá até permitir que apenas uma parte da população de um país o continue, mas também essa aristocracia acabará por ser atingida. O processo igualitário não poderá permitir sua presença por muito tempo, sobretudo porque essa nova aristocracia é das *mais restritas e menos perigosas*[128].

A PROPRIEDADE E A REVOLUÇÃO

Com relação às desigualdades nascidas do desenvolvimento da indústria e do comércio, as preocupações de Tocqueville voltam-

125 O.C., T. I, Vol. 2, p. 165.

126 *Ibid.*, p. 164.

127 *Ibid.*, p. 167.

128 *Ibidem.*

se ainda para outro aspecto do problema: a nova forma adquirida pela propriedade. A idéia de propriedade que existia no Antigo Regime envolvia uma ética, um comportamento que unia de um modo personalizado, e por mais afastados que estivessem, do ponto de vista econômico, social ou político, nobres e camponeses, dominantes e dominados. A propriedade saída da indústria e do comércio desenvolve uma relação impessoal e de separação. *O operário depende em geral dos patrões, mas não de tal patrão,* de tal sorte que *eles não estão ligados de uma forma permanente, nem pelo hábito, nem pelo dever*[129].

Assim, embora a democracia, o desenvolvimento industrial e o comercial tenham mudado o caráter da propriedade, esta, apesar do caminhar constante do processo igualitário, ainda não conseguiu aboli-la. É a presença desta propriedade, apesar de sua nova forma, e talvez por isso mesmo, uma das grandes ameaças à democracia, na medida em que é capaz de fazer nascer uma nova desigualdade, que marcará não apenas o surgimento de uma nova aristocracia, mas também o desenvolvimento de um proletariado urbano, cuja situação de miséria é das mais estarrecedoras.

Nos seus relatos de viagem à Inglaterra, em 1835, Tocqueville faz considerações sobre os efeitos dessa desigualdade saída do progresso industrial. Sua descrição de uma vila operária em Manchester, após caracterizar a miséria do proletariado, a insalubridade e a sujeira de suas moradias, não pode deixar de apontar a causa de tudo isso: *se levantarmos a cabeça, em torno deste lugar veremos os imensos palácios da indústria. Estes enormes edifícios, que dominam a paisagem, impedem o ar e a luz de penetrarem nas habitações humanas; envolvendo-as em uma eterna neblina; aqui está o escravo, lá o senhor; lá as riquezas de alguns poucos; aqui, a miséria da maioria; lá as forças organizadas de uma multidão produzem para o lucro de um só; aqui a fraqueza individual mostra-se ainda mais débil e mais desprovida do que no meio dos desertos; aqui os efeitos, lá as causas*[130].

Contudo, apesar de detectar no processo de industrialização inglês as causas da existência dessa trágica desigualdade, Tocqueville não acredita que esta situação possa desencadear uma revolução violenta.

Considerando a diferença de situação, econômica, social e política, entre França e Inglaterra, sobretudo no que se refere ao novo

---

129 O.C., T. I, Vol. 2, p. 166.

130 O.C., T. V, Vol. 2, p. 81.

tipo de propriedade, Tocqueville reconhece, em primeiro lugar, que a grande propriedade territorial na Inglaterra continuava a ser mantida e, de uma certa forma, aliava-se à indústria, de tal sorte que a nobreza continuava a se enriquecer e a aceitar a burguesia no seu seio, enobrecendo-a. Em segundo lugar, deveria ser levado em conta o fato de que a classe média acreditava na possibilidade do seu rápido enriquecimento com a indústria e o comércio, o que lhe possibilitaria também vir a ser nobre e ingressar na aristocracia. Em terceiro lugar, considera Tocqueville que, mesmo entre o proletariado, não havia uma atitude contrária à nobreza. As classes mais despossuídas, é certo, faziam críticas a certos nobres, certos governantes, mas não existia entre o povo em geral um ódio de classe contra a aristocracia como tal[131]. Como ele próprio afirma, não se trata de levar em conta oposições individuais. Tocqueville fala *de classes, porque só elas devem ocupar lugar na história*[132]. *Aparentemente, os ingleses estão ainda convencidos de que a desigualdade extrema de fortunas é a ordem natural das coisas*, portanto, *enquanto sua imaginação não quebrar este entrave, as chances de uma revolução violenta são poucas, pois, apesar do que se diz, são as idéias que movem o mundo, e não cegas necessidades*[133].

Assim, Tocqueville acredita que, embora a democracia continue a percorrer o seu caminho igualitário, *na Inglaterra não está ameaçada, como na França, de uma rápida e violenta mudança no seu estado político e social*[134].

É interessante observar como, para Tocqueville, a mesma propriedade que, na Inglaterra, eleva os cidadãos e os faz participar da aristocracia – entendida tanto no sentido de nobreza quanto no de classe dirigente – sem com isso despertar ódio entre as classes, constitua, na França, graças à sua permanência, motivo de futuras revoluções.

Nos seus *Souvenirs*, Tocqueville lembra um manifesto que chegou a redigir em outubro de 1847 e que não foi dado à publicação, no qual analisa esta nova condição da propriedade dentro do quadro pré-revolucionário francês. *A revolução francesa (1789), que aboliu todos os privilégios e destruiu todos os direitos exclusivos, deixou entre-*

131 O.C., T. V, Vol. 2, p. 40.

132 O.C., T. II, Vol. 1, p. 179.

133 O.C., T. V, Vol. 2, p. 42.

134 *Ibid.*, p. 38.

tanto subsistir o de propriedade. Não tenham os proprietários ilusões sobre a força de sua situação, nem imaginem que o direito de propriedade é uma muralha intransponível; (...) desde que este direito aparece como o único privilégio que permanece isolado no meio de uma sociedade nivelada, não estando mais acobertado por outros direitos mais contestáveis e mais odiosos, seu perigo é maior; tão-somente a ele cabe agora sustentar, a cada dia, o choque direto e incessante das opiniões democráticas, e logo será entre aqueles que possuem e aqueles que nada possuem que se estabelecerá a luta política; o grande campo de batalha será a propriedade[135].

Não acredita, pois, Tocqueville, que essa propriedade de novo tipo, fundada na indústria e no comércio, seja uma barreira intransponível para a democracia; através de revoluções, violentas ou não, acabará também por ser destruída. Sem dúvida, para ele a melhor solução é a inglesa, e não a francesa.

O espectro de novas revoluções sempre aparece a Tocqueville como algo a temer. Em primeiro lugar, porque não vê nas várias revoluções francesas (1789, 1830, 1848) nenhuma conquista igualitária que um pacífico processo democrático não tivesse podido alcançar. Em segundo lugar, porque em nome da igualdade e da liberdade cometeram-se atrocidades. Mas, finalmente e acima de tudo, como constata nos seus *Souvenirs*, porque os impérios autoritários saídos de 89 e 48 acabaram sendo igualmente contrários à liberdade.

3. O HOMEM DEMOCRÁTICO

Tocqueville será sempre a favor de um processo pacífico de igualização e de uma democracia que se realize tranqüilamente, à semelhança do seu modelo americano. Mas, também à semelhança deste, vê com certo temor a influência que o progresso industrial, tendo evitado, ou não, a formação de uma nova aristocracia, possa ter sobre o novo homem democrático.

É com alguma apreensão que Tocqueville descreve, sobretudo no segundo volume de *De la démocratie en Amérique*, as vantagens e desvantagens da vida intelectual, dos sentimentos e dos costumes propriamente ditos dos homens que vivem na democracia. Para ele, *os americanos têm um estado social democrático que lhes sugere*

---

135 O.C., T. XII, p. 36-7.

normalmente certas leis e certos costumes políticos. Este mesmo estado social também faz nascer entre eles uma multidão de sentimentos e de opiniões que eram desconhecidos nas velhas sociedades aristocráticas da Europa[136].

Não seria, pois, diretamente que o progresso industrial afetaria os homens, modificando-os, mas esta modificação dar-se-ia por um efeito de retorno. Na medida em que a democracia favorecesse nos homens o gosto pelo bem-estar e este gosto, por sua vez, contribuísse para que os indivíduos se dedicassem à indústria, que lhes traria riqueza e conforto, fazendo com que ela se desenvolvesse, esta nova atividade desses indivíduos democráticos acabaria por modificá-los em suas idéias sentimentos e hábitos.

A SOCIEDADE DE IGUAIS

Para Tocqueville, numa sociedade igualitária como a democracia americana, o gosto pelo bem-estar material é geral, pois *quando as camadas são confundidas, os privilégios destruídos, os patrimônios divididos e a luz e a liberdade se propagam, o desejo de adquirir o bem-estar se apresenta à imaginação do pobre e o medo de perdê-lo ao espírito do rico.* É verdade que *a paixão do bem-estar material é essencialmente uma paixão da classe média*; mas *ela cresce e se expande com esta classe; torna-se preponderante com ela e é a partir dela que atinge as camadas superiores da sociedade e desce até o seio do povo*[137].

Assim, o novo homem democrático irá se formar não apenas no contexto de uma situação de igualdade, mas também sempre que o princípio igualitário nela contido se desenvolva até permitir que todos ambicionem determinado bem-estar. É ainda porque a democracia funciona como uma sociedade massificadora que a vocação de seu povo parece como que ditada pelas idéias, sentimentos e hábitos de uma única e enorme classe média. Deste modo, é o gosto

---

136 Embora no primeiro volume de *De la démocratie en Amérique* Tocqueville insista em declarar que utilizou a palavra *mœurs* num sentido mais amplo – isto é, para indicar não apenas os costumes propriamente ditos, mas também "todo o estado moral e intelectual de um povo", o que para ele equivale a dizer todos os sentimentos, noções, opiniões e idéias –, no segundo volume volta a falar em *mœurs* na acepção tradicional do termo, apontando para uma diferença entre os costumes enquanto hábitos e os sentimentos e as idéias. Cf. O.C., T. I, Vol. 1, p. 300, e O.C., T. I, Vol. 2, 3ª parte.

137 O.C., T. I, Vol. 2, p. 135.

pelo bem-estar material que leva os homens a se ligarem a atividades industriais, graças às quais acreditam enriquecer mais rapidamente. Mas esses indivíduos ao procederem assim, acabam por abandonar ou desprezar as atividades do espírito.

Por causa do caráter de manifesto de *De la démocratie en Amérique* e em nome da própria moralidade da política, Tocqueville precisa advertir a todos, mas sobretudo aos franceses, sobre o que ocorre nos Estados Unidos com as ciências e as artes. Considerando que os habitantes desse país *dirigem seu espírito da mesma maneira e o conduzem a partir das mesmas regras, poder-se-ia afirmar que eles possuem, sem que jamais se tenham preocupado em definir-lhe as regras, um determinado método filosófico que é comum a todos*. E, embora isso possa parecer contraditório, cada um por si é a medida de todas as coisas, pois sempre *procuram por eles próprios e unicamente em si as razões das coisas*, de tal forma que *cada americano só apela para o esforço individual de sua razão*. Quer Tocqueville com esta afirmação demonstrar o quanto os americanos têm pouco interesse pela literatura e pelos estudos teóricos, só buscando aprender o que lhes convém, em relação aos seus próprios negócios. Assim, ele afirma com mordacidade, *a América é, então, um dos países do mundo onde menos se estudam e onde se seguem da melhor forma os preceitos de Descartes, (...) (embora) os americanos não leiam suas obras*[138].

Apesar de designar essa maneira de pensar o mundo como método filosófico dos americanos, Tocqueville entende que ele nasceu no século XVI, com os reformadores, generalizando-se no século XVII, com Bacon e Descartes, para finalmente criar raízes no século XVIII, sobretudo entre os franceses, que acabaram por exportá-lo para toda a Europa. É que este método, após ter encontrado as condições de igualdade necessárias à sua implantação e popularização na França, foi *ostensivamente adotado ou secretamente seguido por todos os povos da Europa*[139]. A Revolução Francesa teve, neste caso, um imenso papel. Sendo uma revolução política, assemelha-se, no entanto, em alguns aspectos, a uma revolução religiosa. Em primeiro lugar, ela não se limita ao território francês, mas expande-se aos lugares mais longínquos e, em segundo lugar, penetra nos outros países pela predicação e propaganda de suas idéias. Todavia, essas idéias, essa forma de encarar o mundo, esse método filosófico só tiveram

---

138 O.C., T. I, Vol. 2, p. 11.

139 *Ibid.*, p. 13.

possibilidade de se desenvolver porque *já haviam ocorrido certas mudanças nas condições, hábitos e costumes* dos povos por eles atingidos[140]. Essas mudanças, por sua vez, só puderam existir pelo próprio desenrolar do processo igualitário. É a democracia, portanto, que permite o desenvolvimento desse método filosófico, sendo ela própria sua grande propaganda.

Verifica ainda Tocqueville que, *embora esse método deva ser mais seguido pelos americanos, entre os quais a igualdade é mais completa e mais antiga que entre os franceses*, estes o seguem e o aplicam mais do que aqueles. Isto porque nos Estados Unidos a religião ainda constitui uma grande força e também porque os americanos, embora possuam uma constituição e um estado social democrático, ainda não passaram, como os franceses, por uma revolução igualitária[141].

A partir dessa caracterização da maneira pela qual os homens pensam numa democracia, Tocqueville procurará prevenir-nos sobre as conseqüências do utilitarismo que preside as atividades dos americanos. Por um lado, pelo gosto do bem-estar, eles procuram enriquecer o mais rapidamente possível e penetram muito cedo nas profissões industriais, interessando-se por toda ciência (entenda-se conhecimento suscetível de aplicação prática) que leva ao progresso industrial. Por outro lado, a própria preferência por esse setor do conhecimento leva-os a abandonar a filosofia, as letras e as artes, ou a desenvolver com relação a elas certos preconceitos. Da combinação dessas duas tendências poderia resultar ainda uma terceira situação, que seria aquela na qual essas atividades fossem desenvolvidas num espírito utilitário. Assim poderia vir a existir uma determinada arte destinada a um consumo geral, por parte de uma população de iguais, que se manifestaria por isso como massificadora, sendo além do mais produzida industrialmente, isto é, para grandes públicos e com fins lucrativos[142].

---

140 O.C., T. II, Vol. 1, p. 89 e Cap. III, *passim*.

141 O.C., T. I, Vol. 2, p. 14-5.

142 Esta é uma das raras análises em que Tocqueville distingue bem o que é próprio da democracia no que diz respeito exclusivamente aos americanos. Ao discorrer sobre às questões acima, Tocqueville mostra com imenso cuidado a importância da religião protestante na formaçao e desenvolvimento do povo americano, o que lhe confere uma situação singular na democracia, para a qual é preciso estar atento quando se pensa nas demais situações democráticas. Cf. O.C., T. I, Vol. 2, p. 55 e todo o Cap. XI da 1ª parte.

É por isso, diz ele, que *todo método novo que leva por um caminho mais curto à riqueza, toda máquina que abrevia o trabalho, todo instrumento que diminui os gastos de produção, toda descoberta que facilita os prazeres e os aumenta aparece à maior parte dos homens que compõem as nações democráticas como o mais magnífico esforço da inteligência humana*, tanto é verdade que *o estado social e as instituições democráticas dispõem os homens a buscarem nas ciências apenas suas aplicações rápidas e úteis*[143].

Essa atitude é tanto mais prejudicial ao desenvolvimento das artes e do pensamento teórico e mesmo da liberdade quanto maior for aquela igualdade que permite que um povo se transforme numa massa homogênea. É como se a existência no seio de um povo de uma igualdade extrema aumentasse também o desinteresse desse povo pelos bens intelectuais e espirituais, lançando-o ao mesmo tempo na ignorância e na servidão. Além disso, o utilitarismo nascido da busca rápida da riqueza faz com que os homens se ocupem apenas de seus negócios, abandonando as coisas públicas e esquecendo-se de que os interesses do Estado devem ser os da sociedade, do povo em geral e de cada um dos indivíduos que dele faz parte. Como se esses interesses fossem os seus próprios. O que Tocqueville, na verdade, condena é que estes homens, preocupados apenas em fazer fortuna e em melhor cuidar *disso que chamam de seus negócios, acabam por negligenciar o que deveria ser sua mais importante ocupação, a de permanecerem senhores de si*[144].

Os estragos desse utilitarismo não param aí, já que penetram até mesmo no próprio campo da estética. Para Tocqueville isto é tão óbvio, que considera mesmo perda de tempo ficar a demonstrar como a *mediocridade de fortunas, a falta do supérfluo, o desejo universal de bem-estar e os constantes esforços que cada um realiza para o conseguir fazem predominar no coração do homem o gosto do útil sobre o amor do belo. As nações democráticas, nas quais se encontram todas estas coisas, cultivarão as artes que permitem que a vida seja cômoda de preferência àquelas cuja finalidade seja apenas embelezar; elas preferirão o útil ao belo, e desejarão que o belo seja útil*[145].

É a própria necessidade de produzir para muitos, rapidamente e o mais barato possível, que incentiva os produtores a tudo fabri-

---

143 O.C., T. I, Vol. 2, p. 50-1.

144 *Ibid.*, p. 147.

145 *Ibid.*, p. 53.

carem sem a preocupação do belo; terão eles em conta, no entanto, a produção do maior número de objetos pelo menor valor. Desta forma, a democracia *não apenas leva os artesãos a fazerem rapidamente muitas coisas imperfeitas, mas também o consumidor a se contentar com essas coisas*[146].

Entretanto, à medida que a democracia realmente se realiza, Tocqueville acredita que essa perspectiva será verdadeira para a produção individual, mas não para as coisas públicas. Não que necessariamente elas sejam mais belas, mas serão sem dúvida mais grandiosas. *Nos povos democráticos, os indivíduos são muito fracos, mas o Estado que os representa e os tem a todos em sua mão é muito forte*, e desta forma entre tais povos facilmente iremos encontrar enormes monumentos públicos[147].

Finalmente, poder-se-ia ainda considerar, sob outro ponto de vista, que os bens espirituais apenas adquiririam outro aspecto – aliás, precisamente aqueles que fossem necessários para o contentamento de grandes populações igualitárias, como as das sociedades democráticas. Seguindo esta linha de argumentação, Tocqueville preocupa-se em mostrar como poderá desenvolver-se uma indústria literária, como os objetos da poesia serão menos numerosos e mais amplos, como o teatro terá um bom público, mas as peças não serão lidas etc.[148]

Com a evidente preocupação de mostrar as oposições entre as idéias, opiniões, sentimentos e hábitos da aristocracia e da democracia, Tocqueville consegue construir um *tipo* de homem e de povo democrático, como se estivesse realizando um modelo. Ao construí-los, por vezes destaca a especificidade do povo americano em face da democracia em geral, mas quase sempre os confunde. Seu modelo serve muito mais para fazer análises comparativas do que como ideal a ser seguido. Por isso, ele procura apresentar paralelamente o que

---

146 O.C., T. I, Vol. 2, p. 55.

147 *Ibid.*, p. 58.

148 Entre as várias considerações de Tocqueville sobre as letras e as artes nos Estados Unidos, talvez uma das mais interessantes seja sua análise de como os americanos vêm aos poucos modificando a língua inglesa, ao porem em uso palavras novas, ao desenvolverem novas acepções para palavras antigas, ao relançarem palavras esquecidas, ou ainda pelo gosto de usar termos genéricos e palavras abstratas, da mesma forma que são apaixonados por idéias gerais. Cf. O.C., T. I, Vol. 2, em especial todo o Cap. XVI da 1ª parte.

ocorre também, como transformação democrática, na França, na Alemanha ou na Inglaterra, sempre opondo o mundo europeu ao americano.

Já vimos como, ao descrever a necessidade de bem-estar do homem democrático, Tocqueville procura salientar o que há de negativo nesta atitude, sobretudo no que se refere à vida intelectual e artística. É neste aspecto da sua construção que talvez mais transpareça sua análise valorativa, não apenas pela comparação constante entre aristocracia e democracia, mas também pela própria escolha do que julga ser significativo na caracterização do homem democrático.

É trabalhando com categorias culturais e valores como honra, família, costumes, ambição, suscetibilidade, bons hábitos, monotonia, inquietação, nos quais procura destacar o que julga positivo e negativo, que Tocqueville ora favorece a democracia, ora a aristocracia. Na maioria das vezes, quer somente mostrar as diferenças, como se estas fossem apenas culturais e portanto não comparáveis. Como um bom antropólogo ele procura mostrar essas diversidades culturais de cada povo. É o que ocorre, por exemplo, com a concepção de valor atribuída à honra, cuja expressão entre os povos democráticos concentrou-se no trabalho, por ter sido *dirigida contra a ociosidade*, que precisamente constituía um dos atributos da condição aristocrática[149]. Procura também considerar os extremos de uma situação democrática e, embora tendo sempre como o exemplo mais próximo os Estados Unidos, com freqüência o abandona, ao analisar situações em que uma extrema igualização pode apresentar uma deturpação dos próprios valores criados pela *igualdade de condições*. Neste caso, ainda mais uma vez, é com o instinto de prevenir males que Tocqueville descreve os possíveis desacertos dos sentimentos e do comportamento dos povos democráticos.

Partindo da idéia de que os povos democráticos amam a igualdade de uma forma mais ardente e durável do que a liberdade, Tocqueville percorre um difícil caminho, no qual muitas vezes parece opor o comportamento do homem democrático à sua idéia do princípio democrático. Em outras palavras, parece tentar mostrar em que medida os valores se opõem à ação, ou nela são contraditórios.

Assim, não obstante o imenso e perene amor à igualdade que existe nas sociedades democráticas, Tocqueville descreve o homem democrático como o que busca constantemente novas desigualda-

149 O.C., T. I, Vol. 2, p. 245.

des. Não é apenas a vocação industrial dos homens democráticos que pode levá-los a criar uma nova aristocracia. Para ele, este fenômeno é quase uma regra geral, uma necessidade própria do ser humano. Os homens normalmente tentam diferenciar-se uns dos outros, procurando estabelecer-se, se não como superiores, pelo menos como diferentes. *Podem-se mudar as instituições humanas, mas não se pode mudar o homem: qualquer que seja o esforço geral de uma sociedade para tornar os cidadãos iguais e semelhantes, o orgulho particular dos indivíduos procurará sempre escapar do nivelamento e quererá formar em alguma parte uma desigualdade de onde tire proveito*[150].

Da mesma forma Tocqueville opõe ao princípio imóvel e perene do igualitarismo, bem como aos demais valores que dele parecem brotar, a mobilidade constante das ações dos homens numa sociedade democrática. Assim, para ele, embora exista uma *fixação singular de certos princípios* e embora seja extremamente difícil mudar as idéias, os princípios religiosos, filosóficos, políticos e morais de um povo democrático, este homem encontra-se num eterno movimento[151].

A questão torna-se ainda mais complicada quando Tocqueville procura explicar o que ele próprio define como a *igualdade imaginária* e a *desigualdade real.* Para ele, a democracia desenvolve um novo tipo de relacionamento entre empregador e empregado, entre o patrão e o operário. Nas democracias, o eterno movimento dos homens em sociedade faz com que não haja empregos e lugares de trabalhos mantidos por muito tempo. A preocupação constante com o enriquecimento e a crença de que isto acontecerá um dia permitem que todo emprego seja encarado como temporário. Nesta situação, o trabalhador ver-se-ia sempre como um futuro patrão. Como há muitos exemplos de que isto ocorreu, e como há também a ameaça constante de o patrão tudo perder e ter que voltar à condição de empregado, Tocqueville não vê uma grande barreira entre estas duas posições. Em outros termos, para Tocqueville, ambos se encaram como iguais e se acreditam iguais. Nas democracias existe apenas momentaneamente um acordo, um contrato, realizado entre dois homens, pelo qual um tem o direito de comandar e o segundo o dever de obedecer.

Entretanto, reconhece Tocqueville a existência de uma desigualdade real entre os que ocupam essas duas posições, ou seja, entre

150 O.C., T. I, Vol. 2, p. 224.

151 *Ibid.*, p. 258-69.

a riqueza de um e a pobreza do outro, entre o comandar de um e o obedecer do outro. Mas, diz ele, *é em vão que esta situação coloca acidentalmente uma grande distância entre dois homens (...) pois a opinião pública, que se funda sobre a ordem comum das coisas, aproxima-os do nível comum e cria entre eles uma espécie de igualdade imaginária*[152]. É, pois, o princípio igualitário, como diretriz que é das democracias, que permite aos homens que nelas vivem continuarem a se encarar como iguais, apesar de em situações reais de desigualdade.

Contudo, embora Tocqueville acredite que a democracia possa desenvolver este diferente tipo de relacionamento entre patrão e empregado, é com certa apreensão que irá descrever esta nova relação na produção industrial.

Por um lado, o caminhar natural da democracia traria cada dia uma diminuição da *distância real e de opinião que separa operário e patrão*. Isto porque, evidentemente, *à medida que as regras da hierarquia social são menos observadas, enquanto os grandes se diminuem e os pequenos se elevam e tanto a pobreza como a riqueza cessam de ser hereditárias*, há uma aproximação maior e um nivelamento entre as duas posições[153]. Por outro lado, porém, vê Tocqueville na realidade que o envolve aquilo que denomina *grande e desgraçada exceção*. Esta seria constituída não apenas pelo perigo que o progresso industrial oferece, ao possibilitar a formação de uma nova aristocracia oriunda apenas da riqueza, mas também pelo perigo maior, dado pelo aparecimento de uma enorme massa de trabalhadores miseráveis. Neste caso, para Tocqueville, ao contrário do que poderia ocorrer num processo igualitário normal, tranqüilo, seria bastante viável que essas duas classes sociais se opusessem, dando nascimento a uma luta entre essas classes. E é em torno do valor do salário que ele vê nascer esta possibilidade. Sendo poucos, os patrões podem facilmente unir-se. Os operários, ao contrário, são muitos, e, por exemplo, mesmo que se unam para recusar o salário que lhes é imposto pelos patrões, sua situação de miséria e sua impropriedade para outros trabalhos os impossibilitam de manter-se por muito tempo. *Se recusarem o trabalho de comum acordo, o patrão, que é um homem rico, pode esperar*

152 O.C., T. I, Vol. 2, p. 189.

153 Tocqueville neste caso não está apenas preocupado com a abolição da lei da herança do primogênito, mas procura mostrar que existe também uma herança da pobreza em termos de uma condição de classe ou situação social, que se extingue, como um fator importante no processo de democratização.

facilmente, sem se arruinar, que a necessidade os traga de volta; mas eles precisam trabalhar todos os dias para não morrerem, pois só têm como propriedade os seus braços. A opressão há muito os empobreceu, e é tão mais fácil oprimi-los quanto mais se tornam pobres. É um círculo vicioso do qual os operários não teriam condições de sair. Mas *esta dependência e miséria na qual se encontra, em nosso tempo, uma parte da população industrial é um fato excepcional, e contrário ao que o envolve, ou seja, a* democracia[154].

Embora, pois, para Tocqueville possa haver uma contradição entre o princípio democrático – esta crença no igualitarismo que de certa forma move os hábitos e costumes de um povo – e a existência de graves situações de desigualdade real quase intransponíveis, ela só aparentemente é insolúvel. *É difícil, quando a sociedade inteira se move, manter uma classe imóvel e, quando a maioria abre constantemente novos caminhos em direção à fortuna, fazer com que alguns suportem em paz suas necessidades e seus desejos*[155], isto é, a própria democracia, de forma pacífica ou não, resolverá este problema.

Sem dúvida, para Tocqueville, é nessa imensa desigualdade real que se assenta a possibilidade de que venham a existir revoluções, apesar de o povo de uma sociedade democrática abominar revoluções que possam afetar seu bem-estar e, portanto, os seus negócios[156]. O verdadeiro problema para Tocqueville está certamente ligado ao surgimento de revoluções. Pois as revoluções nasceriam a cada momento que a democracia se desviasse do seu bom caminho pacífico e fosse necessária uma correção igualitária violenta. Com relação a este perigo, Tocqueville vê a proliferação de *estranhas doutrinas*, embora, não as veja desenvolvendo-se nas democracias em que o processo igualitário já esteja muito avançado. Por isto julga que nos Estados Unidos dificilmente ocorrerá uma revolução, e, se alguma houver, será por ainda existirem neste país a escravidão e o racismo[157]. Da mesma forma, Tocqueville não acha possível que as dou-

154 O.C., T. I, Vol. 2, p. 198-9.

155 *Ibid.*, p. 199.

156 *Ibid.*, Cap. XXI.

157 Para Tocqueville, os americanos não conseguiriam manter esta situação de tamanha desigualdade, pois, é claro, os escravos teriam que um dia vir a ser cidadãos. Mesmo assim, serão vistos como diferentes por serem negros, e o racismo poderá transformar essa diferença na mais terrível das desigualdades. Cf. O.C., T. I, Vol. 2, p. 263.

trinas socialistas aí se desenvolvam. Pelo contrário, preocupa-se com a França, pois lá existem condições para que ocorra a proliferação tanto das doutrinas socialistas como de processos revolucionários[158].

Assim, a tendência natural da democracia é cada vez mais igualar os seus cidadãos, num processo em que a educação e a legislação terão um imenso papel. Assim como as leis declararão os cidadãos iguais, formalizando o princípio democrático, a educação se encarregará de os igualar realmente, tanto ao tentar nivelar suas inteligências como ao tornar iguais suas crenças, seus gostos, seus sentimentos e seus costumes em geral.

Em política, como em filosofia e religião, a inteligência dos povos democráticos recebe com delícia as idéias simples e gerais; ela satisfaz-se a imaginar uma grande nação em que todos os cidadãos se assemelhassem a um só modelo e fossem dirigidos por um só poder, pois *os homens democráticos repelem os menores privilégios; as menores diversidades nas instituições políticas do mesmo povo ferem-nos, e para eles a primeira condição de um bom governo parece ser a uniformidade legislativa*[159].

O ESTADO DESPÓTICO

Considerando todas essas questões e fiel a sua formulação de que a democracia é ao mesmo tempo determinada por um princípio igualitário e por condições reais de igualização, Tocqueville não pode deixar de chamar a atenção para o fato de que o desenvolvimento de ambos pode possibilitar o nascimento e o crescimento de um grande Estado despótico. Mesmo porque se, por um lado, é justamente este intercâmbio entre o ideal e o real que permite a existência da democracia, por outro, o caminho que esta percorre é longo e cheio de percalços, pois sua rota mais segura pode levar a esse Estado despótico e, portanto, à servidão dos homens.

Dessa forma, como que fechando o círculo dos infortúnios da democracia, Tocqueville começa a delinear os traços do que poderia vir a ser esse Estado imenso e poderoso, nascido da extrema igualdade.

Por se acreditarem iguais e amarem a igualdade, os homens democráticos procuram desenvolver condições para a igualização crescente e com esse fim educam e fazem leis. Embora se possa afirmar

---

158 O.C., T. XII, p. 84.

159 O.C., T. I, Vol. 2, p. 297.

que a igualdade assim alcançada está posta apenas formalmente e permaneça no nível da aparência, tais homens acabam, pelo menos, por engendrar uma população que, na sua imensa maioria, tem hábitos, conhecimentos, ideais e opiniões semelhantes. Serão, portanto, estes costumes que dominarão toda a sociedade.

Mas não se pode esquecer também que, numa democracia, o que deve ser soberano realmente é o povo. Nela, o *povo nomeia aquele que faz a lei e o que a executa, e ele próprio pune as infrações à lei.* Mais ainda, *é o povo que dirige e, embora a forma de governo seja representativa, é evidente que as opiniões, os preconceitos, os interesses e mesmo as paixões deste povo são dominantes.* Contudo, lembra Tocqueville, *em todo país onde o povo reina, é a maioria que governa em nome do povo,* o que permitiria, obviamente, a dominação da maioria[160]. O que ocorre realmente é que o povo, por ser soberano, concede aos seus escolhidos a mais imensa das legitimidades, pois, junto com o voto, ele entrega também aos que o vão representar, toda a sua soberania. Esta pode ser, então, uma falsa forma de soberania popular.

Para Tocqueville, seus contemporâneos haviam desenvolvido uma terrível contradição, surgida de *duas paixões inimigas: eles sentem, ao mesmo tempo, a necessidade de serem conduzidos e a vontade de serem livres.* Estes homens são, assim, capazes de imaginar um poder único, tutelar, todo-poderoso, mas eleito pelos cidadãos, e *se consolam por estarem tutelados imaginando que eles próprios escolheram seu tutor*[161].

A criação desse poder todo-poderoso torna-se mais fácil na medida em que, nas democracias, os indivíduos são frágeis e desejam que o Estado se encarregue das coisas públicas. É aliando a fraqueza do cidadão, nascida da própria igualdade, ao seu desinteresse administrativo-político, surgido da necessidade de ele concentrar seu trabalho em seus negócios particulares, que o Estado acaba por reter em si toda a soberania saída do povo, transformando-se assim no poderoso Leviatã hobbesiano. Como afirma Tocqueville, *neste sistema, os cidadãos saem um momento da dependência para indicar o seu mestre e para lá voltam*[162].

---

160 O.C., T. I, Vol. 1, p. 177.

161 O.C., T. I, Vol. 2, p. 325.

162 *Ibidem.*

Mas a expropriação pelo Estado da soberania popular pode não ser apenas política. Ela pode também atingir os indivíduos nos seus negócios particulares, pelos quais abandonaram espontaneamente os poderes que lhes conferia sua cidadania, de tal modo que aquele poder soberano que eles próprios instituíram poderá estender-se ainda *para o campo que estava reservado à independência individual. Pouco a pouco o Estado torna-se também um credor da maioria dos ricos e centraliza em suas mãos os maiores capitais.* Mas não é apenas sobre o dinheiro dos ricos que o Estado irá exercer seu controle, podendo estendê-lo também até a magra economia dos pobres, através das caixas econômicas[163].

É porém na sua aliança com o desenvolvimento industrial que o Estado poderá vir a ampliar o campo de ação de suas garras, transformando efetivamente cada vez mais seu povo em escravo. Apesar de a classe industrial crescer sem cessar, em número, importância e riqueza, ela não se torna menos independente do Estado: *ela traz no seu próprio seio o despotismo, que se estende naturalmente, à medida que ela se desenvolve.* De fato, *à medida que a nação se torna mais industrial, ela precisa de mais estradas, canais, portos e outros trabalhos de natureza semipública, que facilitam a aquisição das riquezas; e quanto mais democrática ela for, maior a dificuldade que sentem os particulares para executar tais trabalhos e maior a facilidade do Estado para fazê-los; desta forma, cada vez mais o Estado cerca as populações na mais estreita dependência. Por outro lado ainda, à medida que o poder do Estado cresce, suas necessidades aumentam, e ele consome maior quantidade de produtos que ele próprio fabrica nos seus arsenais e nas suas manufaturas. Assim, acaba por se transformar no maior dos industriais, (...) tentando até dirigir e vigiar as possíveis associações que a resistência dos cidadãos pudesse construir*[164].

Além disso, a teoria econômica parece aprovar essa tendência de concentração de poderes no Estado, procurando até mesmo incentivá-la. *Segundo os economistas, o Estado não apenas tem que comandar a nação, mas também deve moldá-la de uma certa maneira; ele deve formar o espírito dos cidadãos, seguindo um certo modelo a que se propôs anteriormente; seu dever é o de pôr nesse espírito certas idéias e de fornecer aos corações dos cidadãos certos sentimentos que julga necessários. Na realidade, não há limites a seus direitos nem limitações às suas ações; ele*

---

163 O.C., T. I, Vol. 2, p. 312-3.

164 *Ibid.*, p. 317-8.

não apenas reforma os homens, mas os transforma; talvez mesmo só dependesse dele criar outros homens[165]. No entanto, este Estado todo-poderoso *é o produto e o representante de todos é deve fazer com que o direito de cada um se dobre à vontade de todos*[166].

Essa nova forma de tirania, que Tocqueville chama de despotismo democrático e que crê poderá desenvolver-se nas democracias, é assim por ele descrita: *uma multidão de homens semelhantes e iguais que se agitam sem descanso em volta de si mesmos, para buscar prazeres pequenos e vulgares, com os quais preenchem suas almas. Cada um deles retira-se à parte e torna-se um estranho ao destino de todos os outros: seus filhos e seus amigos particulares formam para ele toda a espécie humana; apesar de permanecer em relação com os outros como concidadão, está ao lado deles, mas não os vê; ele os toca, mas não os sente; só existe em si próprio e para ele apenas, e, se lhes resta ainda uma família, pode-se dizer que ele não tem mais pátria. Por sobre todos se levanta um poder imenso e tutelar que se encarrega sozinho de assegurar seus prazeres e de velar sobre suas sortes. Ele é absoluto, detalhado, regular, preventivo e ameno*[167]. Este é o novo Estado que pode surgir nas democracias.

Esse texto mostra muito bem a angústia de Tocqueville em face das transformações possíveis que um Estado democrático pode assumir. Para ele, tudo se passa como se o Estado fosse aos poucos retirando dos cidadãos todos os seus direitos. Ele precisa salientar que *todos os diferentes direitos que foram arrancados sucessivamente das classes, das corporações, dos homens, não deram nascimento, numa base mais democrática, a novos poderes secundários, mas, vindos de todas as partes, concentraram-se nas mãos do soberano. Em todo lugar, o Estado cada vez mais dirige por si próprio os menores cidadãos e conduz sozinho cada um deles nas suas menores ocupações*[168]. *Cada indivíduo é isolado e fraco; os particulares fazem pequenas coisas e o Estado, imensas*[169].

Poderia dessa forma a democracia, que tanto entusiasmara Tocqueville nos Estados Unidos, vir a se tornar tão despótica e destruidora do indivíduo? Pior ainda, seria esta situação no futuro inevitável?

---

165 O.C., T. II, Vol. 1, p. 212.

166 *Ibid.*, p. 213. Tocqueville cita Quesnay e o abade Bodeau como economistas que defendem um Estado poderoso.

167 O.C., T. I, Vol. 2, p. 324.

168 *Ibid.*, p. 311.

169 *Ibid.*, p. 337.

Apesar de a democracia apresentar, para Tocqueville, tantos problemas, ele não se vê como um antidemocrata, nem considera que não se possam evitar os seus declarados males. Como ele próprio o diz, *é por não ser um adversário da democracia que precisa ser sincero em relação a ela*[170]. Sabe ele, no entanto, que poderão acusá-lo de ser seu inimigo, enquanto outros o acusarão de aprová-la por suas declarações: *uns pensarão que no fundo eu não amo a democracia e que sou severo para com ela, ao passo que outros pensarão que favoreço imprudentemente seu desenvolvimento.* Mas, afirma ele, a sua obra *De la démocratie em Amérique* expõe suas idéias, e é como um dever para com seus concidadãos que precisa apresentá-las, pois *cada homem deve prestar contas à sociedade dos seus pensamentos como de suas forças físicas*[171].

Para usar uma imagem do próprio Tocqueville, poderíamos dizer que em suas críticas à democracia, talvez ele se assemelhe muito mais a um severo e previdente pai que, ao ver seu filho crescer, sente que precisa adverti-lo contra o que sabe inevitável, contra todos os perigos por que poderá passar. E em seu discurso não pode deixar de apresentar os seus valores, o que pensa ser bom ou mau para os cidadãos e para a nação no seu desenvolvimento democrático, embora não queira julgar se o novo estado das sociedades futuras será superior aos antigos, mas apenas mostrar que será outro, diferente de tudo o que já existiu[172].

---

170 O.C., T. I, Vol. 2, p. 8.

171 O.C., T. XIII, Vol. 1, p. 374.

172 Escrevendo a Henry Reeve sobre sua tradução de *De la démocratie en Amérique*, em carta de 1839, Tocqueville declara: "Estou escrevendo em um país e para um país onde a causa da igualdade já está ganha e não há nenhuma possibilidade de retorno a uma sociedade aristocrática. Nesta situação, sinto que meu dever era insistir particularmente sobre as tendências nefastas que podem nascer da igualdade, esforçando-me para que meus contemporâneos possam evitá-las. Eis por que, eu falo verdades, freqüentemente muito duras, para a atual sociedade francesa e para as sociedades democráticas em geral, mas falo como amigo, e não como censor. É justamente porque sou amigo que ouso afirmar tais coisas. É necessário que vossa tradução conserve este caráter. Parece-me que na tradução do último livro, vós havíeis, sem querer e seguindo o instinto de vossas opiniões, colorido vivamente o que era contrário à democracia e sobretudo destruído o que poderia ser desabonador à aristocracia. Eu vos peço insistentemente para lutar contra vossa própria pessoa sobre este aspecto e conservar no meu livro o seu caráter, que se define por uma imparcialidade verdadeira no julgamento teórico das duas sociedades, a antiga e a nova, em que há, além disso, um desejo sincero de ver fundar-se a nova" (O.C., T. VI, Vol. 1, p. 47-8).

Entretanto, Tocqueville reconhece que *a igualdade possa ser algo menos elevado, mas que sem dúvida é mais justa, e sua justiça faz sua grandeza e sua beleza*[173]. Deixa assim transparecer, o que é detectável em toda sua obra, uma certa angústia romântica pela perda de determinados valores da nobreza, visível, sobretudo, nos seus temores e críticas ao desenvolvimento industrial, ao progresso que pode transformar os homens em indivíduos que, apenas preocupados com o seu bem-estar material, abandonam *os bens do espírito*. Temor também evidente na sua insistente demonstração de que a extrema igualdade pode levar os cidadãos a serem massacrados pela sociedade e pelo Estado.

Mas se a democracia apresenta perigos, sendo contudo inevitável, não se pode permanecer imóvel esperando apenas que ela se realize com todos as seus infortúnios. Na verdade, não acredita Tocqueville que Deus pudesse fazer *os homens caminharem em direção à igualdade de condições para que atingissem um despotismo semelhante ao de Tibério ou Cláudio*[174]. Contudo, uma vez que caminhamos assim em direção à democracia, é preciso fazer algo para se chegar a boas soluções. O pior, para ele, seria permanecer imóvel. É por ter compreendido que da democracia também pode sair sua salvação que Tocqueville irá clamar por uma nova ciência política, que possa mover todos os cidadãos[175]. É compreendendo a realidade que se pode agir sobre ela.

Para ele, não importa se não descreve o que realmente existe ou imagine perigos que possam não ser verdadeiros, o que é mais importante é ser capaz de chamar a atenção dos homens para este imenso acontecimento que é a democracia. Tocqueville acredita que pode apresentar as soluções para esses infortúnios e é por isso que os discute. Quis assim, como ele próprio afirma, *deixar bem claros os perigos que a igualdade traz para a independência humana porque acredito firmemente que estes perigos são os mais formidáveis, como os mais imprevistos de todos os que nos esperam no futuro. Mas não os acredito insuperáveis*[176].

---

173 O.C., T. I, Vol. 2, p. 338.

174 O.C., T. XIII, Vol. 1, p. 373.

175 O.C., T. I, Vol. 1, p. 5. Tocqueville mostra também como nos Estados Unidos a compreensão do político atingiu as camadas do povo, fazendo-os agir. Cf. O.C., T. I, Vol. 1, p. 169.

176 O.C., T. I, Vol. 2, p. 335.

Diríamos então que toda a aparente incoerência de Tocqueville torna-se coerente, pois para ele *a igualdade produz efetivamente duas tendências: uma leva diretamente os homens à independência e pode empurrá-los repentinamente até a anarquia; a outra os conduz por um caminho mais longo, mais secreto, porém mais seguro, em direção à servidão*[177]. Pensamos ter até aqui mostrado o percurso deste segundo caminho. Tentaremos agora seguir a rota do primeiro.

177 O.C., T. I, Vol. 2, p. 295.

II

A LIBERDADE

Et moi, Je dis que pour combatre les maux que l'égalité peut produire, il n'y a qu'un remède efficace: c'est la liberté politique[1].

BUSCANDO UMA SOLUÇÃO para os problemas que a igualdade pode causar, Tocqueville segue constantemente o caminho que o leva à sua grande paixão, a liberdade. Toda a sua obra é um ensinamento para a conquista da liberdade. Só nela está contida a solução e a salvação dos homens numa sociedade democrática. A democracia como processo igualitário é inevitável e, se abandonada, pode apresentar problemas e trazer desgraças. Só a liberdade pode evitá-los.

Mas é a própria igualdade *que torna os homens independentes uns dos outros, que os faz contrair o hábito e o gosto de seguir apenas sua vontade em suas ações particulares. Esta inteira independência que (os homens) gozam em relação aos seus iguais e no uso de sua vida privada os dispõe a considerar com descontentamento toda autoridade e lhes sugere logo a idéia e o amor da liberdade política*[2]. Assim, para Tocqueville, é na própria democracia que iremos encontrar os caminhos para a solução dos seus próprios problemas, e tão-somente a liberdade, nas sociedades democráticas, é capaz de garantir aos homens que poderão seguir outra via que não a da servidão.

Não é, pois, como um inimigo da democracia, e apenas para criticá-la, que Tocqueville descreve o processo igualitário, também procura mostrar as suas vantagens e como a própria liberdade lhe é inerente. Não é tampouco como um saudosista de um mundo acabado, de uma sociedade aristocrática finada, ou apenas com os olhos críticos de um nobre, que Tocqueville analisa o novo mundo, a nova sociedade. *Não se trata mais de reter as desigualdades particulares que a desigualdade de condições proporciona aos homens, mas de assegurar os bens novos que a igualdade pode oferecer. Não devemos tentar ser seme-*

---

1 O.C., T. I, Vol. 2, p. 112.

2 *Ibid.*, p. 295.

lhantes a nossos pais, mas esforçar-nos para atingir a espécie de grandeza e felicidade que nos é própria[3].

Contudo, tanto a grandeza quanto a felicidade têm uma existência que se confunde com a da liberdade, pois só esta permite que se criem condições para que aquelas sejam alcançadas. *Assim, não se trata de reconstruir uma sociedade aristocrática, mas de fazer emergir a liberdade do seio da sociedade democrática, na qual Deus nos faz viver*[4].

Essa é, por excelência, a preocupação de Tocqueville. Como seria possível fazer a liberdade coexistir com a igualdade, se ambas parecem ser tão contraditórias? Como evitar que a democracia, no seu caminhar igualitário, avassalador, inevitável, acabe por destruir a liberdade? Como, de uma situação de tantos infortúnios pela qual a igualdade é responsável, podem nascer os bens que só a liberdade produz?

Essas perguntas, por sua vez, não se colocam para Tocqueville como abstrações genéricas. Os exemplos concretos estão presentes na sua realidade. Como encontrar soluções harmoniosas para os problemas que ele próprio tão bem detectava nos Estados Unidos e vivenciava na França? Seria possível, mesmo que fosse num futuro remoto, a existência de indivíduos igualmente livres e felizes, junto a sociedades prósperas, a Estados benéficos, vivendo em nações grandes e poderosas?

Mas, se essas questões estão presentes todo o tempo na reflexão de Tocqueville sobre a democracia, ele acredita também que a própria democracia é capaz de solucioná-las, pelo simples fato de que a liberdade não lhe é estranha. Em outras palavras, a democracia não precisa necessariamente ser apenas igualitária – ela pode também permitir aos homens serem livres. *Pode-se, portanto, imaginar um ponto extremo em que liberdade e igualdade se toquem e se confundam*, isto é, quando "*os homens forem perfeitamente livres, porque serão todos inteiramente iguais e quando forem todos perfeitamente iguais serão inteiramente livres. É em direção a este ideal que tendem os povos democráticos*[5].

É verdade que, para Tocqueville, a igualdade é mais amada que a liberdade, e que este sentimento nos homens é mais profundo e constante com relação à primeira do que com relação à segunda.

---

3 O.C., T. I, Vol. 2, p. 338.

4 *Ibid.*, p. 328.

5 *Ibid.*, p. 101.

Também é certo que o gosto pela liberdade e pela igualdade pode surgir e se desenvolver de maneira não concomitante, isto é, o gosto por uma pode anteceder o amor pela outra. Mas, embora a paixão pela igualdade seja, como a própria igualdade, algo crescente, irrefreável, e o amor pela liberdade seja frágil e por vezes passageiro, *os povos democráticos têm um gosto natural pela liberdade; entregues a si mesmos, eles a procuram, amam-na e sofrem quando são dela afastados*[6].

Mesmo que povos democráticos não tenham desenvolvido o gosto pela liberdade, podem adquiri-lo. Contudo, é certo que, embora o amor pela liberdade e a própria liberdade possam ser aprendidos, esse aprendizado é dos mais difíceis: *nada de mais fecundo em maravilhas que a arte de ser livre; mas nada de mais duro que o aprendizado da liberdade*[7].

Por conseguinte, a liberdade não é, para Tocqueville, algo fácil de ser adquirido ou mantido e como tal não se confunde com a democracia, dela diferindo em quase todos os aspectos pelos quais se define. Utilizando suas categorias de análise, veremos facilmente que não é apenas o fato de os homens amarem mais a igualdade do que a liberdade o que as diferencia. Na verdade, enquanto a democracia se realiza sem esforço, todo processo para se alcançar e manter a liberdade é sempre trabalhoso e por vezes sofrido.

A democracia é inevitável e prosseguirá o seu caminho mesmo sem que os homens se empenhem neste sentido. Ela se realiza porque é a própria vontade de Deus – as revoluções podem acelerá-la, mas nenhum movimento humano poderá freá-la para sempre. A existência da liberdade, no entanto, não pode ser deixada por conta da providência ou, pior ainda, do próprio caminhar igualitário, pois este pode, por vezes, dificultar sua permanência. Com efeito, embora os homens possam querer ser livres para serem iguais, *à medida que a igualdade se estabelecesse cada vez mais com a ajuda da liberdade, ela tornaria a liberdade mais difícil*[8].

6 O.C., T. I, Vol. 2, p. 104; veja-se, também, p. 102.

7 O.C., T. I, Vol. 1, p. 250.

8 O.C., T. I, Vol. 2, p. 320.

O GOZO DA LIBERDADE

> *Les hommes ne sauraient jouir de la liberté politique sans l'acheter par quelques sacrifices, et ils ne s'en emparent jamais qu'avec beaucoup d'efforts*[9].

1. LIBERDADE E DEMOCRACIA

Tocqueville quase sempre utiliza o termo liberdade de uma forma genérica. Por vezes ele fala em liberdade política, pública e civil. Destas, realça sobretudo a liberdade política, que lhe parece não apenas a mais abrangente, mas também o verdadeiro fundamento das demais. Na verdade, quando fala em liberdade política, não é para designar diferentes liberdades específicas, mas para se referir à liberdade em toda a sua amplitude, seja como um bem mais precioso, como o amor à liberdade política, seja falando dos perigos que podem advir da sua perda, seja, enfim, simplesmente não a diferenciando da liberdade em geral.

Entretanto, embora quase sempre trabalhe com a idéia de liberdade dessa forma genérica, Tocqueville não a trata abstratamente e explicita constantemente a aplicação do termo a uma situação concreta. É verdade que, para ele, a liberdade pode ter uma permanência independente dos diferentes estados sociais, variando por vezes apenas suas formas, mas em suas análises ela está sempre referida a uma realidade determinada. Além disso, sua preocupação maior é antes a de mostrar os caminhos a seguir, para garantir a existência e a permanência da liberdade, mais do que qualificar com adjetivos suas várias modalidades de existência.

Para Tocqueville, é preciso apresentar esses caminhos porque, além de a conquista e conservação da liberdade serem difíceis, ela própria é extremamente frágil. Mesmo a existência da liberdade não dá nenhuma segurança de que ela não se perderá. Uma posição con-

---

9 O.C., T. I, Vol. 2, p. 103.

quistada com relação a uma situação de liberdade também não é garantia alguma de que esta seja permanente. Como diz muito bem Tocqueville, *para perder a liberdade política, basta apenas não a reter para que ela escape*[10].

Determinadas circunstâncias, porém, parecem tornar ainda mais difícil conquistar e guardar a liberdade, embora muitas vezes ela até possa ser mais exaltada. Tocqueville lembra-nos com certa tristeza, em seus *Souvenirs*, que as várias revoluções na França, sempre realizadas em nome da liberdade e da igualdade, terminaram por impedir a existência da liberdade. É claro que, apesar destes exemplos, é capaz de reconhecer que há revoluções criadoras de liberdade, mas *se uma grande revolução pode fundar a liberdade em um país, muitas revoluções que se sucedem tornam por muito tempo toda liberdade regular impossível*[11]. É esta impossibilidade da manutenção da liberdade em situações revolucionárias que faz Tocqueville temê-las.

A liberdade não tem, pois, como a democracia, sua existência garantida; pelo contrário, sua própria fragilidade faz com que, se os homens a abandonarem, ela facilmente desapareça. Por outro lado, ainda mais uma vez em contraste com o que ocorre com a democracia, a existência de um princípio libertário e a crença na liberdade não são suficientes para que ela seja real, assim como também as declarações formais de liberdade não bastariam para sua concretização.

Com uma percepção nítida de que a simples proclamação de que os homens são livres, embora declarar seja necessário, não lhes assegura realmente esta condição, Tocqueville insiste na idéia de que as formas e as manifestações da liberdade, apesar de precisarem ser conservadas, não são suficientes. É por isso que nada existe de mais comum na historia dos déspotas que a tentativa de guardar as aparências. *Quase todos os príncipes que destruíram a liberdade tentaram de início manter os aspectos formais: isto se viu desde Augusto até os nossos dias; eles se orgulhavam, desta maneira, de reunir à força moral que o assentimento público sempre traz as comodidades que somente o poder absoluto pode oferecer. Quase todos fracassaram nesta empresa e logo descobriram que era impossível fazer durar muito tempo estas mentirosas aparências que não mais correspondiam à realidade*[12].

---

10 O.C., T. I, Vol. 2, p. 102-3.

11 O.C., T. XIII, p. 87.

12 O.C., T. II, Vol. 1, p. 117-8.

Além disso, nenhum princípio libertário nem qualquer tipo de liberdade existente poderia por si só funcionar como um fator gerador de liberdade. Isto é, embora a liberdade possa surgir a partir de um evento libertador – uma revolução ou a promulgação de uma constituição, por exemplo –, este não desencadeará necessariamente um processo em que a liberdade possa ser assegurada e cada vez mais ampliada. Na verdade, nenhum processo libertário manterá obrigatoriamente sua continuidade. O fim da liberdade sempre é passível de ocorrer, seja de uma forma repentina, seja através de uma reversão lenta, que aos poucos a fosse destruindo. A simples perda de uma liberdade já conquistada ou mesmo o desaparecimento do amor dos homens por ela são ferimentos que podem ser fatais, como se qualquer afronta à liberdade a atingisse por inteiro.

Mas essa frágil liberdade precisa sobretudo ser amada e querida. O perigo de perdê-la caminha de par com o desinteresse que por ela se possa ter. Tocqueville descreve esse amor à liberdade como *um gosto sublime que é necessário provar... O que torna a liberdade tão cara ao coração dos homens são seus atrativos, seu próprio encanto, independente dos benefícios que possa trazer; é o prazer de poder falar, agir, respirar sem constrangimento, sob o único governo de Deus e das leis. Quem procura na liberdade outra coisa que não ela mesma foi feito para servir*[13].

A PRÁTICA DA LIBERDADE

Tocqueville fala em homens livres, povo livre, nação livre, indivíduos e cidadãos livres. Em todas essas designações, está implícita a idéia de um comportamento independente.

Para ele a liberdade só existe na medida em que cada um destes entes tenha, em primeiro lugar, a possibilidade real de exercer uma escolha livre, sem constrangimentos que não os da sua própria moralidade; e, em segundo lugar, na medida em que eles também possam executar a ação correspondente à opção. *A liberdade é, na verdade, uma coisa santa. Há apenas uma outra que merece mais este nome: é a virtude. Mas o que é a virtude, senão a escolha livre do que é o bem?*[14] Para que sua independência seja mantida, cada um por si e todos em geral precisam agir.

---

13 O.C., T. II, Vol. 1, p. 217.

14 O.C., T. V, Vol. 2, p. 91. Tocqueville explica também que há limites à liberdade, como veremos mais adiante.

Mas o agir fundamental é aquele, não apenas necessário mas sobretudo obrigatório, que se realiza nos homens por meio de ações com o sentido de criar ou preservar as condições básicas que permitirão que a escolha e a ação sejam realmente livres. Na obrigatoriedade da ação está a garantia de sua liberdade.

A existência da liberdade dependerá, portanto, única e exclusivamente dos homens. Se é importante que eles a amem, é importante também que empreendam ações que possibilitem a conquista e a manutenção da liberdade.

Assim, segundo Tocqueville, para ser real, a liberdade exigiria dos homens que começassem por amá-la e acreditar nela, para, num segundo momento, concretizar esta crença e, num terceiro, organizá-la e formalizá-la. Mas, isto feito, não poderiam estes mesmos homens descansar com os bens e a felicidade que só a liberdade confere; a luta para a sua permanência continuaria, pois ela está sempre ameaçada. É este árduo caminho para a construção e preservação da liberdade que Tocqueville precisa indicar como o único possível para resolver os problemas que a democracia pode apresentar. *Para ser livre, é necessário saber conceber uma empresa difícil e nela perseverar, ter o hábito de agir por si mesmo; para viver livre, é necessário habituar-se a uma existência plena de agitação, de movimento, de perigo; velar sem cessar e lançar a todo instante um olhar inquieto em torno de si: este é o preço da liberdade*[15].

É nessa relação constante estabelecida por Tocqueville entre a idéia de liberdade - esta liberdade genérica, expressa em declarações não só de amor, mas também de fé - e a ação ininterrupta dos homens, lutando contra os vários perigos que a ameaçam, que para ele é possível encontrarem-se a igualdade e a liberdade. Porque é nessa luta que os homens democráticos acabarão por adquirir costumes que os farão livres e que será possível a construção de sociedades com instituições e leis liberais.

Assim, para ele, torna-se necessário combater o temor que alguns têm, por verem na democracia os sintomas da anarquia. Na verdade, a tendência mais natural dos homens democráticos seria a imobilidade. *Eles temem seu livre-arbítrio e têm medo deles próprios. Abandonam a liberdade porque pensam que é perigosa ou porque a julgam inatingível.* Não se pode pois sequer duvidar da liberdade, visto

15 O.C., T. V, Vol. 2, p. 91.

que esta dúvida impede que se lute. Se algum temor os homens precisassem ter da democracia, só poderia ser o daquelas possibilidades nela contidas que levam à servidão. Este medo do futuro deveria ser salutar, pois *leva os indivíduos a velar e a combater, e não a esse terror apático e preguiçoso que abate os corações e os enerva e que impediria* o nascimento e a criação da liberdade[16].

O exemplo dos Estados Unidos pode nesse caso ser facilmente invocado, pois, apesar de sua situação invejável no estabelecimento da igualdade e da liberdade, *os americanos tiveram que fazer grandes esforços para combater as fraquezas do coração humano e corrigir os defeitos naturais da democracia*[17]. É nesta luta que Tocqueville coloca a guarda da liberdade. Como num movimento contínuo, a luta cria as condições para que surjam os bons costumes, donde nascem as instituições e as leis que, por sua vez, para não serem simples abstrações, precisam funcionar e ser cumpridas – o que só pode acontecer se, no seu alerta constante, os homens não temerem os obstáculos que se colocarão entre eles e a sua liberdade, lutando incessantemente para alcançá-la e preservá-la.

Liberdade e ação fundem-se assim no pensamento de Tocqueville, da mesma forma que na sua própria vida procura agir de acordo com suas idéias. É quase nestes termos que ele explica sua própria obra. *Sempre coloquei a ação acima de tudo. Mas não posso aceitar que, quando o caminho para a ação estiver fechado, não nos precipitemos com todas as nossas forças em direção ao pensamento. Pois, enfim, não é o pensamento, sob suas formas mais imateriais, que movimenta sem cessar o mundo há três séculos, e não é ainda o escrever uma maneira poderosa de agir?*[18]

Para Tocqueville, constitui assim um exercício da sua liberdade política a ação que dispende ao expor suas idéias; e é por isso que não se limita a apresentar os problemas da democracia sem apresentar suas soluções. É porque sabe que existem soluções concretas que ele precisa mostrá-las e defendê-las. Mais uma vez percebe-se que toda sua obra é um manifesto político, pois não basta a sua ação individual, é preciso que todos os cidadãos se compenetrem da necessidade de, em defesa da liberdade, realizarem um trabalho incessante para

16 O.C., T. I, Vol. 2, p. 335.

17 O.C., T. I, Vol. 1, p. 325.

18 O.C., T. XIII, Vol. 1, p. 479.

que as instituições e leis liberais, estabelecidas pelo costume, sejam respeitadas e, portanto, reais[19].

Assim, pois, Tocqueville acredita, em primeiro lugar, que os povos que vivem num estado social democrático podem ser livres e, em segundo lugar, que não existe outro refúgio para os homens livres na manutenção das instituições democráticas, senão os costumes e as leis[20].

Contudo, se voltarmos ao exemplo americano, veremos que os costumes são significativos, na explicação de Tocqueville, por serem o resultado da própria ação dos homens democráticos na sua luta pela defesa da liberdade. É por isto que, para ele, os costumes são mais importantes que as leis, mesmo porque é a ação dos homens, é o seu comportamento que irá determinar a existência das leis. Apesar, pois, de Tocqueville reconhecer *a influência das boas leis para o sucesso de um governo democrático e para a felicidade social dos americanos*, são entretanto os costumes a sua causa principal[21].

De tal forma esse argumento parece verdadeiro para Tocqueville, que não hesita em demonstrar como o transplante das leis americanas para outros países não favorece, como nos Estados Unidos, o desenvolvimento de uma feliz democracia. Veja-se, por exemplo, *o México, que está tão bem situado como a União Anglo-Americana, que se apropriou das mesmas leis, e no entanto não consegue habituar-se à democracia*[22].

De nada adianta, pois, transportar as expressões e as formas da liberdade, se os cidadãos não a amam, não a valorizam e sobretudo não têm o hábito de lutar para que ela seja real. *Pois são particularmente os costumes que formam os americanos dos Estados Unidos, os únicos, entre todos os americanos, capazes de suportar o império da democracia*[23]. De modo ainda mais enfático, afirma Tocqueville em *De la*

---

19 Cf. Parte I, nota 132, p. 111.

20 "Se os povos cujo estado social fosse democrático só pudessem permanecer livres quando habitassem regiões desécessário desesperar da sorte futura da espécie humana... Se fosse verdade que as leis e os costumes são insuficientes para a manutenção das instituições democráticas, que outro refúgio restaria às nações a não ser o despotismo de um só?" (O.C., T. I, Vol. I, p. 326).

21 *Ibid.*, p. 321.

22 *Ibidem.*

23 *Ibid.*, p. 322.

démocratie en Amérique: se não consegui fazer o leitor sentir no curso desta obra a importância que atribuía à experiência prática dos americanos, aos seus hábitos, às suas opiniões e, em resumo, aos seus costumes, para a manutenção de suas leis, falhei na finalidade principal a que me propus ao escrevê-la[24].

Tocqueville não pode portanto separar, na democracia, a liberdade que aí pode reinar da ação dos homens que garantem sua existência – ação esta que se traduz por uma constante atividade política, por uma incessante participação atenta nos negócios públicos. Por serem ininterruptas, estas atividades acabariam por fazer com que os hábitos, as crenças, as formas e, enfim, os costumes se tornassem tão impregnados da liberdade, que os homens não mais poderiam passar sem ela. *A liberdade pareceria assim ter no mundo político o mesmo lugar que a atmosfera no mundo físico*[25].

Entretanto, embora a conquista da liberdade seja necessária, e seja possível aprender o caminho que para lá conduz, *ela se estabelece penosamente e nasce em geral no meio de tempestades*. Tocqueville acredita que *se se renuncia a dar a todos os cidadãos as idéias e os sentimentos que de início os preparam para a liberdade, e em seguida permite-se-lhes o seu uso, não haverá independência para ninguém, nem para o burguês, nem para o nobre, nem para o pobre, nem para o rico, mas uma igual tirania para todos*[26]. Na verdade, só depende da vontade e da ação dos homens que *a igualdade os conduza à servidão ou à liberdade, às luzes ou à barbárie, à prosperidade ou à miséria*[27].

OS PRINCÍPIOS DA LIBERDADE

Convém lembrar, no entanto, que para Tocqueville, apesar de a liberdade estar determinada pelas ações dos homens, existem certamente princípios fundamentais que as dirigem. Estes, frutos do próprio costume, precisam contudo ser expressos com clareza, para que se possam percorrer com segurança os caminhos que levam à liberdade. Na verdade, eles nada mais são do que manifestações de uma crença em um valor substancial, essencial para a existência de cidadãos livres e de um povo livre.

24 O.C., T. I, Vol. 1, p. 323.

25 O.C., T. V, Vol. 2, p. 92.

26 O.C., T. I, Vol. 1, p. 250 e 330.

27 O.C., T. I, Vol. 2, p. 339.

E, apesar de Tocqueville saber que não basta proclamarem-se idéias liberais para que os homens sejam livres, reconhece, entretanto, que determinados princípios, que são fundamentais, precisam ser estabelecidos. E é sobretudo por eles que em geral mais se precisa zelar, pois a perda de um só pode ser fatal à liberdade.

Isso porque é também a formalização desses mesmos princípios que os transforma em lei. Isto não quer dizer, porém, que toda lei seja indicadora do bom caminho. Somente aquelas leis que declaram explicitamente os valores liberais contidos nos princípios conduzem à liberdade. É por isso que os cidadãos necessitam estar atentos, em primeiro lugar, à própria elaboração das leis, para que sejam fiéis àqueles princípios e, em segundo lugar, ao seu cumprimento, de tal sorte que, sendo elas respeitadas, permitam assim que as ações dos homens sejam atos de liberdade.

Por outro lado, afirma Tocqueville, à medida que a democratização cresce, certos povos conseguem colocar alguns destes princípios fundamentais em sua Constituição, de tal forma que sejam válidos para todos. É quando os princípios liberais também se democratizam que eles podem ser encarados como geradores do desenvolvimento da liberdade.

Segundo Tocqueville, alguns desses princípios gerais foram sabiamente *fixados pelas leis da Nova Inglaterra.* São eles *a intervenção do povo nos negócios públicos, o voto livre de imposto, a responsabilidade dos agentes do poder, a liberdade individual e o julgamento por júri*[28]. E, por ser a democracia muito avançada nesta região, estes princípios puderam transformar-se em *princípios geradores e receberam uma aplicação e um desenvolvimento que nenhuma nação européia jamais ousou lhes dar*[29].

Assim, quer Tocqueville mostrar, nessa relação que estabelece entre a expressão formal de princípios liberais e o desenvolvimento igualitário de um povo, que é necessário já ter havido por parte desse povo o reconhecimento de algum tipo de *igualdade de condições* para que os princípios mencionados possam aparecer na sua Constituição.

28 O.C., T. I, Vol. l, p. 38. Na verdade, entre estes princípios, o "voto livre de imposto" seria muito mais em princípio igualitário do que libertário, mas, para Tocqueville, a riqueza é apenas um dos muitos fatores igualitários. E para ele, sem dúvida, a limitação da escolha pela riqueza era mais uma limitação à liberdade do que à igualdade.

29 O.C., T. I, Vol. l, p. 38-9.

Da mesma forma, é somente numa democracia que todo povo pode estar atento ao cumprimento da "*grande lei*", mesmo porque se a lei pode, por vezes, ser desagradável a alguns, estes precisam respeitá-la, pois, como diz Tocqueville, utilizando o seu exemplo americano, *o habitante dos Estados Unidos respeita a lei não apenas porque foi obra da maioria das pessoas, mas também porque é obra sua; ele a considera como se fosse um contrato, de cuja realização ele participou*[30]. Além do mais, se os princípios fundamentais da liberdade estão presentes na Constituição de um povo, é natural que todo o povo se sinta responsável por zelar para que sejam respeitados.

OS LIMITES DA LIBERDADE

Apesar de Tocqueville considerar como a noção justa essa idéia de liberdade democrática, a liberdade não está, no entanto, necessariamente ligada à democracia.

Ao descrever o processo de democratização francês, Tocqueville mostra também como a liberdade, que estava restrita a certas camadas ou grupos sociais e se apresentava apenas em alguns momentos específicos, acaba por atingir todo o povo. O amor à liberdade e os princípios que a ele dão expressão são os primeiros a se expandirem, para depois se transformarem em leis, mas a sua concretização dependerá apenas da ação dos homens.

Na verdade, para Tocqueville, a liberdade pode existir sempre, e não apenas nas sociedades democráticas: *a liberdade tem-se manifestado aos homens em diferentes épocas e sob diferentes formas; ela não está ligada exclusivamente a um estado social, e encontramo-la em outras sociedades mesmo que não sejam democráticas*[31].

Contudo, embora a liberdade possa existir em qualquer sociedade, ela possui limites, que são sempre os mesmos, e são dados em qualquer situação pelos seus próprios princípios, os quais constituem assim também a base desses limites. Tais limites, entretanto, não se modificam, pouco importando que se trate da liberdade da nobreza, da burguesia ou de todo o povo. O que é próprio das sociedades democráticas é que só nelas a liberdade pode atingir todo o povo. É portanto o processo igualitário que a faz expandir-se para ir atingin-

30 O.C., T. I, Vol. 1, p. 251.

31 O.C., T. I, Vol. 2, p. 102.

do as diferentes camadas de uma população, e não a própria liberdade que aumenta ou diminui, pois, para Tocqueville, já o dissemos, a liberdade não deve ser ferida nem pode ser cortada ou dividida, já que nela qualquer agressão pode ser fatal. É preciso deixar bem claro, porém, que, por ser indivisível e inteiramente dependente da ação dos homens, nem por isso a liberdade é anárquica, tendo seus limites constantes, que derivam de seus próprios princípios.

Para diferenciar o que seria a liberdade num estado social democrático de sua forma de existência em outros estados, Tocqueville explica como ela aparece na visão aristocrática e na igualitária. Na primeira, diz ele, ela é vista como o *gozo de um privilégio*, na segunda como *"um direito comum"*[32]. Assim sendo, a noção aristocrática de liberdade *"é relativa ao homem que a concebeu ou, no máximo, à classe à qual ele pertence, e pode subsistir em uma nação em que a liberdade geral não exista*, enquanto *na noção democrática presume-se que, tendo recebido da natureza as luzes necessárias para se conduzir, cada homem traz ao nascer um direito igual e imprescritível a viver independente de seus semelhantes, em tudo aquilo que só diz respeito a ele próprio, e a regular como bem entender seu próprio destino*[33].

É a partir dessa noção de liberdade em sociedades democráticas que podemos compreender melhor os seus limites em geral. Na verdade, os limites para a liberdade do cidadão são dados por aquilo em que consistiria a liberdade dos outros, da sociedade e da nação. Para o cidadão, *regular o seu próprio destino em tudo aquilo que só diz respeito a ele próprio* significa, naturalmente, que tudo aquilo que envolve os outros cidadãos, a sociedade em geral e a nação escapa à sua decisão independente. Apesar disso, para Tocqueville, estes li-

---

32 "Querer ser livre nas suas ações ou em algumas de suas ações, não porque todos os homens têm um direito geral à independência, mas porque uma determinada pessoa possui um direito particular, que lhe é próprio, de permanecer independente. Esta é a maneira pela qual se compreendia a liberdade na Idade Média e como quase sempre ela tem sido compreendida nas sociedades aristocráticas. Nestas as condições são muito desiguais e o espírito humano tendo contraído o hábito de possuir privilégios acaba por colocar entre estes o uso de todos os bens do mundo" (O.C., T. II, Vol. 1, p. 62).

33 O.C., T. II, Vol. 1, p. 62. O cidadão, diz Tocqueville, "obedece à sociedade não porque é inferior àqueles que a dirigem ou menos capaz que qualquer outro de se governar; ele obedece à sociedade porque a união com seus semelhantes lhe parece útil e porque sabe que esta união não pode existir sem um governo regulador" (O.C., T. I, Vol. 1, p. 63).

mites só existem porque são também a expressão de direitos de outros indivíduos enquanto cidadãos, isto é, não são propriamente limites, mas garantias de que a liberdade será para todos, pois que, dentro destes limites, a liberdade de cada cidadão é sagrada, e atingi-la é desvirtuar igualmente a sociedade e a nação.

É, portanto, a necessidade de se criarem condições para a garantia da liberdade que torna obrigatório traçar esses limites. Mas, embora as leis e as instituições possam servir a esta finalidade e sua existência seja fundamental, elas não são suficientes. Não basta que o direito seja proclamado, é preciso que ele exista de fato. Pois o perigo da violação de um direito de um cidadão é sempre muito grande, sobretudo nas sociedades democráticas, em que há uma tendência do *poder social para sacrificar os direitos particulares.* Para Tocqueville, *violar tais direitos é corromper profundamente os costumes nacionais e colocar em perigo toda a sociedade*[34].

Apesar, pois, de os limites existirem igualmente nas diferentes sociedades, há sempre tentativas por parte de todos de ultrapassarem seu espaço de liberdade. Mais uma vez é preciso dizê-lo, para Tocqueville, a vigilância e a ação de cada um constituem as únicas e reais garantias para a construção e manutenção da liberdade.

2. INDIVÍDUO – SOCIEDADE – ESTADO

CIDADANIA E NAÇÃO

As instituições livres que possuem os habitantes dos Estados Unidos, e os direitos políticos dos quais fazem tanto uso, lembram a todo momento e de mil maneiras, a cada cidadão, que ele vive em sociedade[35].

A liberdade dos indivíduos, para Tocqueville, é na verdade a do cidadão. Se existem limites dados pela sociedade e pela nação, é porque o próprio cidadão os construiu. Embora, como todo liberal, ele privilegie a independência do indivíduo, este, enquanto cidadão, precisa de garantias para o exercício da sua liberdade, o que signifi-

---

34 O.C., T. I, Vol. 2, p. 332.

35 *Ibid.*, p. 112.

ca reconhecer os direitos dos outros. Mas, como a liberdade exige uma ação constante, Tocqueville pode então afirmar que o cidadão *se ocupa do interesse geral de início por necessidade e depois por escolha; mas o que era um cálculo se torna instintivo, e, à força de trabalhar para o bem dos seus concidadãos, adquire* por fim o hábito e o gosto de os servir[36].

Evidentemente, essa visão de Tocqueville é a da liberdade numa sociedade democrática, em que sempre precisa haver uma defesa maior do indivíduo em face da sociedade. O mesmo não seria necessário numa sociedade aristocrática, em que tão poucos gozam da liberdade, e em que a cidadania é restrita. Estando Tocqueville preocupado com as sociedades mais igualitárias – pois é nas democracias que o indivíduo pode ser esmagado pela sociedade e pelo Estado, e não nas aristocracias, que, além do mais, já estão quase mortas –, é sempre no exemplo dos Estados Unidos que vai buscar as soluções. É na organização política do povo americano que ele tentará encontrar as respostas, tanto para este avanço da sociedade e do Estado sobre a liberdade individual como para o perigo individualista que pressentia poder se desenvolver nas democracias.

No que se refere ao primeiro ponto, Tocqueville enfatiza, entre outras coisas, a importância que os americanos dão ao respeito às leis, e como eles prescindem facilmente da interferência do governo. Diz ele em carta a Kergolay: *admiro aqui duas coisas: a primeira é o extremo respeito à lei; sozinha e sem qualquer aparato, sem força pública, ela comanda de maneira irresistível. Acredito, em verdade, que a principal causa disto é que são eles (os americanos) que a fazem e a podem mudar (...) A segunda coisa que invejo neste povo é a facilidade com a qual eles são capazes de passar sem governo. Cada homem se vê aqui como interessado na segurança pública e no exercício das leis. Em lugar de contar com a polícia, ele só conta consigo mesmo. O resultado é que, sem que a força pública apareça, ela está em toda parte. É uma coisa incrível de se ver como este povo se mantém em ordem, apenas pelo sentimento de que só encontra salvaguarda em si mesmo*[37].

Tanto numa como noutra situação, Tocqueville vê, nesse exemplo americano, a demonstração da *superioridade de um governo livre (...) e de um povo moralmente mais elevado que o francês, em que*

36 O.C., T. I, Vol. 2, p. 112.

37 O.C., T. XIII, Vol. 1, p. 234-5 (carta escrita por Tocqueville para Kergolay durante sua estada nos Estados Unidos, de 29/6/1831).

cada homem tem o sentimento de sua posição independente e de sua dignidade individual (...) o que faz respeitar-se a si mesmo e aos outros[38].

Mas se estas são soluções que responderiam ao primeiro problema, do avanço da sociedade e do Estado sobre a liberdade individual, elas poderiam também, pela própria independência e liberdade que as criam e delas emanam, intensificar a vocação individualista de um povo democrático. Contudo, diz Tocqueville, *os americanos combateram com a liberdade o individualismo que a igualdade fazia nascer e o venceram.* Pois, além de viverem *sob um governo livre, em que as funções, em sua maior parte, são eletivas, fazendo os homens sentir todos os dias que não podem passar sem a população que os rodeia,* os americanos também souberam criar condições para que *os cidadãos tivessem ocasião de agir em conjunto, o que os faz sentir que dependem constantemente uns dos outros*[39].

Em todas essas respostas, percebe-se a preocupação de Tocqueville em acentuar a importância da ação dos cidadãos na feitura das leis e no respeito que a elas se deve, nas atividades com que procuram salvaguardar-se, bem como no seu relacionamento em geral com os outros. Não há, portanto, para ele, contradição entre o que seria a liberdade do cidadão e sua convivência com os seus iguais, assim como não pode haver contradição entre o cidadão e a nação. Na verdade, a liberdade de um depende sempre da do outro. E, se a nação não for livre, como poderão sê-lo os seus cidadãos?

Assim, Tocqueville não separa, necessariamente, dos interesses da nação os interesses dos cidadãos e sua liberdade. Pelo contrário, é a própria ação dos cidadãos que faz a grandeza da nação e constitui sua defesa. Ambos perfazem, portanto, um mesmo todo. A nação precisa ser forte, poderosa, para poder ser livre e assim garantir a liberdade dos seus cidadãos. *Que importância tem que um povo aparente uma imagem de fortuna e de liberdade, se a cada momento está exposto a ser destruído ou conquistado? Que importância tem que ele seja industrioso e comerciante, se um outro domina os mares e faz a lei de todos os mercados? As pequenas nações são freqüentemente miseráveis, não porque são pequenas, mas porque são fracas; as grandes prosperam, não porque são grandes, mas porque são fortes*[40].

---

38 O.C., T. XIII, Vol. 1, p. 234.

39 O.C., T. I, Vol. 2, p. 110.

40 O.C., T. I, Vol. 1, p. 164-5.

Essa visão de Tocqueville, de que a liberdade do cidadão e da nação se identificam, não é entretanto válida para o Estado. Significando ele ao mesmo tempo um governo centralizado e um poder centralizador, pode facilmente transformar-se em algo despótico e tirânico. É contra essa possibilidade que a atenção dos cidadãos precisa estar constantemente alerta, e por isso não pode negligenciar nenhuma ação para combatê-la.

Diferenciando bem o Estado da nação, Tocqueville vê no primeiro apenas um órgão com finalidade restrita que se limita a ocupar-se apenas da administração das coisas públicas e da manutenção de determinadas instituições necessárias ao cumprimento da lei. Para ele, a defesa da liberdade dos cidadãos só é possível na medida em que estes impeçam o Estado de concentrar em si grandes poderes. Deixa bem claro, porém, ao identificá-lo quase sempre com o governo central de uma nação, que sua existência não é inteiramente dispensável. O ideal seria que os cidadãos pudessem passar sem o Estado, mas, sendo isto impossível, são obrigados a lhe concederem alguma força. *É ao mesmo tempo necessário e desejável que o poder central que dirige um povo democrático seja ativo e poderoso. Não é o caso de torná-lo fraco ou indolente, mas somente de impedi-lo de abusar de sua agilidade e da sua força*[41].

Para Tocqueville, é para impedir esse abuso que a ação constante dos cidadãos é absolutamente necessária. Embora seja necessário considerar as diferentes situações de *igualdade de condições* das diferentes nações, o exemplo dos Estados Unidos demonstra que é nas democracias mais avançadas que os cidadãos precisam estar mais atentos. Como a tendência natural dos cidadãos democráticos é abandonar o cuidado das coisas públicas, cria-se dessa forma uma situação contraditória. *Nos Estados Unidos, um cidadão que tenha algumas luzes e alguns recursos procura enriquecer-se no comércio e na indústria, ou então compra um pedaço de terra coberto de florestas e se faz pioneiro. Tudo o que quer do Estado é que de nenhuma maneira ele venha perturbá-lo no seu trabalho e que lhe garanta o fruto dele*[42].

Da mesma forma que não querem a intervenção do Estado, esses homens também não querem ocupar-se das coisas públicas, mas precisam igualmente da existência do Estado para garantir-se dos

41 O.C., T. I, Vol. 2, p. 329.

42 *Ibid.*, p. 256.

outros. Eis por que, para Tocqueville, o único meio de evitar que o Estado extrapole os limites de suas funções, ameaçando tornar-se despótico, é fazer parte dele. Como isso não é possível em grandes nações, todo cidadão, para o seu próprio bem, para guardar sua liberdade, tem que se dedicar também às coisas públicas. *Dificilmente se afasta um homem de seus negócios para interessá-lo pelo destino de todo o Estado, porque ele compreende mal a influência que o destino do Estado pode exercer sobre sua sorte. Mas, se for preciso passar uma estrada junto à sua propriedade, ele perceberá logo que existe uma relação entre esta questão pública e os seus grandes negócios particulares e descobrirá, sem que ninguém precise mostrar-lhe, o laço estreito que une, neste caso, o interesse particular e o geral*[43].

Além de precisarem ocupar-se das coisas públicas, pelo seu próprio interesse, os cidadãos devem também, para Tocqueville, construir eles próprios o Estado. Ao fazê-lo, necessitam ter em mente que ele deve ser o menos interventor possível, e, para que assim seja, é preciso deixar bem nítidos os limites que separam os negócios públicos dos privados. Enquanto estes só devem interessar àqueles aos quais dizem respeito, os outros devem ser obra de todos os cidadãos.

É verdade que nas épocas democráticas há, naturalmente, uma tendência a exagerar-se *a idéia de que o interesse de um só indivíduo deve dobrar-se ao de muitos*. Contudo, é por isso mesmo que é preciso *fixar para o poder social limites extensos, mas visíveis e imóveis; dar aos particulares certos direitos e garantir-lhes o gozo incontestável destes; conservar para o indivíduo o pouco de independência, de força e de originalidade que lhe restam; reerguê-lo ao lado da sociedade e apoiá-lo em face da ela*[44]. Estas medidas parecem a Tocqueville objetivos essenciais àquele que fosse encarregado de legislar numa sociedade democrática. Além disso, é preciso deixar bem claro que *uma nação não pode permanecer muito tempo forte quando nela cada homem é individualmente fraco, já que não se encontraram ainda formas sociais nem combinações políticas que permitissem fazer com que cidadãos pusilânimes e débeis pudessem compor um povo enérgico*[45].

Assim, portanto, para Tocqueville não é apenas o Estado, mas toda a sociedade, e a própria nação, que são construídos pelos cidadãos. São suas ações, seu comportamento, seus costumes que defini-

---

43 O.C., T. I, Vol. 2, p. 111.

44 *Ibid.*, p. 334.

45 *Ibid.*, p. 334-5.

rão os limites da interferência do social e do político no espaço independente de cada cidadão. Por outro lado, este mesmo espaço, embora possa ser alargado ou diminuído pela própria ação dos cidadãos, possui fronteiras, e os cidadãos não podem permitir que elas sejam ultrapassadas, sob pena de colocarem em risco sua liberdade, já que é este espaço que não pode ser transposto o que realmente a define.

Por outro lado, como o processo igualitário, à medida que se desenvolve, aumenta a faixa da cidadania, isto é, aumenta o número de indivíduos que se transformam em cidadãos, é nas democracias, em que todos os indivíduos já são cidadãos, que a ação destes se torna mais eficaz mas também mais necessária para a preservação da liberdade. Assim, diz-nos Tocqueville, *eu penso que, nos séculos democráticos que se vão seguir, a independência individual e as liberdades locais serão sempre um produto da arte (enquanto) a centralização constituirá o governo natural*[46].

Compreende-se desse modo que, nessa visão de Tocqueville, a liberdade acaba por ser uma criação constante dos homens, e a ação política de cada cidadão seja essencial para a existência da sua liberdade e a dos cidadãos em geral. É, portanto, de se supor que, à medida que a democracia se realiza, a origem do poder político estará cada vez mais em todo o povo, sendo este também o responsável pela guarda da liberdade.

A SOBERANIA POPULAR

Numa democracia, a soberania popular é fundamental para a manutenção da liberdade. Ela constitui mesmo o ponto de partida de um longo e árduo caminho que os povos democráticos devem trilhar para que a liberdade possa existir e não ser de forma alguma atingida.

Contudo, a soberania popular só pode ser real na medida em que, em primeiro lugar, o aumento do número de cidadãos numa nação tenha sido de tal ordem, que tenha acabado por englobar todo o povo. Em segundo lugar, é preciso que todos – uma vez que todos os indivíduos são cidadãos – tenham os mesmos direitos políticos, pois, como diz Tocqueville, *há apenas duas maneiras de fazer a igualdade reinar no mundo político: ou dar direitos a cada cidadão ou não os*

46 O.C., T. I, Vol. 2, p. 303.

dar a ninguém[47]. Pois que a concessão destes direitos é já por si uma arte dos cidadãos, sem dúvida ela é também o fundamento e a base de toda a liberdade. A própria ação e participação política dos cidadãos têm nela o seu ponto de partida. *Nas nações em que reina o dogma da soberania do povo, cada indivíduo forma uma porção igual do soberano e participa igualmente do governo do Estado*[48].

Para Tocqueville, a nação americana teria sido construída com base nesse princípio da soberania popular. Todas as formas da sociedade política e todas as instituições lá criadas, pelos costumes do povo, teriam neste poder soberano a sua fonte. Porque *acima de todas as instituições e independente de todas as formas, reside um poder soberano, o do povo, que as destrói e as modifica à sua vontade*[49].

Entretanto, se a soberania popular é, nas sociedades democráticas, um ponto de partida para se construir o caminho que garante a liberdade, não há nenhuma forma pela qual ela possa manifestar-se, numa grande nação, que não seja pela expressão da maioria, de tal sorte que *em todos os países onde o povo reina é a maioria que governa em nome do povo*[50]. E já sabemos os perigos que daí podem advir. Assim, é preciso encontrar caminhos que permitam a todos, incluídas aí minorias e mesmo indivíduos isolados, manifestar-se, para que todos, e mesmo estes, possam ser igualmente livres. Isto porque, *por outro lado, quando os cidadãos são todos mais ou menos iguais, torna-se difícil para eles defender sua independência contra as agressões do poder. Ninguém sendo suficientemente forte para lutar sozinho com sucesso, somente a conjugação de forças de todos pode garantir a liberdade*[51].

Mais uma vez, portanto, encontramos a idéia de Tocqueville de que a liberdade nas democracias é construída a partir da ação dos homens, não de indivíduos isolados, mas sim de cidadãos que se reúnem para manifestar as suas vontades e lutar por elas. Para esses cidadãos, pouco importa quem é o inimigo do momento, se a sociedade ou o Estado, sob a forma de um governo de representação da maioria, ou o poder de alguns indivíduos despóticos. Todas estas formas de despotismo precisam ser igualmente combatidas, todo o tempo,

---

47 O.C., T. I, Vol. 1, p. 52.

48 *Ibid.*, p. 63.

49 *Ibid.*, p. 176.

50 *Ibid.*, p. 177.

51 *Ibid.*, p. 53.

numa luta incessante. E desde que a soberania popular realmente exista, apesar dos perigos que possa representar, os cidadãos livres poderão encontrar os caminhos que levam à preservação da liberdade. Sem dúvida, neste caso, a construção da nação americana pode fornecer um exemplo concreto, já que sua criação se deu por meio de um contrato estabelecido entre cidadãos iguais e livres. Os Estados Unidos representam, para Tocqueville, o modelo de uma democracia em que *o princípio da soberania do povo não está escondido nem é estéril como em certas nações; é reconhecido pelos costumes, proclamado pelas leis; espalha-se com liberdade e atinge sem obstáculos suas ultimas conseqüências*[52].

Por isso é preciso mostrar como funciona uma democracia em que impera a soberania popular e a liberdade continua sendo preservada. Em primeiro lugar, Tocqueville constata que sua existência é possível, embora sua preservação não seja uma fácil tarefa. Em seguida procura fazer com que seus leitores compreendam como o povo americano conseguiu construir uma nação em que igualdade e liberdade estão presentes. Entretanto, apesar de os americanos terem sido felizes nesta empreitada, é preciso deixar bem claro que, por um lado, *em política, eles dão ao mundo exemplos, e não lições*[53]; por outro, pelo fato mesmo de serem mais igualitários, seus cidadãos não podem abandonar a luta constante que preserva a liberdade.

AS INSTITUIÇÕES E A ORGANIZAÇÃO DO PODER

Reconhece Tocqueville que foram sobretudo os costumes do povo, impregnados de valores democráticos e liberais, que possibilitaram a elaboração de leis que expressassem os princípios da liberdade, criando ao mesmo tempo instituições que a preservassem. É verdade que, neste ponto, Tocqueville adverte para que *se diferenciem cuidadosamente as instituições dos Estados Unidos das instituições democráticas em geral*[54]. Normalmente, diz ele, para explicar o sucesso da democracia americana, costuma-se atribuir muita importância à posição geográfica dos Estados Unidos, ou às suas leis, e muito pouca aos costumes do povo, quando na verdade as *causas físicas têm*

52 O.C., T. I, Vol. 1, p. 54.

53 *Ibid.*, p. 315.

54 *Ibid.*, p. 323.

menos importância que as leis, e estas menos que os costumes[55]. Assim, tanto as leis quanto as instituições americanas são exemplares não propriamente por serem democráticas, mas por nascerem de um povo cujos costumes são igualitários e liberais e no seio do qual a soberania popular é real. Mas é preciso considerar também que *os costumes e as leis dos americanos não são os únicos que podem convir aos povos democráticos; porém os americanos mostraram que não se deve desesperar de regular a democracia com a ajuda de leis e costumes*[56].

Assim, é utilizando-se do exemplo da construção do Estado realizada pelo povo dos Estados Unidos, que soube organizar a democracia e ao mesmo tempo permanecer livre, que Tocqueville defende a necessidade de todos os povos estabelecerem instituições livres. Para ele, é preciso salientar, ao analisar a democracia americana, a importância de se compreender como a existência de algumas instituições ajuda a manutenção da liberdade. É claro que, tal como as leis, elas de nada adiantariam se não houvesse por parte do povo costumes em que os princípios da liberdade e o amor à liberdade estivessem presentes. Mas a própria existência de instituições livres ajuda, sobretudo em situações de crise política, a manutenção da liberdade.

Entretanto, não crê Tocqueville *que os homens não possam gozar de uma certa independência em países onde não existam instituições livres. Para eles* [os habitantes desses países], *os hábitos e as opiniões podem bastar. Mas não estarão nunca seguros de permanecerem livres, porque também não estão seguros de sempre o desejar. Há épocas em que mesmo os povos mais ciosos de sua independência se deixam levar pela tendência a considerá-la como um objeto secundário de seus esforços. A grande utilidade das instituições livres é sustentar a liberdade durante esses intervalos em que o espírito humano afastou-a de suas preocupações e dar-lhe uma espécie de vida vegetativa própria, que permite que mais tarde a ela se retorne. As formas permitem que os homens possam se desagradar momentaneamente da liberdade sem perdê-la. Este é o principal mérito das instituições livres. Quando um povo quer resolutamente ser escravo, não há como impedir que venha a sê-lo; mas parece haver meios de mantê-lo algum tempo independente, sem que ele ajude a si mesmo*[57].

---

55 O.C., T. I, Vol. 1, p. 332.

56 *Ibid.*, p. 325.

57 O.C., T. II, Vol. 1, p. 64. "As instituições livres são igualmente necessárias aos principais cidadãos, para lhes ensinar os perigos que correm, como aos menos importantes, para assegurar-lhes os seus direitos" *(ibid.*, p. 197).

Tocqueville destaca como exemplares na realidade americana algumas instituições consideradas necessárias para manter aberto o caminho que leva à preservação da liberdade. Algumas lhe parecem absolutamente indispensáveis, como se devessem existir por toda parte, outras são passíveis de discussão. No entanto, mesmo todas elas tomadas em conjunto não podem, sozinhas, garantir que o seu estabelecimento irá assegurar, para sempre, uma existência tranqüila da liberdade.

DESCENTRALIZAÇÃO E FEDERALIZAÇÃO

No caso de nações com território extenso, a descentralização geral da administração e o sistema político federativo são, para Tocqueville, instituições que podem contribuir para que os cidadãos desenvolvam sua ação política e seu gosto pela liberdade.

Apesar de por vezes a descentralização administrativa ser passível de alguma crítica, Tocqueville não pode deixar de preferi-la. O exemplo americano mostra bem, neste caso, as enormes vantagens políticas que ela pode oferecer[58]. *Na América vêem-se leis escritas; não se percebe a sua execução cotidiana; tudo se move em torno de nós, e não se descobre em nenhum lugar o motor. A mão que dirige a máquina social escapa a cada instante*[59]. A descentralização traz grandes vantagens, mas as mais significativas são a diminuição da ação da autoridade e o incentivo que os cidadãos passam a ter para agir politicamente.

Assim, a descentralização não é considerada como um instrumento destinado a *despojar a sociedade de alguns dos seus direitos ou paralisar seus esforços, mas sim a dividir o uso de suas forças em muitas mãos e multiplicar os funcionários, atribuindo-se a cada um deles todo o poder de que necessita para executar a tarefa que lhe foi designada.* Além disso, esta divisão da autoridade também não leva, de forma alguma, à anarquia, pois, embora *a ação da autoridade se tenha tornado menos irresistível e menos perigosa, ela não foi destruída*[60].

Nos Estados Unidos não pretenderam que, num país livre, o homem tivesse o direito de tudo fazer; ao contrário, impuseram-lhe obriga-

58 "As vantagens políticas que os americanos obtêm do sistema de descentralização fazem com que ainda o prefiram ao seu contrário" (O.C., T. I, Vol. 1, p. 93).

59 O.C., T. I, Vol. 1, p. 69.

60 *Ibid.*, p. 70.

ções sociais mais variadas que em qualquer outra parte; não tiveram a idéia de atacar o poder da sociedade no seu princípio e contestar os seus direitos, mas limitaram-se a dividi-lo no seu exercício. Desejou-se desta maneira que a autoridade fosse grande e o funcionário pequeno, a fim de que a sociedade continuasse a ser bem regulada e permanecesse livre (...) O poder administrativo nos Estados Unidos não oferece na sua constituição nada de central nem de hierárquico; é o que faz com que não seja percebido. O poder existe, mas não se sabe onde encontrar seu representante[61].

Mas não é apenas a distribuição das tarefas do exercício do poder por várias mãos, impedindo-o de se tornar algo centralizador, forte e único, o que encanta Tocqueville; é também a possibilidade que cada cidadão tem, ao participar da administração, de inteirar-se dos negócios públicos e aprender na prática o respeito aos outros, passando assim a agir não apenas no seu interesse, mas no de toda a comunidade. Na verdade, diz Tocqueville, o que ele mais *admira na América não são os efeitos* administrativos *da descentralização. São seus efeitos* políticos[62].

Cada cidadão sente assim que não *obedece a outros homens, mas à justiça e à lei* que ele conhece, a respeito das quais sabe por que existem e como funcionam, pois participou da sua realização e continua trabalhando para que elas não sejam abstrações. Ao mesmo tempo, por sentir-se responsável, este mesmo cidadão não precisa esperar que a ordem pública o venha ajudar nas suas realizações; é capaz de empreender, por si, grandes obras, pelo simples fato de que acredita ser capaz disso e que é um direito seu fazê-lo[63].

Mas a descentralização pode ser facilmente empreendida em pequenas nações, em que seria mais natural a participação de todos nos negócios públicos; numa grande nação, ao contrário, sua execução pode apresentar dificuldades. Em defesa de sua tese federativa, Tocqueville procura mostrar como especialmente as grandes

61 O.C., T. I, Vol. 1, p. 70.

62 *Ibid.*, p. 95.

63 Em relação a esse cidadão livre, Tocqueville afirma: "Ele tem de si uma opinião bastante exagerada, mas quase sempre salutar. Sem temor, ele se confia às suas próprias forças, que lhe parecem suficientes para tudo realizar... Freqüentemente, sem dúvida, tem menos sucesso que se o Estado estivesse em seu lugar, mas a longo prazo o resultado geral de todas as empresas individuais ultrapassa enormemente o que poderia fazer o governo" *(ibidem)*.

nações precisam se organizar politicamente como uma federação. Assim é que *nada é tão contrário ao bem-estar e à liberdade dos homens quanto os grandes impérios*[64]. O sistema federativo, tal como existe nos Estados Unidos, aparece para ele como a solução possível para o que poderia ser uma contradição: nação grande e liberdade. Por acreditar na necessidade de a nação ser poderosa – por vezes ela precisa ser grande para ter poder , Tocqueville é favorável à federação, pois, como bem o diz, *para unir as vantagens diversas que resultam da grandeza e da pequeneza das nações é que o sistema federativo foi criado*[65].

Podem-se facilmente perceber os benefícios que este sistema oferece, numa grande nação, para a prática da liberdade dos seus cidadãos. Nas grandes nações centralizadas, as leis, sendo feitas para todos, não são capazes de expressar as diferenças regionais e corresponder às diferentes necessidades e costumes das diversas populaçoes. *Este inconveniente não existe nas confederações. o Congresso regula os principais atos da existência social, e todos os detalhes são deixados para as legislações provinciais.* Veja-se, por exemplo, a federação americana, em que *cada estado que compõe a União não se preocupa em crescer ou se defender, e todo o poderio público e toda a energia individual estão voltados para as melhorias interiores. Estando colocado ao lado dos governados, o governo de cada estado é diariamente advertido sobre as necessidades que se fazem sentir: assim vêem se apresentar, a cada ano, novos planos que, discutidos nas assembléias comunais ou perante a legislatura do estado e reproduzido em seguida pela imprensa, excitam o interesse universal e o zelo dos cidadãos. Este desejo de melhorar agita sem cessar as repúblicas americanas e não as perturba; a ambição do poder é substituída pelo amor do bem-estar, paixão mais vulgar, mas menos perigosa*[66].

Tal é o entusiasmo de Tocqueville pelo sistema federativo, que é capaz de alinhar lado a lado as desvantagens da soberania da União

64 O.C., T. I, Vol. 1, p. 164.

65 *Ibid.*, p. 165.

66 Tocqueville utiliza os termos *confederação* e *federação* com o mesmo sentido. Ele apresenta também, ao tratar deste assunto, mais uma de suas análises explicativas da diferença entre o que ocorria nos Estados Unidos e na América do Sul: "Atribui-se uma grande parte das misérias em que estão mergulhados os novos estados da América do Sul ao fato de que nestes se quis estabelecer grandes repúblicas em vez de fracionar a soberania" (O.C., T. I, Vol. l, p. 165-6).

e as vantagens da *soberania dos estados*[67]. *A soberania da União é um ser abstrato, que diz respeito apenas a um pequeno número de objetos exteriores. A soberania dos estados atinge todos os sentidos; não é difícil compreendê-la e vê-la agindo a cada instante. Uma é nova, a outra nasceu com o próprio povo. A soberania da União é artificial. A soberania dos estados é natural; ela existe por si mesma, sem esforço, como a autoridade do pai de família. A soberania da União só atinge os homens por alguns grandes interesses; ela representa uma pátria imensa, afastada, como um sentimento vago e indefinido. A soberania dos estados de certa forma envolve cada cidadão e a cada dia o atinge nos pequenos detalhes. É ela que se encarrega de garantir sua propriedade, sua liberdade, sua vida; ela influi, a todo momento, sobre seu bem-estar ou sua miséria. A soberania dos estados apóia-se sobre as lembranças, os hábitos, os preconceitos locais, o egoísmo de província e de família; em resumo, sobre todas as coisas que tornam o instinto da pátria tão poderoso no coração humano. Como duvidar de suas vantagens?*[68]

Pois que os Estados Unidos representam esse magnífico exemplo de sucesso de uma grande nação federativa, e nesse país onde se pode também melhor apreender a maneira pela qual federação e descentralização servem à liberdade. Tocqueville estuda-o como se tratasse de *24 pequenas nações soberanas, em que o conjunto forma o grande corpo da União*[69]. Para ele, torna-se necessário observar sobretudo a menor das unidades da federação, pois, além da divisão em estados, estes, por sua vez, dividem-se em condados *(county)* e comunas *(township)*, e é sobretudo a livre existência destas que permite aos cidadãos o exercício de sua liberdade.

Para Tocqueville, *é nas comunas que reside a força dos povos livres. As instituições comunais são para a liberdade o que as escolas primárias são para a ciência.* É nas comunas que o povo aprende a ser livre, pois é realmente nelas que cada cidadão tem sua maior participação na construção da nação. *Sem instituições comunais, uma nação pode se dar um governo livre, mas não tem o espírito da liberdade*[70]. A liberdade das comunas tem, pois, uma enorme importância para a liberdade do cidadão, porque é também nesse nível, mais do que

---

67 *Estado* é aqui usado, como no texto anterior de Tocqueville, no sentido de unidade da Federação – os estados que compõem a União.

68 O.C., T. I, Vol. l, p. 171.

69 *Ibid.*, p. 57.

70 *Ibid.*, p. 59.

nas demais instâncias da vida política, que melhor se manifesta a soberania popular sem os já citados perigos que ela eventualmente possa apresentar. *Na comuna, aliás, como em toda parte, o povo é a fonte dos poderes sociais, mas em nenhum lugar ele exerce seu poder tão imediatamente*[71].

Para Tocqueville, *a vida comunal se faz de certa forma sentir a cada instante; ela se manifesta a cada dia pelo cumprimento de um dever ou pelo exercício de um direito (...) O habitante da Nova Inglaterra afeiçoa-se à sua comuna porque ela é forte e independente; interessa-se por ela porque ajuda a dirigi-la; ama-a porque aí não precisa queixar-se de sua sorte; sua ambição e seu futuro nela estão; ocupa-se de cada um dos incidentes da vida comunal, nesta esfera restrita que está ao seu alcance, ele procura governar a sociedade; habitua-se às formas sem as quais a liberdade só se estabelece através de revoluções, deixa-se penetrar pelo seu espírito, toma gosto pela ordem, compreende a harmonia dos poderes, e acaba por fim por adquirir idéias claras e práticas tanto sobre a natureza de seus deveres, como sobre a extensão de seus direitos*[72].

A federalização, o estabelecimento de comunas livres e, Tocqueville acrescenta, a criação de um poder judiciário, tal como existe nos Estados Unidos, são para ele de extrema importância para que possa ser mantida a liberdade dos cidadãos e a própria república democrática americana.

A forma federal que os americanos adotaram seria importante justamente por *permitir à União gozar do poderio de uma grande república e da segurança de uma pequena.* Mas são as *instituições comunais que, moderando o despotismo da maioria, dão ao mesmo tempo ao povo o gosto da liberdade e a arte de ser livre.* Entretanto, os americanos sou-

71 O.C., T. I, Vol. 1, p. 60. Tomando o exemplo das comunas na Nova Inglaterra, Tocqueville descreve o seu funcionamento: "Na Nova Inglaterra a maioria age por representantes quando se faz necessário tratar dos negócios gerais do Estado. É necessário que seja assim; mas, na comuna na qual a ação legislativa e governamental está mais próxima dos governados, a lei da representação não é mais admitida" *(ibidem)*. "Ao todo, podem-se contar 19 funções principais na comuna. Cada habitante é constrangido, sob pena de multa, a aceitar diferentes funções; mas elas, em sua maior parte, são remuneradas, a fim que os cidadãos pobres possam consagrar o seu tempo, realizando essas tarefas, sem sofrer prejuízo. Além disso o sistema americano de forma alguma dá um pagamento fixo aos funcionários. Em geral, cada ato de seu ministério tem um preço, e a remuneração é proporcional ao que realizam" *(ibid.*, p. 62).

72 *Ibid.*, p. 67.

beram também, na *constituição de seu poder judiciário, estabelecer tribunais que servem para corrigir os desvios da democracia*, pois, apesar de *não poderem fazer cessar as ações da maioria, chegam a diminuí-los e a dirigi-los*[73].

Ele reconhece que, infelizmente, a transposição dessas formas e instituições para outras nações não garante, por si só, o mesmo resultado. Embora indique claramente que estas *três coisas mais do que todas as outras parecem concorrer para a manutenção da república democrática no Novo Mundo*, não pode deixar de lembrar também, como já havia afirmado, que *considero os costumes como uma das grandes causas gerais* às quais se pode atribuir esta manutenção[74].

OS TRÊS PODERES E A CONSTITUIÇÃO

As instituições judiciárias exercem uma grande influência no destino dos anglo-americanos, elas têm um lugar muito importante entre as instituições políticas propriamente ditas[75].

Tocqueville considera uma difícil tarefa explicar essa importância do judiciário nos Estados Unidos, pois a complexidade deste exigiria longas discussões sobre seu funcionamento. De qualquer forma, procura salientar seu papel na preservação da liberdade dos cidadãos, em face do que poderia ser o despotismo da maioria ou do Estado. Para ele, a combinação da constituição deste poder judiciário com a forma federal permite ainda maior sucesso. O que poderia surgir como um problema, o enfrentamento entre tribunais estaduais e o da União, parece, ao contrário, ser um fator de maior garantia da liberdade do cidadão.

Se, como diz Tocqueville, *o grande objeto da Justiça consiste em substituir pela idéia de direito a idéia de violência, em colocar intermediários entre o governo e o emprego da força material, (...) a maior dificuldade não seria saber como se constituiria o governo federal, mas como se faria para obedecer às suas leis*[76]. Como, para ele, qualquer governo que garantisse o cumprimento de suas leis apenas utilizando a violência logo se transformaria num despotismo militar, é preciso en-

73 O.C., T. I, Vol. l, p. 300.

74 *Ibidem.*

75 *Ibid.*, p. 141.

76 *Ibidem.*

contrar na força moral a base do assentimento às leis. *A força moral que reveste os tribunais torna o emprego da força material infinitamente mais raro*[77].

Sendo a força da União mais fraca numa federação, mais necessário se torna o reconhecimento do poder da justiça e, portanto, mais necessário também que ela própria tenha seus tribunais. Por outro lado, cada unidade da federação, cada estado, já possui, por si só, seus próprios tribunais. A solução encontrada pelos americanos foi *a criação de um poder judiciário federal, para aplicar as leis da União e decidir com mais cuidado certas questões de interesse geral, já decididas anteriormente. Toda a potência judiciária da União foi concentrada em um único tribunal, designado como Corte Suprema dos Estados Unidos*[78]. *Esta corte é o mais alto tribunal que se conhece, tanto pela natureza dos seus direitos, como pela espécie daqueles que poderá julgar*[79].

Na verdade, ao que parece, o governo americano era, naquela época, o único a estabelecer um tribunal que tivesse poderes para julgar tanto os governantes quanto as decisões da justiça dos vários estados. Para Tocqueville, existe uma relação natural entre o alargamento das atribuições dos tribunais e a liberdade. Por isso, *em todas as nações civilizadas da Europa, o governo sempre mostrou grande repugnância em deixar a justiça ordinária decidir sobre questões que lhe dizem respeito. Esta repugnância é naturalmente tanto maior quanto mais absoluto é o próprio governo. Ao contrário, à medida que a liberdade aumenta, o círculo de atribuições dos tribunais vai-se abrindo sempre.* Nos Estados Unidos essa *corte suprema, que é o único e exclusivo tribunal da nação*, apesar de ter uma organização totalmente judiciária, acaba por ter atribuições que são quase inteiramente políticas. *Seu único fim consiste em fazer executar as leis da União, e a União só regula as relações do governo com os governados e da nação com os estrangeiros; as relações dos cidadãos entre si são quase todas regidas pela soberania dos estados*[80].

Apesar do grande poder político contido nesses tribunais federais, de forma alguma essa corte suprema diminui o poder dos tribunais locais. Ao contrário, também neles os juízes podem gozar de

---

77 O.C., T. I, Vol. I, p. 142.

78 *Ibid.*, p. 143.

79 *Ibid.*, p. 152.

80 *Ibid.*, p. 152-3.

um imenso poder político, pois *os americanos concederam aos juízes o direito de fundar seus pareceres na Constituição mais do que nas* leis. *Em outras palavras, eles permitiram aos juízes não aplicar as leis que lhes parecessem inconstitucionais*[81]. Isto sem dúvida concede aos tribunais maior liberdade em face das leis dos diferentes estados.

Por outro lado, esse poder dos juízes locais e federais poderia vir a ser extremamente forte, se não fosse o fato de que a própria Constituição também o limita. *Na América a Constituição é a origem de todos os poderes (...) ela é a primeira das leis e não poderia ser modificada por uma lei. É justo, portanto, que os tribunais obedeçam à Constituição mais do que a qualquer outra lei*[82]. Assim, realmente *os americanos concederam aos seus tribunais um imenso poder político; mas, como eles só podem atacar as leis por meios judiciários, os perigos deste poder foram muito diminuídos*. Tocqueville acredita mesmo que tal procedimento por parte do povo dos Estados Unidos é não só *o mais favorável à ordem pública como também o mais favorável à liberdade*[83].

Deve-se ainda considerar que o poder judiciário é, de todos os poderes, aquele que permanece mais independente em face do poder do legislativo. É extremamente importante tanto para *a segurança de cada um como para a liberdade de todos* que o poder judiciário mantenha esta separação[84].

Nessa relação dos poderes de uma nação, Tocqueville procura mostrar como, no próprio interesse da manutenção da liberdade, os americanos amenizaram a imensa força que normalmente as democracias depositam no legislativo, poder este em que, mais do que em qualquer outro, se poderia refletir o despotismo da maioria, desde que é o legislativo que emana mais diretamente do povo.

Entretanto, apesar de esses dois poderes, juntamente com o executivo, serem independentes, todos retiram sua força da soberania popular. Apenas, no exemplo dos Estados Unidos, os americanos houveram por bem instituir correções, formais ou não, para impedir que cada um deles pudesse tornar-se despótico. Também no interior do próprio processo de escolha de cada representante ou de um juiz buscou-se instaurar um sistema de contrapesos para tornar

81 O.C., T. I, Vol. l, p. 101.

82 *Ibid.*, p. 101-2.

83 *Ibid.*, p. 103.

84 *Ibid.*, p. 142.

o mais inviável possível qualquer forma de despotismo. Assim, por exemplo, a Constituição federal tomou o cuidado de, além *de separar o poder judiciário de todos os outros, tornar os juízes independentes, declarando suas remunerações fixas e suas funções irrevogáveis*[85].

Em outros casos, a preocupação dos constituintes foi amenizar a possível oposição que viesse a existir entre os interesses de cada estado, enquanto unidade livre na federação, e os da própria União. Criaram então duas câmaras legislativas, e estabeleceram que o mandato dos representantes de uma delas seria mais longo, para garantir sempre, entre os legisladores, um núcleo de pessoas já habituadas à difícil tarefa de fazer leis[86]. De modo semelhante, para escapar ao mesmo tempo à influência da vontade da maioria e ao imenso poder que um executivo eleito por voto universal poderia ter, a Constituição estabeleceu formas para permitir que esta escolha fosse realizada indiretamente[87].

Sem dúvida, em toda essa organização dos poderes de uma nação, percebe Tocqueville a importância da Constituição como a lei fundamental. E nela, se a preocupação em declarar a igualdade dos cidadãos é manifesta, o maior interesse daqueles que a elaboraram parece ter sido estabelecer formas institucionais que ajudassem os homens a permanecer livres.

Para Tocqueville, a Constituição federal dos americanos é superior a todas as outras dos diferentes estados. Mas esta superioridade reside sobretudo no caráter dos seus legisladores, impregnados que estavam do espírito da liberdade. A tal ponto eles possuíam *um amor sincero e ardente por esta mesma liberdade, que ousaram falar em restringi-la, porque estavam certos de não a querer destruir*[88]. Nesse caso, tal restrição aparece a Tocqueville como um bem, pois acredita que, após a revolução da independência, o maior perigo que os americanos corriam não era propriamente a perda da liberdade pela qual haviam lutado, mas sim o abuso dela, que poderia impedi-los de construir a nação, caindo assim na anarquia.

---

85 O.C., T. I, Vol. 1, p. 158.

86 *Ibid.*, p. 120-2.

87 "O sistema eleitoral em duas etapas tornava provável a vitória da maioria, mas não a assegurava, pois, poderia se dar que os eleitores discordassem entre eles, como o mesmo poderia acontecer com seus constituintes" *(ibid.*, p. 135).

88 *Ibidem.*

Desse modo, vê Tocqueville a Constituição americana como obra de legisladores escolhidos pelo seu povo, homens esclarecidos que conheciam os problemas da nação que desejavam construir, mas que sobretudo haviam lutado pela sua independência porque queriam ser livres. Para ele, parece evidente no exemplo americano a ilustração de como cada povo democrático realiza o seu pacto, construindo sua própria lei. É bem verdade que o sucesso da democracia americana não se deve, aos olhos de Tocqueville, apenas a suas leis ou à magnificência dos princípios estabelecidos na sua Constituição, mas antes aos costumes do seu povo, que permitiram aos constituintes elaborar tão adequadamente a grande lei. Por isso, não é possível pensar que a Constituição possa ser transposta para outra nação com igual resultado. O exemplo mais concreto e mais próximo é o do México, que copiou quase inteiramente a Constituição americana. Mas, como diz Tocqueville, se os mexicanos transportaram para o seu país *a carta da lei, não poderiam transportar o espírito que a vivifica (...) A Constituição dos Estados Unidos parece essas belas criações da indústria humana, que cobrem de glória e de bens aqueles que as inventam, mas permanecem estéreis em outras mãos*[89].

ELEIÇÃO E REPRESENTAÇÃO POLÍTICA

Como todo povo de uma grande nação democrática que sabe preservar a liberdade, o povo americano sabe também que, não podendo realizar-se em praça pública, na ágora, a manifestação de sua vontade precisa quase que obrigatoriamente ser feita por meio de representantes.

A eleição de tais representantes passa, assim, a ser uma forma pela qual o povo encara a manifestação da soberania popular, todas as vezes que lhe é impossível expressá-la diretamente. Tanto nas comunas pode o povo, reunido em assembléia, fazer as leis, como pode, pelo voto universal, indicar os seus representantes, que agirão em seu nome, *sob vigilância quase imediata*[90].

No entanto, para Tocqueville, o voto universal, próprio da democracia, não é necessariamente uma garantia de que a escolha será a melhor. *O voto universal tem outras vantagens, mas não esta*[91].

---

89 O.C., T. I, Vol. l, p. 169.

90 *Ibid.*, p. 56.

Na verdade, se Tocqueville constata que o voto universal é tido praticamente por norma numa democracia, por outro lado, não pode deixar de dirigir-lhe suas críticas, embora não propriamente enquanto forma de escolha, mas sim com relação aos resultados que ela pode acarretar. As suas preocupações são sobretudo no sentido de imaginar o enorme poder que um presidente eleito pelo sufrágio universal poderia obter, embora, é claro, numa democracia em que os cidadãos são livres, esta seja a única origem de sua força[92]. Aliás, esta é também a força da própria democracia, pois não *é o magistrado eleito que faz prosperar a democracia americana*; ela prospera porque o magistrado é eleito[93].

A solução americana encanta-o porque, ao mesmo tempo em que coloca todo o fundamento do poder na soberania popular, também encontra meios para enfraquecer não propriamente o cargo que o escolhido ocupa, mas a figura do representante enquanto tal. Em outras palavras, enquanto representante, o escolhido é apenas um cidadão e, além do mais, no caso específico do presidente da República, este *é colocado ao lado da legislatura, como um poder inferior e dependente (...) Tendo feito o poder executivo fraco e dependente, os legisladores americanos puderam, sem perigo, torná-lo eletivo*[94].

Assim, para Tocqueville, numa democracia o voto universal é necessário por ser a forma quase natural, embora nem sempre boa, que os cidadãos livres encontram para manifestar as suas vontades. Esta idéia de Tocqueville sobre uma boa ou má escolha está presente em suas explicações acerca das eleições nos Estados Unidos e sem-

---

91 O.C., T. I, Vol. 1, p. 205. Para Tocqueville, o voto universal decorre propriamente do processo de igualização e, portanto, numa democracia mais igualitária, ele se tornou uma regra: "Quando um povo começa a mexer no censo eleitoral, pode-se prever que chegará, num espaço de tempo mais ou menos longo, a fazê-lo desaparecer completamente" *(ibid.*, p. 56).

92 Este seu temor é realmente manifestado por ocasião da nova Constituição francesa, após a revolução de 1848. Predisse assim a enorme força que Luís Napoleão Bonaparte iria adquirir, ao ser eleito por uma grande maioria (O.C., T. XII, p. 187-90).

93 O.C., T. I, Vol. 2, p. 112.

94 O.C., T. I, Vol. 1, p. 126 e 134. "Na América, o presidente exerce uma influência muito grande nos negócios do Estado, mas não conduz nada; o poder preponderante reside inteiramente na representação nacional. É, pois, a massa do povo que é necessário mudar, e não somente o presidente, para que as máximas da política variem" *(ibid.*, p. 132).

pre ligadas a valores intelectuais e morais. Assim como eram bons os homens que realizaram a Constituição, por serem esclarecidos, do mesmo modo é melhor a escolha realizada pelo povo da Nova Inglaterra, por ser ele não apenas mais igualitário, pois *escapa a todas as superioridades que a riqueza e o nascimento já criaram entre os homens*, mas também por estar *habituado a respeitar as superioridades intelectuais e morais e a estas se submeter sem descontentamento*[95]. Além disso, um tal povo, mais esclarecido, teria mais condições de acompanhar as ações de seus representantes, pois estes, na verdade, não se podem desligar de seus eleitores, assim como não podem deixar de se comportar segundo a Constituição.

Desse modo, vemos que, para Tocqueville, a ação política dos governados não se resume ao simples ato de votar, delegando assim todos os seus poderes a um só representante. Para ele, um povo livre continuaria sempre a controlar os seus escolhidos, em todas as suas ações políticas. A participação política do cidadão não se esgota no voto – ao contrário, este é apenas uma das formas de o povo manifestar sua soberania.

Por outro lado, quanto à concentração de poder decorrente do sufrágio universal, entre os ocupantes dos vários cargos públicos, o que oferece maior perigo é o do poder executivo. Sendo este poder o que, pelo modo de sua eleição, representaria sozinho a maioria dos cidadãos, é ele justamente o que precisa ser mais enfraquecido e fiscalizado. Tocqueville estabelece claramente a necessidade de que à eleição pelo voto universal corresponda um poder executivo fraco. De fato, querendo preservar o princípio da soberania popular e *querer, ao mesmo tempo, que o representante do Estado permaneça armado de um imenso poder e seja eleito é expressar duas vontades contraditórias (...) Os perigos do sistema eleitoral crescem em proporção direta da influência exercida pelo poder executivo sobre os negócios do Estado*[96].

É verdade que, numa democracia, como ocorre no caso americano, o presidente tem preservada a sua esfera própria de poder, já

---

95 O.C., T. I, Vol. 1, p. 206.

96 *Ibid.*, p. 130. Dirigindo-se aos europeus e sobretudo aos franceses, Tocqueville irá dizer: "De minha parte, eu só conheço um modo para fazer a realeza hereditária se transformar num estado de poder eletivo: é necessário limitar com antecipação sua esfera de ação, diminuir gradativamente suas prerrogativas e habituar pouco a pouco o povo a viver sem sua ajuda" *(ibidem)*.

que ele é *livre para escolher seus agentes e os destituir à sua vontade*. Contudo, o corpo legislativo o controla, embora não o dirija[97].

Além disso, o mais efetivo dos controles dos governantes é aquele exercido pelo judiciário, que é, entre todos, o mais independente. Contudo, apesar disso, também ele não escapa à força da soberania popular. De fato, a escolha dos cidadãos tem também neste poder enorme importância. Tal como ocorre na maioria das funções públicas, alguns cargos judiciários são igualmente eletivos. Ora, o *magistrado eleito nada tem a esperar ou a temer senão de seus eleitores, já que todas as funções públicas são preenchidas por meio das eleições*. Isto significaria, sem dúvida, a possibilidade de acúmulo de um grande poder nas mãos de tais funcionários, colocando-os potencialmente a serviço da tirania que o sufrágio universal pode induzir. Daí a necessidade de se manter, por leis e regulamentos inscritos na própria organização do judiciário, a independência desse poder, que é o único capaz de julgar os governantes, mesmo que eleitos pelo sufrágio universal. Na verdade, um poder judiciário independente é o *único que pode forçar o funcionário eleito à obediência sem violar o direito do eleitor. A extensão do poder judiciário ao mundo político deve então ser correlativa à extensão do poder eletivo. Se estas duas coisas não caminharem juntas, o Estado acaba por cair na anarquia ou na servidão*[98].

O EQUILÍBRIO DE PODERES E A SOBERANIA POPULAR

Sintetizando um pouco a discussão em torno das relações dos três poderes, seus representantes e o modo de escolha destes, poderíamos entrever no pensamento de Tocqueville duas maneiras de se compreender as formas de um governo e analisá-las tendo em vista a manutenção da liberdade. Utilizando a própria diferença por ele estabelecida entre o político e o administrativo, de um lado, seria possível alinhavar todos os elementos que, a seu ver, deveriam ser fortes, poderosos e centralizadores e, de outro, aqueles que necessariamente precisam ser fracos, com poderes pequenos, bem limitados e descentralizados.

Segundo esse critério, a nação deve ser poderosa, mas não o Estado. Para isso, a centralização política é necessária, mas a adminis-

97 O.C., T. I, Vol. 1, p. 123 e 132.

98 *Ibid.*, p. 73.

tração deve ser descentralizada. O governo da União precisa ser forte politicamente, porém apenas nas tomadas de decisões que lhe dizem respeito[99], pois necessita também respeitar o poder dos estados organizando-se em federação. A soberania popular é a fonte de todos os poderes, mas os seus representantes só podem exercê-los dentro dos limites traçados por ela própria e sob sua vigilância. Por outro lado, tudo e todos têm os seus poderes delimitados pelas leis, mas estas podem ser mudadas pelos cidadãos, desde que guardados os princípios estabelecidos na Constituição. Esta, por sua vez, é a expressão das opiniões e costumes de seu povo, e o fato mesmo de não ter sofrido transformações indica, no essencial, a estabilidade destes, e é por isso que é poderosa e centraliza os interesses da nação.

Nessa relação de oposições que marca o que deve ser poderoso e forte e o que deve ser fraco e com poderes limitados, estão contidos alguns aspectos formais da organização do poder e das instituições que contribuem para a preservação da liberdade. Do lado deles, é claro, é necessário existir a ação constante dos cidadãos, mas tais formas precisam estar presentes, pois ajudam sobretudo nos momentos de desinteresse pela liberdade e de inação do povo.

PARTIDOS POLÍTICOS E ASSOCIAÇÕES

A ação política dos cidadãos não se esgota nas suas atividades de escolha e vigilância dos seus representantes. É preciso, além disso, que eles manifestem de outras maneiras seus interesses e opiniões. Se considerarmos a enorme influência da maioria da população, sobretudo nos processos eleitorais, em que domina o sufrágio universal, torna-se mais premente ainda a existência de outras formas de ação que possam expressar igualmente as vontades das minorias ou mesmo de pequenos grupos isolados e independentes. Os partidos políticos e as associações em geral (tanto políticas como civis) respondem em parte a esta necessidade.

Apesar de Tocqueville considerar os partidos políticos como formas de diferentes interesses e opiniões poderem manifestar-se, trata-os, no entanto, como *um mal inerente aos governos livres, embora não tenham em todos os momentos o mesmo caráter e os mesmos intuitos*[100]. Aos vários tipos de mudança que podem ocorrer nas diferen-

99 Cf. Parte I, "Centralização administrativa e política", p. 84.

100 O.C., T. I, Vol. 1, p. 178.

tes épocas, ele alia o caráter e a grandeza dos partidos. Em outros termos, para ele, épocas em que as nações sentem-se atormentadas por grandes males, que supõem enormes mudanças na sua constituição política, e mesmo outras, em que o próprio estado social esteja comprometido, apresentam situações revolucionárias e são caracterizadas pela existência de grandes partidos. Outros períodos há, porém, em que as mudanças são lentas e insensíveis; são épocas de intrigas e pequenos partidos[101].

As diferenças entre grandes e pequenos partidos não são propriamente marcadas pelo maior ou menor número de seus membros, ou mesmo pela sua força política. Tocqueville distingue-os declarando que os grandes partidos políticos são *aqueles que dão mais valor aos princípios do que às suas conseqüências; às generalidades, e não aos casos particulares; às idéias, e não aos homens. Estes partidos, em geral têm traços mais nobres, paixões mais generosas, convicções mais reais, uma atitude mais franca e mais audaciosa que os outros. O interesse particular, que tem sempre o maior papel nas paixões políticas, neles se esconde mais habilmente sob o véu do interesse público. Os pequenos partidos, ao contrário, em geral não têm convicções políticas e, como não têm grandes objetivos que os levem e sustentem, seu caráter é marcado por um grande egoísmo que se manifesta ostensivamente em cada um de seus atos... Sua linguagem é violenta, mas sua marcha é tímida e incerta. Os meios que empregam são miseráveis, como o próprio fim a que se propõem. Os grandes partidos transformam a sociedade, os pequenos a agitam, aqueles a dilaceram, estes a depravam; os primeiros salvam-na, às vezes perturbando-a, os segundos perturbam-na sempre sem proveito*[102].

Ao pensar a questão da liberdade, Tocqueville evidentemente coloca a sua defesa nas mãos dos grandes partidos. No seu exemplo americano, considera que ambos os partidos que fundaram a nação mereciam ser postos na categoria dos grandes. Na verdade, sua análise mais interessante, no caso, é para mostrar que, nas sociedades livres em geral, os grandes partidos são quase sempre movidos por duas questões que se opõem: *uns trabalham para restringir o uso do poder público e outros para estendê-lo*[103].

Contudo, para ele, todos os cidadãos, além de deverem participar de alguma forma do poder público, deverão também encon-

---

101 O.C., T. I, Vol. 1, p. 178-9.

102 *Ibid.*, p. 179.

103 *Ibid.*, p. 182.

trar outras soluções, para resolverem as questões sociais e políticas fora das instituições governamentais oficiais.

É por isso que, para Tocqueville, as associações têm um papel preponderante para a defesa da liberdade dos cidadãos. Pensa mesmo que elas são poderosas armas que os partidos podem empregar para obter sucesso, já que, tal como os partidos, mas de modo muito mais imediato, as associações são organizações que os homens decidem livremente criar em defesa de seus interesses e opiniões – de coisas, enfim, que acreditam ser úteis para si e para a comunidade[104].

Embora Tocqueville fale em associações políticas e civis, sua preocupação, no entanto, não é diferenciá-las, mas tentar mostrar a importância dos seus efeitos e usos na vida civil e política dos habitantes de uma nação. Elas lhe parecem essenciais, como órgãos através dos quais os indivíduos se unem para exercer um aprendizado tanto da liberdade quanto de uma vida de ajuda mútua. Nas democracias, as associações são formas de agir desenvolvidas para, por um lado, combater aquele individualismo pernicioso que, segundo Tocqueville, nasce da própria democracia e, por outro, possibilitar aos homens a prática da liberdade. Neste segundo caso, são as associações veículos adequados para a livre manifestação e defesa de interesses e idéias de grupos de indivíduos na sociedade. São elas, assim, instituições estabelecidas livremente e no interior das quais a ação constante dos homens iria no sentido de tentar manter, modificar ou transformar inteiramente costumes e leis, segundo os objetivos pelos quais elas foram criadas[105].

Essa importância tão grande que Tocqueville atribui às associações em geral na luta pela liberdade se deve ao fato de que sua

---

104 Para Tocqueville, além das associações, os jornais seriam também outra importante arma útil aos partidos. Cf. O.C., T. I, Vol. 1, p. 184.

105 Na verdade, ao tratar dessa questão, Tocqueville procura mostrar que o direito à organização de associações não é restrito apenas aos cidadãos. Expressando-se sobre esse direito, defende a participação de qualquer pessoa, indivíduo, oprimido, minorias etc. É óbvio, porém, que, quando se refere a associações em nações democráticas, tem, no seu horizonte, um povo em que todos os habitantes são cidadãos. Mas sabe também que, apesar disso, no caso do seu exemplo preferido, ou seja, nos Estados Unidos, o escravo não é cidadão, como aliás em todo país onde a escravidão exista. Um exemplo concreto de associações de pessoas que pelo menos não tinham a cidadania plena seria as várias associações femininas, comuns nos Estados Unidos, mesmo nessa primeira metade do século XIX.

existência está diretamente aliada ao direito dos indivíduos de se associarem livremente. Ele traça nitidamente um paralelo entre o direito ilimitado de os indivíduos criarem associações, as democracias e a prática da liberdade. É por isso que se faz necessário mostrar o que são e para que servem as associações em nações democráticas e livres, como os Estados Unidos, para apontar a diferença que existe entre elas e as associações na maioria das nações européias, em que o caminhar democrático não se igualou à democracia americana e a prática da liberdade vem sendo sufocada. É sobretudo pela comparação com a França, sua eterna preocupação, que Tocqueville irá salientar as diferenças de concepção e finalidade das associações européias e americanas[106].

Para ele, é a falta de experiência no uso da liberdade por parte dos franceses que os *leva a ver na liberdade de associação apenas o direito de guerrear os governantes (...) A maioria dos europeus ve ainda na associação uma arma de guerra*, o que os faz temer um direito ilimitado dos homens a se associar[107].

Também em relação à liberdade, é diferente o caráter de necessidade quanto à existência de associações nas sociedades aristocráticas e nas democráticas. São nas primeiras menos necessárias porque nelas sempre há *um pequeno número de cidadãos muito poderosos e muito ricos, podendo cada um deles executar sozinho grandes empreendimentos*, além do que, em geral *não precisam se unir para agir porque se mantêm juntos graças a laços muito fortes*[108]. Mas ocorre o contrário nas sociedades democráticas. Nelas, as associações representam uma das formas e maneiras de agir mais eficazes para que os indivíduos possam tanto manter-se livres como conquistar a liberdade. *Sendo nos povos democráticos todos os cidadãos independentes e fracos, quase nada podem fazer sozinhos*, enquanto *os governos podem, mesmo sem o querer, exercer uma tirania insuportável* até nos negócios mais particulares. *São portanto as associações que, nos povos democráticos, devem assu-*

---

106 Tocqueville exclui das nações européias a Inglaterra, já que nesse país se encontram as origens do hábito de associar-se dos americanos e também porque lá a prática da liberdade é mais antiga. Apesar disso, ele afirma: "Os ingleses consideram a associação como um meio poderoso de ação, mas os americanos parecem ver nas associações o único modo que eles possuem para agir" (O.C., T. I, Vol. 2, p. 114).

107 O.C., T. I, Vol. 1, p. 198-9.

108 O.C., T. I, Vol. 2, p. 114.

mir o lugar daqueles particulares poderosos que a igualdade de condições fez desaparecer[109]. Resumindo, poderíamos dizer que, para Tocqueville, numa nação aristocrática, sua aristocracia pode ser livre mesmo que seus membros não se associem, enquanto numa nação democrática as associações são absolutamente necessárias para que seus cidadãos sejam livres.

Mas, por outro lado, é justamente porque *nos países onde o estado social é democrático e, portanto, as associações são mais necessárias para impedir o despotismo dos partidos ou a arbitrariedade do príncipe* que Tocqueville salienta também *a liberdade de associação como uma garantia contra a tirania da maioria.* Preocupado que está com esta forma de tirania, ele identifica no que denomina *despotismo dos partidos* a dominação de um grupo majoritário em face das diversas minorias[110].

Nesse sentido, embora o direito à liberdade ilimitada dos homens para realizarem qualquer tipo de associação seja das formas mais eficazes de combater a tirania da maioria, o uso que um povo faz das associações políticas é ainda mais eficiente. Neste caso, sem dúvida os americanos oferecem o melhor dos exemplos. Realmente, *na América, a liberdade de associar-se com finalidades políticas é ilimitada,* e os *homens procuram se defender da ação despótica da maioria com a ajuda destas associações (políticas)*[111].

É verdade que os costumes dos americanos desde cedo os ensinam a nada esperar dos poderes públicos. *Já nas escolas, suas crianças estabelecem, nos seus jogos e brinquedos, regras e punições por elas mesmas elaboradas*[112]. Talvez por isso saibam tão bem utilizar as associações e fazê-lo de diferentes maneiras, já que em geral buscam não apenas transformar opiniões e leis, mas também modificar os costumes. Por isso elas impressionam Tocqueville sobretudo pela sua variedade e algumas pela força e importância que têm junto à população.

Assim, por exemplo, para combater a maioria, *na América, os cidadãos que formam a minoria se associam, de início para verificar seu número e enfraquecer desta forma o império moral da maioria, o segundo*

---

109 O.C., T. I, Vol. 2, p. 114 e 116. "Nos países democráticos as associações políticas formam, por assim dizer, os únicos particulares poderosos que aspiram a regular o Estado" (*ibid.*, p. 125).

110 O.C., T. I, Vol. 1, p. 197.

111 *Ibid.*, p. 196, e O.C., T. I, Vol. 2, p. 113.

112 O.C., T. I, Vol. 1, p. 194.

objetivo dos associados é o de conjugar esforços e de descobrir desta maneira os argumentos mais apropriados para pressionar a maioria, pois têm sempre a esperança de atraí-la e em seguida dispor, em seu nome, do poder[113]. As associações políticas servem desta forma às minorias como se fossem pequenos partidos, muitas vezes com representantes que lutarão em igualdade de condições com os da maioria, tentando assim pressioná-la e ao partido que se encontra no poder.

Assim, nas sociedades democráticas, Tocqueville atribui uma enorme importância às associações, como um dos principais veículos da ação política dos cidadãos em defesa da liberdade. Também destaca como significativo, em tais sociedades, o fato de poderem se permitir o direito de total liberdade de associação. Parece-lhe, assim, que este direito ilimitado de os homens se associarem, além de ser necessário em sociedades democráticas, só nelas é também encarado como compatível com a própria liberdade.

Contudo, é preciso lembrar que a liberdade ilimitada de associação, apesar de necessária para a defesa da liberdade, pode apresentar graves perigos para uma nação. *Não se pode dissimular que a liberdade ilimitada de associação em matéria política é, de todas as liberdades, a última que um povo pode suportar. Se ela não o faz cair na anarquia, aproxima-o desta a todo instante.*

É bem verdade que, apesar disto, *esta liberdade, tão perigosa, oferece com relação a um aspecto certas garantias: em países onde as associações são livres, as sociedades secretas são desconhecidas. Na América há facciosos, mas não há conspiradores*[114]. Isto porque, sendo *as associações políticas nos Estados Unidos legais nos seus meios e pacíficas nos seus objetivos, e desde que pretendem vencer pela lei*, as minorias que as organizam procuram sempre se tornar maioria ou ganhá-la para suas opiniões[115].

Em nações democráticas como a americana, outras causas impedem que as associações, de necessárias e benéficas para a liberdade, possam tornar-se catastróficas, levando o país à anarquia ou mesmo à violência de um despotismo. Para Tocqueville, entre tais causas, *talvez a mais poderosa seja o voto universal. Em países onde existe o voto universal, a maioria não é jamais duvidosa, porque nenhum partido conseguiria razoavelmente estabelecer-se como representante daqueles que não*

---

113 O.C., T. I, Vol. 1, p. 199.

114 *Ibid.*, p. 198.

115 *Ibid.*, p. 199.

votaram. As associações sabem e todos sabem que elas não representam a maioria. Isto é resultado de sua própria existência, pois, se a representassem, elas próprias modificariam a lei, em vez de pedir sua reforma[116].

Poder-se-ia, além disso, pensar que o *exercício do direito de associação se tornaria perigoso na medida em que fosse possível aos grandes partidos tornarem-se maioria.* Mas, em nações democráticas como os Estados Unidos, sabemos que uma situação de *igualdade de condições* mais ampla permite que as diferenças de opiniões não sejam realmente graves, de tal forma que em tais nações *o direito de associação pode permanecer sem limites e sem perigos*[117].

Seria preciso também enfatizar o fato de que Tocqueville privilegia a ação das associações em relação à dos partidos políticos. As associações significam para ele a possibilidade de os mais variados interesses e opiniões aparecerem como reivindicações de seus associados, os quais estão mais diretamente interessados e mais próximos das suas proposições. A ação dos partidos políticos, por sua vez, é necessária à nação como um todo, isto é, *quando os cidadãos diferem entre si sobre pontos que interessam igualmente a todas as porções do país, tais como os princípios gerais do governo*[118].

Por um lado, Tocqueville procura mostrar ainda a relação entre a liberdade dos homens para se associarem politicamente e a existência de associações civis. *Em todos os povos em que a associação política é proibida, a associação civil é rara.* Para ele, existe mesmo *uma relação natural e talvez necessária entre as duas (...) As associações civis facilitam as associações políticas; mas, por outro lado, a associação política desenvolve e aperfeiçoa singularmente a associação civil*[119].

Finalmente, para Tocqueville, nos *povos democráticos é somente pelas associações que os cidadãos podem resistir ao poder central*[120]. Mais ainda, entre eles, as associações representam verdadeiras escolas de um aprendizado da liberdade e da vida em comum. Ao se associarem, os homens logo percebem a força que podem ter quando se unem, quando agem em comum, e como esta ação pode ser construtiva nas atividades que lhes digam respeito, tanto no interior de

116 O.C., T. I, Vol. 1, p. 200.

117 *Ibid.*, p. 199.

118 *Ibid.*, p. 178.

119 O.C., T. I, Vol. 2, p. 122.

120 *Ibid.*, p. 318.

sua pequena comunidade, como no âmbito da grande nação. Se tal é a importância das associações em geral, as associações políticas têm um papel ainda mais preponderante. *As associações políticas podem ser consideradas como grandes escolas gratuitas, aonde todos os cidadãos vêm aprender a teoria geral das associações*[121].

Nos países democráticos, a ciência da associação é a ciência-mãe; do seu progresso depende o de todas as outras. Entre as leis que regem as sociedades humanas, há uma mais precisa e mais clara que todas as outras. Para que os homens permaneçam ou se tornem civilizados, é necessário que entre eles a arte de se associar se desenvolva e se aperfeiçoe na mesma proporção em que cresce a igualdade de condições[122].

Assim, o país mais democrático da terra é atualmente também aquele país onde os homens mais aperfeiçoaram a arte de perseguir em conjunto o objeto de seus desejos comuns e aplicaram ao maior número de objetos esta ciência nova. Tocqueville se pergunta se *será isto um acaso, ou existirá realmente uma relação necessária entre as associações e a igualdade?*[123]

Na verdade, toda a explicação e a argumentação de Tocqueville é para mostrar a necessidade dessa relação. Mas, se esta existe como necessária, só o é porque dela sai uma das mais eficazes garantias da liberdade. *Após a liberdade de agir sozinho, a mais natural ao homem é a de combinar seus esforços com os de seus semelhantes e de agir em comum. O direito de associação parece então quase tão inalienável pela sua natureza quanto a liberdade individual. O legislador não poderia desejar destruí-lo sem atacar a própria sociedade*[124].

MANIFESTAÇÕES CULTURAIS E O ESPAÇO DA POLÍTICA

Para Tocqueville existe uma relação necessária entre a existência das associações e a imprensa. Os jornais seriam a maneira pela qual, tanto as associações quanto qualquer outro agrupamento social ou político poderiam manifestar seus interesses e opiniões. A imprensa seria também aquela forma privilegiada que a sociedade de sua

---

121 O.C., T. I, Vol. 2, p. 123.

122 *Ibid.*, p. 117.

123 *Ibid.*, p. 114.

124 O.C., T. I, Vol. 1, p. 198. É verdade que Tocqueville considera alguns casos de nações em que algum limite à associação deve existir, mas reconhecendo nisto um mal, mesmo quando inevitável. Ver, por exemplo: O.C., T. I, Vol. 2, p. 126.

época encontraria para atingir o maior número de pessoas. Só assim seria possível aos diferentes agrupamentos, pequenos ou grandes, tentar convencer um número cada vez maior de indivíduos para sua causa. Para Tocqueville *os jornais fazem as associações, e as associações fazem os jornais*[125]. Assim, as associações encontram nos jornais aquele veículo de transmissão que mais rapidamente e com maior eficácia pode disseminar, mesmo para fora de sua comunidade, todos aqueles interesses e valores em vista dos quais elas foram fundadas.

Além de enfatizar essa relação entre as associações e os jornais, Tocqueville procura também demonstrar que *os jornais se tornam mais necessários à medida que os homens são mais iguais e se teme mais o individualismo*[126]. Ao trabalhar com a idéia de uma relação necessária entre igualdade, associações e jornais como um dos fatores mais importantes para a preservação da liberdade nas democracias, busca encontrar uma relação quantitativa entre esses elementos. Assim, *se é correto dizer que as associações devem multiplicar-se à medida que as condições se tornem mais iguais, não é menos verdadeiro afirmar que o número de jornais aumenta à medida que as associações se multiplicam*[127].

Desse modo, para Tocqueville, a imprensa funciona ao mesmo tempo como um meio de comunicação entre os associados no interior dos diferentes grupos e uma forma de propaganda de seus interesses, idéias e sentimentos. Pode-se através dela facilitar aquela congregação que impediria os indivíduos de permanecerem isolados e fracos em face da maioria e do Estado.

Como se fosse quase natural, Tocqueville acaba por juntar a essas relações necessárias ainda outra, associando *o estado da imprensa periódica à forma de administração de um país*. Isto é, *o número de jornais deve diminuir ou crescer num povo democrático à proporção que a*

---

125 O.C., T. I, Vol. 2, p. 119.

126 *Ibid.*, p. 118.

127 *Ibid.*, p. 119. "Um jornal só pode subsistir quando tiver condições de reproduzir uma doutrina ou um sentimento comum a um grande número de homens. Assim, um jornal representa sempre uma associação na qual seus leitores habituais são os membros" (*ibidem*, p. 120). Cf., também, *ibid.*, p. 121: "O jornal representa a associação; pode-se dizer que ele fala a cada um de seus leitores em nome de todos e os seduz mais facilmente na medida em que são mais frágeis. Por isso o império dos jornais deve crescer à medida que os homens se tornam mais iguais".

centralização administrativa seja maior ou menor. Isto porque, desenvolvendo a grande maioria dos cidadãos uma atividade administrativa qualquer, eles têm a necessidade de ser informados cotidianamente de tudo o que acontece no setor público. Desta forma, *quanto mais os poderes locais forem numerosos, maior será o número daqueles que a lei chama para exercê-los, e quanto maior esta necessidade se fizer sentir em cada momento, mais aumenta a variedade de jornais.*

Na América, explica Tocqueville, é este *fracionamento extraordinário do poder administrativo, mais ainda que a grande liberdade política e a independência absoluta da imprensa, que multiplica tão singularmente o número de jornais*[128]. A variedade de jornais não seria, portanto, apenas uma conseqüência da situação da liberdade em um país; seria também representativa da presença, em tal país, de práticas garantidoras da liberdade.

Assim como destaca a importância da descentralização administrativa, Tocqueville não pode deixar de salientar a questão da independência da imprensa para a preservação da liberdade dos cidadãos. Ele confessa não ter *um amor total e instantâneo* pela liberdade de imprensa, mas afirma que a ama sobretudo *em consideração aos males que ela evita, mais do que aos bens que ela traz*[129]. Não é, pois, defendendo-a de uma forma genérica que irá abordar o problema. Nas democracias, em que reina o *dogma da soberania do povo*, ela é absolutamente necessária. Nelas, qualquer tipo de censura seria não *apenas um perigo, mas um grande absurdo*[130].

Ao se tornarem cada vez mais iguais, e à medida que todos igualmente têm o direito de governar a sociedade, os homens necessitam que todos também possam escolher livremente como fazê-lo. Como as opiniões de seus concidadãos variam, é preciso que cada um tenha a oportunidade de conhecê-las para poder saber que caminho seguir. *A soberania do povo e a liberdade de imprensa são corre-*

---

128 O.C., T. I, Vol. 2, p. 119.

129 O.C., T. I, Vol. 1, p. 185.

130 *Ibid.*, p. 186. Tocqueville cita também outras situações em que a liberdade de imprensa é absolutamente necessária: "Em certas nações que se consideram livres, cada um dos agentes do poder pode impunemente violar a lei sem que a Constituição do país dê aos oprimidos o direito de se queixar diante da justiça. Entre esses povos não se deve mais considerar a independência da imprensa como uma das garantias, mas como a única que resta da liberdade e da segurança dos cidadãos" *(ibidem)*.

lativas: a censura e o voto universal são, ao contrário, duas coisas que se contradizem[131].

Para Tocqueville, se a imprensa já representa uma enorme força, quando ela é independente seu poderio é ainda maior. Isto não significa, entretanto, que a liberdade de imprensa seja uma boa coisa em toda parte, ou que ela produza necessariamente bons jornais e bons jornalistas, mas, é claro, numa democracia ela ajuda os cidadãos a serem livres. *Na América*, diz ele, *como na França, a imprensa é uma potência extraordinária, tão estranhamente misturada de bons e maus aspectos, que sem ela a liberdade não saberia viver e com ela a ordem mal se manteria.* Pois *na América a imprensa tem os mesmos gestos destruidores que na França e a mesma violência sem as mesmas causas de cólera*[132]. Mas, *em matéria de imprensa não há meio-termo entre a servidão e a licença. Para colher-se os bens inestimáveis que a liberdade de imprensa assegura, é necessário saber submeter-se aos males inevitáveis que ela faz surgir*[133].

Poderíamos destacar como significativos, num país livre e democrático, dois aspectos fundamentais da liberdade de imprensa. Por um lado, Tocqueville salienta *seu poder não apenas sobre as opiniões políticas, mas sobre todas as opiniões dos homens. Ela não modifica apenas as leis, mas os costumes*[134]. Por outro lado, a liberdade de imprensa é das maiores garantias de que não se cercearão outros tipos de manifestação de opiniões. A liberdade de imprensa seria aquele ponto vital em que estaria concentrada toda a liberdade de expressão em geral, pois pareceria bastante improvável que se mantivesse num povo um cerceamento das letras e das artes em geral, deixando-se a imprensa livre.

Com relação ao primeiro aspecto, isto é, pela sua capacidade de modificar leis e costumes, a liberdade de imprensa seria um dos fatores mais dinâmicos nas sociedades democráticas; com relação ao segundo, seria sobretudo uma garantia de que a dinâmica que ela própria impulsiona não se perderia. Ambos envolvem as questões das crenças, da educação e do progresso.

---

131 O.C., T. I, Vol. 1, p. 187.

132 *Ibid.*, p. 187-8.

133 *Ibid.*, p. 188.

134 *Ibid.*, p. 185.

É interessante notar a relação que Tocqueville estabelece, nos Estados Unidos, entre a liberdade de expressão em geral e a severidade, sob o aspecto moral, de algumas de suas leis e costumes. De fato, ele reconhece que nada é mais difícil do que fazer os americanos mudarem de idéia. O mesmo fenômeno foi por ele observado *na Inglaterra, o país da Europa onde, durante um século, se viu a maior liberdade de pensamento juntamente com os preconceitos mais invencíveis*[135]. É claro que, ao juntar esses elementos da cultura americana, ele acaba por ser obrigado a pensar a democracia e a liberdade nos Estados Unidos à luz da importância que o protestantismo teve na formação de seu povo.

Ao explicar o papel que a religião desempenhou nos costumes dos ingleses e dos americanos e sua relação com a Liberdade, Tocqueville preocupa-se em salientar a importância dos valores morais de fundo religioso para o sucesso da democracia nos Estados Unidos. Apesar de defender uma tese genérica de que liberdade e bons costumes caminham juntos, esclarece no entanto que, no caso do povo americano, este teria já condições especiais, dadas pela ética protestante, para encarar os problemas que uma total liberdade de expressão pode acarretar.

Na medida em que, em suas análises sociais e políticas, os costumes têm um papel preponderante, mais do que qualquer outro fator, para explicar a organização da nação e do Estado, não pode deixar Tocqueville de mostrar a enorme influência que exerce a religião sobre os costumes, particularmente no exemplo americano.

Assim, embora a liberdade de expressão aparecesse a Tocqueville como um valor dos mais significativos para a manutenção da liberdade, ao trabalhar o seu conceito de democracia com liberdade precisa esclarecer o quanto o sucesso da democracia na América se deve aos costumes de um país onde os valores morais são fortemente norteados pela religião protestante. Neste caso, é fácil para ele mostrar como, sem haver qualquer tipo de censura estabelecida, aquele povo se impede de realizar manifestações que lhe pareçam contrárias aos seus princípios morais. Assim, por exemplo, *os americanos, cujas leis autorizam a liberdade e mesmo a permissividade da palavra em todas as coisas, têm, apesar disso, submetido os autores dramáticos a uma espécie de censura. As representações teatrais só podem ocorrer quando os ad-*

135 O.C., T. I, Vol. 1, p. 192.

ministradores da comuna as permitem. Isto mostra bem que os povos são como os indivíduos. Eles se abandonam sem preocupação às suas paixões principais, e em seguida tomam o cuidado de não ceder muito, de modo que sejam arrastados a gostos que não têm[136].

Dentro dessa perspectiva, é óbvio que Tocqueville se preocupe com o que poderia haver nessa moralidade de um despotismo da maioria, mas, de outro ponto de vista, isto significa também que o próprio povo decide todo o tempo sobre o que lhe convém ou não. Isto não deixa, é claro, de ser um limite que se impõe à liberdade, mas é um limite que os próprios cidadãos livres constroem para si mesmos. Isto é, são limites à sua liberdade que impedem a anarquia e permitem que a democracia se estabeleça com liberdade. Pensa Tocqueville que, nas novas sociedades democráticas, os homens *farão freqüentemente uso da sua razão individual; mas (estou) longe de acreditar que a usarão abusivamente*[137]. Como a tendência nos povos democráticos vai em geral no sentido contrário, isto é, a longo prazo, estes estabeleceriam *limites não apenas fixos, mas também estreitos à independência individual do pensamento*, Tocqueville vê na liberdade de expressão um dos fatores que mais precisariam ser preservados para a manutenção da liberdade[138]. Mais difícil se torna ainda esta preservação na medida em que, sendo as manifestações do espírito, científicas e artísticas, como a *literatura de uma nação*, elas estão sempre subordinadas *a seu estado social e à sua constituição política*[139].

Assim, mais uma vez vemos como Tocqueville considera as manifestações culturais de um povo como inseparáveis de sua situação mais ou menos igualitária e de sua configuração política no tocante à liberdade. Como o estado social e a constituição política de um povo acabam por ser definidos sobretudo pelos seus costumes, percebe-se o quanto, para ele, a religião e, de um modo geral, as crenças – dada a enorme influência que exercem sobre os costumes – são significativas para o estabelecimento e a preservação da liberdade. Afinal, *não se pode estabelecer o reino da liberdade sem o dos costumes, nem estabelecer os costumes sem as crenças*[140].

---

136 O.C., T. I, Vol. 2, p. 88.

137 *Ibid.*, p. 15.

138 *Ibidem.*

139 *Ibid.*, p. 65.

140 O.C., T. I, Vol. 1, p. 9.

RELIGIÃO, PRINCÍPIOS, VALORES

Tocqueville confere um grande papel à religião como fator importante de harmonia para a liberdade política. Na verdade, para ele, as crenças, que criam valores e fazem nascer os princípios, são absolutamente necessárias numa sociedade democrática. O próprio princípio democrático não nasce, em parte pelo menos, da crença de que os homens são iguais? *Ao lado de cada religião se encontra uma opinião política que, por afinidade, a ela se uniu. Deixai o espírito humano seguir sua tendência, e ele regulará uniformemente a sociedade política e a cidade divina; ele procurará (se ouso dizê-lo), harmonizar a terra com o céu*[141].

Com freqüência mistura Tocqueville, propositadamente aliás, as idéias, os valores e os princípios políticos com os religiosos. Algumas vezes detecta na ação política dos homens uma inspiração de cunho nitidamente religioso e aponta na ação de religiosos uma orientação baseada em valores de caráter político. Confunde-se assim muitas vezes patriotismo com religião e defesa de uma crença com a defesa da nação.

Desse modo, afirma Tocqueville, *certos povos que fizeram grandes esforços para defender a pátria em que viviam, por assim dizer, como estrangeiros*, na verdade, *tinham quase sempre como principal móvel a religião. A permanência no solo pátrio, a glória e a prosperidade da nação haviam-se tornado para eles dogmas sagrados e, defendendo sua pátria, defendiam também a cidade santa na qual eram todos cidadãos*[142]. Da mesma forma que, por exemplo, *nos Estados Unidos, o zelo religioso se aquece sem cessar na chama do patriotismo*, os religiosos que nesse país trabalham, não o fazem apenas considerando *a outra vida. A eternidade é apenas uma de suas preocupações*, pois constantemente *os ouviremos falar dos bens deste mundo e encontraremos políticos onde pensávamos ver apenas religiosos*[143]. Assim, a própria ação dos religiosos transforma-se em política, do mesmo modo como a ação dos políticos está impregnada de religiosidade.

Para ele, *a maior garantia da estabilidade do Estado e da segurança dos particulares é devida ao respeito pela religião*, como afirma fazen-

---

141 O.C., T. I, Vol. 1, p. 301.

142 *Ibid.*, p. 94.

143 *Ibid.*, p. 307.

do suas as palavras de um de seus entrevistados, um homem comum americano. Mas, mais significativo ainda é o fato de esta idéia estar aliada à de que *uma sociedade livre não pode subsistir sem religião*[144].

No caso dos americanos, em especial, é verdade que *a religião não se mistura jamais diretamente ao governo da sociedade, mas deve ser considerada como a primeira de suas instituições políticas; pois, se ela não lhes dá o gosto da liberdade, facilita singularmente o seu uso*[145]. Reconhece, entretanto, Tocqueville, esta característica como específica dos Estados Unidos, pois na França o *espírito de religião e o espírito de liberdade caminham quase sempre em sentido contrário*, enquanto na América *eles se encontram intimamente unidos*[146].

Em várias passagens de suas obras, Tocqueville estende-se longamente sobre essa relação entre liberdade e religião. Sua preocupação é enorme, na medida em que conclui ser a religião de grande importância para os bons costumes que mantêm a liberdade do povo americano. Não pode deixar de se questionar quanto às diferenças entre os Estados Unidos e a França, o protestantismo e o catolicismo[147]. No primeiro caso, ou seja, nos Estados Unidos, salienta a separação entre as igrejas e o Estado, a distância entre o poder e a religião, ao lado do enorme fervor religioso e da imensa liberdade de seu povo. No caso francês, entretanto, a Igreja, além de estar constantemente aliada ao Estado, sempre andou ao lado do poder, confundindo-se com ele, a ponto de ser vista pelo povo como inimiga da liberdade[148].

Explicavam os filósofos do século XVIII que o zelo religioso se apagaria à medida que a liberdade e as luzes aumentassem[149]. Mas na América observa-se o contrário, pois *é a religião que leva às luzes; é a observância das leis divinas que conduz o homem à liberdade (...) O seu*

144 O.C., T. II, Vol. 1, p. 205.

145 O.C., T. I, Vol. 1, p. 306.

146 *Ibid.*, p. 309.

147 "Se o catolicismo prepara os fiéis para a obediência, não os prepara para a desigualdade. Eu diria o contrário do protestantismo, que, em geral, conduz os homens muito mais em direção à independência do que em direção à igualdade" (*ibid.*, p. 302).

148 É verdade que durante a Revolução de 1789 o baixo clero esteve na maioria das vezes aliado aos revolucionários, mas Tocqueville refere-se, neste caso, à Igreja enquanto instituição.

149 *Ibid.*, p. 308.

povo soube incorporar de algum modo o espírito de religião e o espírito de liberdade[150].

Essa situação americana fascina Tocqueville, que a vê como exemplar. Embora saiba que o puritanismo dos fundadores da Nova Inglaterra é em parte responsável pelos bons costumes daquele povo, procura mostrar, também, que os católicos que habitam os Estados Unidos souberam, por seu lado, ser *a um só tempo os fiéis mais submissos e os cidadãos mais independentes*[151].

Assim, na democracia americana, a religião, longe de ser um empecilho à liberdade, caminha de bom grado ao seu lado. *A liberdade vê na religião a companheira de suas lutas e de seus triunfos, o berço de sua infância, a fonte divina de seus direitos. Ela considera a religião como protetora dos costumes e os costumes como garantia das leis e penhor de sua própria permanência*[152].

Tocqueville considera ainda que, ao estabelecer essa relaçao entre religião e liberdade, à medida que a igualdade avança, a existência de alguma crença torna-se cada vez mais necessária para que a liberdade não se perca. Além de democracia e religião não serem incompatíveis, a presença de uma seria benéfica ao bom desenvolvimento da outra, pois ajudaria a manter uma igualdade de homens livres.

Os homens teriam dificuldade, segundo ele, em *suportar ao mesmo tempo uma completa independência religiosa e uma inteira liberdade política.* Tocqueville afirma que foi *levado a pensar que, se um homem não tem fé, é necessário que ele sirva, e se é livre, é preciso que creia.* E chega mesmo a indagar *se esta grande utilidade das religiões não é ainda mais visível nos povos em que as condições são iguais do que em qualquer outro*[153].

De qualquer forma, é nos povos democráticos que mais se precisa manter a religião afastada do Estado e os religiosos longe do poder. Para Tocqueville, à medida que uma nação se democratiza, torna-se cada vez mais perigoso unir a religião à autoridade. Por outro lado, *é quase inevitável impedir os perigos que correm as crenças, quando seus intérpretes se misturam aos negócios públicos.* Assim, Tocqueville

---

150 O.C., T. I, Vol. 1, p. 41-42.

151 *Ibid.*, p. 303.

152 *Ibid.*, p. 43.

153 O.C., T. I, Vol. 2, p. 29.

está convencido de que *é necessário conservar o cristianismo no seio das novas democracias*, contudo preferiria *manter os padres nas igrejas a deixá-los sair*[154]. Para ele, o que é perigoso não é uma indiferença política por parte dos ministros religiosos, mas a aproximação destes da autoridade e do poder do Estado.

Ao falar da necessidade da existência de crenças numa sociedade democrática, embora não esteja se referindo a nenhuma fé específica, Tocqueville acaba por enfatizar as vantagens do cristianismo para a democracia. Isto talvez se deva ao fato de tomar como exemplo o caso americano e de sempre se preocupar em alertar os franceses. Assim, procura buscar quais são efetivamente as vantagens que os valores desta religião poderiam trazer para o bom desenvolvimento de uma democracia.

Ao defender a necessidade da existência dessa ou de outras crenças numa democracia, Tocqueville procura demonstrar a possibilidade de sua aliança com a liberdade e também mostrar de que modo elas podem trazer correções a alguns males da democracia. Assim, por exemplo, a religião seria a arma mais eficaz para diminuir a grande tendência dos povos democráticos a buscar o bem-estar e os gozos materiais. A religião impediria que essa procura se tornasse perniciosa, sem retirar de tais povos sua natural tendência a uma vida mais amena. Pois, se *dermos aos povos democráticos luzes e liberdade*, eles retirarão facilmente deste mundo todos os bens que ele pode oferecer; aperfeiçoarão cada uma das artes úteis e tornarão todos os dias a vida mais cômoda, mais confortável, mais suave; seu estado social os impulsiona naturalmente nessa direção[155].

Essa capacidade de produzir para criar o bem-estar, pensa Tocqueville, favorece o gosto pelos gozos materiais e *logo dispõe os homens a acreditar que tudo é apenas matéria*; *e o materialismo, por sua vez, acaba por desenvolver uma paixão insensata por estes gozos*. A religião aparece então como uma salvação, para evitar que este ciclo fatal pelo qual podem passar as nações democráticas se complete. *A maior parte das religiões consiste apenas em meios gerais, simples e práticos de ensinar aos homens a imortalidade da alma. É esta a maior vantagem que um povo democrático tira das crenças, o que as torna mais necessárias a tal povo do que a qualquer outro*[156].

---

154 O.C., T. I, Vol. 2, p. 153.

155 *Ibid.*, p. 150.

156 *Ibid.*, p. 151.

EDUCAÇÃO E PRÁTICA POLÍTICA

Apesar da importância que Tocqueville atribui à religião como aliada da liberdade enquanto elemento que contribui para os bons costumes, sobretudo no combate ao excesso de utilitarismo para o qual tendem os povos democráticos, é na liberdade de educação e no alargamento do aprendizado que vê a maior barreira à preocupação demasiada dos homens com seu bem-estar e com seu interesse individual. *Se, tornando-se iguais, os cidadãos permanecessem ignorantes e grosseiros, seria difícil prever o grau de estúpido excesso a que os poderia levar seu egoísmo, e não saberíamos dizer em que vergonhosas misérias eles mergulhariam, com medo de sacrificar um pouco do seu bem-estar à prosperidade de seus semelhantes.* Mas, pensa Tocqueville, basta fazê-los ver algumas verdades evidentes, para que tal tendência seja corrigida. Assim, por exemplo, os americanos souberam fazer bom uso do interesse de cada um pelo seu próprio bem-estar, na medida em que foram capazes de perceber que ele depende também do bem-estar dos outros. Basta, portanto, que os homens sejam esclarecidos. Aliás, é necessário que o *sejam a todo custo, pois já vai longe a época dos devotamentos cegos e das virtudes instintivas e se aproximam os tempos em que a liberdade, a paz pública e a própria ordem social não poderão passar sem luzes*[157].

Contudo, ser esclarecido, para Tocqueville, significa não apenas adquirir conhecimentos advindos do estudo, como também ter uma experiência de participação nos negócios públicos. Assim, para um povo ser esclarecido, é tão necessário que ele seja instruído, do ponto de vista da escolaridade – aprendizado formal, visando a aquisição de conhecimentos gerais –, quanto é fundamental a existência de um outro tipo de conhecimento, que só a prática política pode dar. Considera Tocqueville que, embora ambos precisem desenvolver-se concomitantemente, é sobretudo o segundo o mais eficaz para a educação de um povo livre, já que *as verdadeiras luzes nascem principalmente da experiência*[158].

Não basta, para Tocqueville, que os homens aprendam simplesmente a ler e a escrever para se tornarem cidadãos, embora esses, tal como outros conhecimentos, sejam absolutamente necessários à manutenção da liberdade. Tocqueville descreve com muita

157 O.C., T. I, Vol. 2, p. 130.

158 O.C., T. I, Vol. 1, p. 318.

admiração o bom senso dos americanos e sua consciência de cidadania. Cada cidadão desse povo sabe *quais são seus direitos, quais são os meios que deve utilizar para exercê-los, o que se passa no mundo político, quais são as regras da administração e o mecanismo das leis que lhes são familiares. Tais conhecimentos, o habitante dos Estados Unidos não os aprendeu nos livros. É participando da legislação que o americano aprende a conhecer as leis; é governando que ele se instrui sobre as formas de governo.* É bom para a liberdade que *o conjunto da educação dos homens seja dirigido para a política*[159].

É verdade que, *nas sociedades democráticas, tanto o interesse dos indivíduos quanto a segurança do Estado exigem que a educação da maioria seja científica, comercial ou industrial mais do que literária.* Mas é verdade, também, que *um estudo pode ser útil à literatura de um povo e não ser apropriado às suas necessidades sociais e políticas*[160]. O que significa, para Tocqueville, que a instrução de um povo democrático precisa ser livre, e não deve de maneira nenhuma ser controlada pelo Estado, nem por uma só e única crença.

Essa liberdade de ensino é por ele defendida sobretudo em relação ao Estado, embora por vezes possa até declarar-se a favor da instrução pública pela vantagem de atingir todos os indivíduos, mesmo os mais pobres[161]. Realmente, o que Tocqueville não aceita é o monopólio do ensino pelo Estado ou por qualquer outra instituição. À liberdade só pode interessar um ensino amplo, variado e livre.

Desse modo, aliando o aprendizado prático de uma vida política a um ensino amplo e livre, os homens conseguirão, segundo Tocqueville, construir uma nação em que possam permanecer livres. *Se em todos os tempos o saber serve aos homens para defender sua independência, isto é verdade sobretudo nos séculos democráticos. É fácil, quan-*

---

159 O.C., T. I, Vol. 1, p. 318.

160 O.C., T. I, Vol. 2, p. 68.

161 Em carta de 26 de dezembro de 1836, escreve Tocqueville a Kergolay: "Sou como você partidário da escola pública". Ridiculariza, porém, os economistas partidários do *laissez-faire*, por verem na educação pública a única garantia contra o abuso do poder, já que não percebem que esta pode ser uma forma de se aumentar o poder do Estado. É com receio deste crescente poderio do Estado, que intervém cada vez mais na vida dos particulares, que ele se bate contra o projeto de Thiers em 1844. Thiers era um defensor do monopólio do ensino pela Universidade (O.C., T. XIII, Vol. 1, p. 432; Vol. 2, p. 151-2; T. VIII, Vol. 1, p. 164-6 e 537; T. VI, p. 77-8; T. II, Vol. 1, p. 210).

do todos os homens se assemelham, fundar um governo único e poderoso; os instintos bastam. Mas é preciso aos homens muita inteligência, muita ciência e arte, para organizar e manter, nas mesmas circunstâncias, poderes secundários, e para criar, no meio da independência e da fragilidade individual dos cidadãos, associações livres que estejam em condições de lutar contra a tirania sem destruir a ordem. A concentração de poderes e a servidão individual crescerão, pois, nas nações democráticas, não apenas proporcionalmente ao crescimento da igualdade, mas em razão da ignorância[162].

Não é o aprendizado, a educação em geral que, para Tocqueville, pode levar os homens a ser cidadãos; eles poderão sê-lo mesmo na ignorância, mas, para serem cidadãos livres de uma nação livre, é preciso que aliem a uma instrução geral livre a participação nos negócios públicos. Existe, portanto, um perigo de tirania quando um povo democrático não é esclarecido, pois, *por mais grosseiro que este povo seja, o poder central que o dirige jamais é totalmente privado de luzes*. À medida que esta diferença entre a capacidade intelectual de um e de outro aumenta, *o poderio administrativo do Estado se estende sem cessar, pois apenas ele será suficientemente capaz para realizar a administração*[163].

3. O HOMEM DEMOCRÁTICO LIVRE

Para Tocqueville, é *mais importante que o soberano se ocupe em fazer grandes homens do que grandes obras*[164]. Mas não se pode esquecer que são outros os valores da democracia. Esta acarreta outros bens e outros males que lhe são próprios[165]. É, portanto, um novo homem livre para a nova ordem democrática com liberdade que Tocqueville começa a vislumbrar.

Por isso, é preciso encarar os novos valores nascidos da democracia, que podem aparecer como uma ameaça à liberdade, e verificar em que medida eles podem ser também salutares. *Na Europa, estamos habituados a considerar como um grande perigo social a inquietu-*

---

162 O.C., T. I, Vol. 2, p. 306.

163 *Ibid.*, p. 306-7.

164 *Ibid.*, p. 334.

165 *Ibid.*, p. 338.

de do espírito, o desejo imoderado das riquezas, o amor extremo da independência. São precisamente estas coisas que garantem às repúblicas americanas um futuro longo e pacífico (...) Na América, nenhum conhecimento é suficiente, pois todos os conhecimentos, ao mesmo tempo em que podem ser úteis àquele que os possui, ainda vêm em proveito daqueles que não os têm. Não é preciso temer as novas necessidades, pois todas serão satisfeitas sem dificuldade: não é preciso temer o nascimento de paixões em demasia, porque todas encontram um alimento fácil e salutar; jamais neste país a liberdade dos homens poderá tornar-se excessiva, pois quase nunca são tentados a fazer mau uso da liberdade. No entanto, é preciso lembrar que: *as paixões que agitam mais profundamente os americanos são as paixões comerciais, e não as paixões políticas, mais do que isso, eles transportam para a política os hábitos do negócio*[166].

ATIVIDADE ECONÔMICA E LIBERDADE

Uma vez que o processo de industrialização numa sociedade democrática apresenta tantos problemas, a melhor forma de resistir a esses males é saber usar a liberdade. *Somente a liberdade pode combater eficazmente, nesta espécie de sociedade, os vícios que lhe são inerentes, e detê-los no plano inclinado por onde deslizam em direção ao individualismo e à sujeição. Com efeito, só a liberdade pode retirar os cidadãos do isolamento em que a própria independência de sua condição os faz viver para obrigá-los a se aproximarem uns dos outros, animando-os e reunindo-os a cada dia pela necessidade de se entenderem, de se persuadirem e se agradarem mutuamente na prática de negócios comuns. Só a liberdade é capaz de arrancá-los ao culto do dinheiro e aos pequenos aborrecimentos cotidianos de seus negócios particulares para que, sem cessar, percebam e sintam a pátria acima deles e ao seu lado. Só a liberdade, vez por outra, substitui o amor do bem-estar por paixões mais enérgicas e elevadas, fornecendo à ambição objetivos maiores que a aquisição das riquezas e criando a luz que permite enxergar e julgar os vícios e as virtudes dos homens*[167].

Tocqueville termina por mostrar que a própria atividade industrial está harmonicamente ligada à liberdade. Verificando que, na história da humanidade, onde quer que se encontrasse um povo

---

166 O.C., T. I, Vol. 1, p. 297-8.

167 O.C., T. II, Vol. 1, p. 75.

manufatureiro e comerciante quase sempre ele era também livre, estabelece *uma relação necessária entre estas duas coisas: liberdade e indústria (...) A liberdade, nestas épocas, é particularmente útil à produção de riquezas e, ao contrário, o despotismo é seu inimigo. Assim os homens dos tempos democráticos têm necessidade de ser livres, a fim de conseguirem mais facilmente os prazeres materiais pelos quais suspiram sem cessar*[168]. Os americanos oferecem, neste caso, um bom exemplo, pois são capazes de se ocupar tanto de seus interesses privados, quanto das coisas públicas, com o mesmo entusiasmo e seriedade. *O habitante dos Estados Unidos parece tão animado pela cupidez mais egoística quanto pelo patriotismo mais vivo. Os americanos, na verdade, vêem na sua liberdade o melhor instrumento e a melhor garantia de seu bem-estar. Amam estas duas coisas, uma em virtude da outra. Por isso, de nenhuma maneira poderiam eles pensar que ocupar-se de assuntos públicos não é de seu interesse; pelo contrário, acreditam que sua atividade principal seja a de assegurar por eles próprios um governo que lhes permita adquirir os bens que desejarem e que não os impeça de gozar em paz o que adquiriram*[169].

REVOLUÇÃO E CIDADANIA

Assim, para o cidadão, deixam de ser solicitações antagônicas cuidar do interesse privado e participar das atividades da política. Pois, como duas faces de uma mesma moeda, constituem momentos inseparáveis de um mesmo processo contínuo através do qual se realiza a democracia sem comprometer a liberdade. Garantir o bom desenrolar desse processo é não apenas o dever, mas a tarefa cotidiana dos cidadãos. Dessa forma é que Tocqueville desenvolve sua idéia sobre a cidadania no moderno mundo democrático e livre.

Ao analisar as revoluções reconhece que apenas algumas grandes revoluções puderam realmente transformar súditos em cidadãos livres. Dentre elas, para Tocqueville, as revoluções inglesas e a americana atingiram seus objetivos melhor que a Revolução Francesa. Isto porque vê nas primeiras revoluções que tinham uma pretensão maior em libertar do que igualar, enquanto em 1789, embora se falasse em liberdade e igualdade, embora se tivesse conquistado um

---

168 O.C., T. I, Vol. 2, p. 146.

169 *Ibid.*, p. 148.

alargamento da cidadania para um maior numero de indivíduos, o processo revolucionário acabou por retirar a liberdade desses cidadãos. Esta revolução, que no seu primeiro momento *dividia igualmente seu coração entre a igualdade e a liberdade, que não queria apenas fundar instituições democráticas, mas também livres, não apenas destruir privilégios, mas reconhecer e consagrar direitos*, acabou por *transformar todos os franceses igualmente em servidores do senhor do mundo*, dando nascimento a um governo mais forte e muito mais absoluto do que aquele que a revolução havia derrubado. Na verdade, *ele concentrou todos os poderes, suprimiu todas aquelas liberdades que tanto custaram a ser obtidas e colocou em seu lugar imagens vãs, chamando de soberania os sufrágios de eleitores que não podiam nem indagar, nem se esclarecer, nem pactuar, nem escolher; chamando assim de voto livre de imposto a anuência de assembléias mudas ou dominadas – um governo que retirou da nação a faculdade de governar-se, as principais garantias do direito, a liberdade de pensar, falar e escrever, quer dizer, o que houve de mais precioso e de mais nobre nas conquistas de 89*[170].

Apesar de seu insucesso, Tocqueville considera que 1789 foi uma revolução necessária dentro do processo democrático, pois do Antigo Regime guardaram-se apenas certas aparências e um estado de espírito que dominavam a vida política, sem que mais nada de real a eles correspondesse. Deste modo havia criado todas as condições para que a revolução se realizasse[171]. Para Tocqueville, as posteriores revoluções de 1830 e 1848 na França são como novos momentos que continuam 1789, como se o processo ainda não tivesse acabado. Por isso, em ambas teme pela liberdade, tendo sempre diante de si o exemplo de 89. Os resultados de 1848 apenas viriam confirmar seus temores.

Não basta, pois, para ele, que se conceda de uma só vez, por meio de uma revolução ou por qualquer outro modo, a cidadania a todos os habitantes de uma nação – é preciso também garantir que esses cidadãos serão livres, que saberão defender os seus direitos e sua liberdade. É por ser contrário a manifestações violentas, mas sobretudo por achar que a maioria das revoluções feitas em nome da

---

170 O.C., T. II, Vol. 1, p. 72.

171 François Furet explora esta idéia no seu artigo sobre *L'ancien régime et la révolution*. Ver Furet, François. *Penser la révolution française*. Paris, Gallimard, 1978.

liberdade e da igualdade não atingem seus objetivos, que Tocqueville se coloca como anti-revolucionário. Por isso é fácil para ele declarar na sua campanha para eleger-se deputado após a revolução de 1848, que *não havia tomado parte nos banquetes porque não queria revoluções*[172].

Os povos mais democráticos têm, entre outras, esta vantagem sobre os demais: também eles não querem revoluções. Justamente por esses povos democráticos já serem mais igualitários e desejarem ser prósperos e livres, as revoluções aparecem-lhes como empecilhos à sua existência pacífica, necessária ao bom andamento de seu progresso. Como a grande maioria das revoluções é feita para *consagrar ou destruir grandes desigualdades*, dificilmente um povo democrático tem necessidade de revoluções. Ao contrário, *a maioria dos cidadãos não vê claramente o que poderia ganhar com uma revolução, e sente a cada instante e de mil maneiras o que poderá perder*[173]. Pois outra vantagem da democracia é que *ela favorece a prosperidade e o bem-estar do maior número de pessoas* e, por isso mesmo, estas só poderiam ter interesse em revoluções caso não fossem livres. Desse modo, entre os povos democráticos, caso houvesse revoluções, estas só seriam realizadas com fins libertadores[174]. Isto é, revoluções políticas, mais do que sociais, já que a liberdade só pode ser alcançada no espaço da política. É quase certo que numa sociedade democrática, as revoluções não fossem necessárias para se ampliar a igualdade, mas talvez elas o fossem para a conquista ou mesmo para a manutenção da liberdade do cidadão.

---

172 O.C., T. XII, p. 10.

173 O.C., T. I, Vol. 2, p. 259-60.

174 "Nenhuma forma política foi descoberta, até então, que favorecesse igualmente o desenvolvimento e a prosperidade de todas as classes que compõem a sociedade. Essas classes têm continuado a existir, dentro de uma mesma nação, como se fossem diferentes nações e a experiência tem provado que era quase tão perigoso entregar completamente a qualquer uma delas a sorte das outras, como fazer de um povo o árbitro dos destinos de outro povo. Quando os ricos governam, o interesse dos pobres está sempre em perigo e quando os pobres fazem a lei é o interesse dos ricos que corre grandes riscos. Qual é então a vantagem da democracia? A vantagem real da democracia não é, como se diz, favorecer a prosperidade de todos, mas apenas servir ao bem-estar da grande maioria" (O.C., T. I, Vol. 1, p. 243).

O CIDADÃO DEMOCRÁTICO LIVRE

Desse modo, o exemplo do novo cidadão, aparentemente livre, numa democracia com liberdade é, para Tocqueville, esta figura de homem moderno, às voltas com a produção industrial, em busca da riqueza e do bem-estar, preocupado com os seus negócios particulares e desta forma ameaçado de ser individualista em face da sociedade e independente em face do Estado. Por outro lado, no entanto, este mesmo homem, enquanto cidadão livre, interessa-se pelas coisas públicas, organiza-se em associações em defesa dos interesses do seu grupo comunitário, está atento às leis do seu país, procura interferir na sua elaboração, participa da administração pública, manifesta-se livremente pela imprensa ou livremente se utiliza de qualquer outro tipo de comunicação e, sobretudo, luta, de todas as formas possíveis, pelos seus direitos e pela sua liberdade.

Extremamente importante é o fato de que esse homem acredita que os seus compatriotas lhe são iguais e que é livre para dispor de sua vida. Os únicos empecilhos à sua ação são ditados pela sua moral particular, determinada pelas suas crenças e princípios. Entre eles, há os que, sendo sem dúvida os mais importantes, constituem o próprio fundamento de sua sociedade: a igualdade e a liberdade. É, portanto, graças a essas crenças e princípios e por meio de sua ação política constante que os cidadãos adquirem bons costumes, responsáveis primordiais pelo sucesso de uma democracia com liberdade.

Uma vez que esse é, para Tocqueville, o retrato do cidadão livre de uma nação democrática livre, não há por que realmente se preocupar com a questão de quem são os cidadãos. O direito à cidadania aparece-lhe como natural para todos os que vivem numa sociedade democrática. Se nesta ainda existem não-cidadãos, o próprio processo de igualização crescente se encarregará de torná-los a todos, paulatinamente, cidadãos. Por isso não apresenta fórmulas, para aqueles que ainda não a possuem, de como alcançar a cidadania[175].

A tendência maior de Tocqueville, no entanto, vai no sentido de defender a idéia de que sua conquista se faça pacificamente. É

175 No caso dos Estados Unidos, entretanto, adverte para os graves problemas que os americanos irão enfrentar com relação aos escravos. Não por terem que abolir um dia a escravidão e conceder aos ex-escravos a cidadania, mas pelo enorme preconceito racial que aquele povo já desenvolveu para com os negros. Cf. Parte I, "Escravismo e racismo", p. 100.

a ação política constante dos homens, garantida pela liberdade mesmo daqueles que não são cidadãos, que acabará por levar a cidadania a todos.

O importante é que a liberdade exista, mesmo que em determinado momento não exista para todos, mesmo que a democracia não se tenha completado, isto é que todos sejam iguais e livres. Mas, onde ela existe, é ainda mais importante que permaneça. Para ele é mais fácil e melhor para os homens, ao conquistarem a cidadania, com ela se tornarem livres, do que retirar por um momento sequer a liberdade dos cidadãos. Sobretudo é necessário que seus direitos políticos sejam respeitados, e que mesmo os não-cidadãos participem de algum modo politicamente, *unindo desta forma aos olhos do povo o interesse individual ao interesse do país.*

Longe de pretender que, para chegar a esse resultado, se deva conceder de uma só vez o exercício dos direitos políticos a todos os homens, Tocqueville admite, no entanto, *que o mais poderoso meio, e talvez o único, que nos resta para fazer os homens se interessarem pela sorte de sua pátria consiste em fazê-los participar de seu governo.* Para ele, na sua época, *o espírito de cidadania era inseparável do exercício dos direitos políticos*[176]. São estes direitos que, para Tocqueville, representam *a própria virtude introduzida no mundo político*[177].

Assim, o cidadão livre seria, numa sociedade democrática, o grande responsável pela preservação de sua liberdade e da liberdade da própria nação. É desenvolvendo essa argumentação que Tocqueville insiste em afirmar que é só através da ação política constante dos seus cidadãos que numa democracia a liberdade pode ser garantida. Tocqueville não pode deixar de transformar suas idéias num apelo à ação livre dos homens, pois, se a igualdade inevitavelmente pode ser alcançada, a existência da liberdade na igualdade depende do esforço constante e muitas vezes sofrido de todos os cidadãos. Pois só assim serão realmente livres.

---

176 O.C., T. I, Vol. 1, p. 247.

177 "Além da idéia geral de virtude, não conheço nenhuma outra tão bela como a dos direitos, ou melhor, estas duas idéias se confundem. A idéia dos direitos não é outra coisa que a idéia da virtude introduzida no mundo político" (*ibid.*, p. 248).

III

CONCLUSÃO

CIÊNCIA E MANIFESTO

Il faut une science politique nouvelle à un monde tout nouveau[1].

1. A NOVA CIÊNCIA POLÍTICA E O NOVO LIBERALISMO

O PENSAMENTO POLÍTICO de Tocqueville apresenta uma nova visao do liberalismo político. Herda do liberalismo clássico a questão da igualdade e da liberdade, mas procura tratá-la diferentemente. Apesar de sua admiração pelo liberalismo inglês, é difícil afirmar, pois não há referências a esse respeito em sua obra, o quanto poderia ter sido influenciado pelas preocupações de Locke. Critica os pensadores políticos franceses do século XVIII por terem todos, igualmente, apesar de suas diferentes concepções de sistemas políticos, proposto soluções genéricas, pensadas como válidas para a sociedade como um todo. Por mais separados que se encontrem seus sistemas, possuem todos, ele afirma, um ponto em comum: *pensam que convém substituir por regras simples e elementares, fundadas na razão e na lei natural, os costumes complicados e tradicionais que regem a sociedade do seu tempo*[2]. Mas sua crítica mais severa atinge-os mais profundamente por considerá-los inteiramente afastados da prática política, o que levou tais pensadores a construir *teorias gerais e abstratas em matéria de governo*[3].

Talvez porque as teorias de Montesquieu pudessem ser consideradas mais relacionadas com a realidade, Tocqueville estaria sem dúvida mais próximo dele do que de Rousseau ou mesmo do liberal

1 O.C., T. I, Vol. 1, p. 5.

2 O.C., T. II, Vol. 1, p. 194.

3 *Ibid.*, p. 195.

Locke, ou de qualquer outro pensador político que o antecede. Na opinião de alguns comentadores, Tocqueville teria tentado recriar a idéia de Montesquieu sobre a unidade social, a que ele chama de *o espírito geral de uma nação*, ressaltando todos os aspectos da sociedade a partir de uma certa representação da democracia americana[4]. Já logo após a publicação de *De la démocratie en Amérique*, Royer-Collard descreve essa obra como o *Espírito das leis* da democracia americana. Certamente encontra-se muito de Montesquieu nas relações que Tocqueville estabelece entre leis e costumes, na importância que concede a estes e sobretudo na ênfase que imprime às diferenças reais de cada povo. Tocqueville absorve também todas as grandes preocupações e os grandes temas políticos da primeira metade do século XIX, que se encontram em autores tão diversos como Stuart Mill, Saint Simon, Fourier, Proudhon e mesmo Marx. Suas obras são, por tudo isso, uma tentativa constante de resolver o problema crucial do pensamento político clássico, da liberdade e da igualdade, no âmbito da atualidade da sua época.

Considerando a liberdade como a condição mais cara e mais necessária para a existência humana, e partindo de uma visão moderna do mundo, que enfatiza a complexidade como elemento essencial para a compreensão da realidade concreta, Tocqueville procura soluções que sejam reais e factíveis para a questão política fundamental: como fazer coexistir a igualdade com a liberdade.

Três características salientam bem a modernidade de seu pensamento político: os temas tratados e sua relação com as diferentes realidades sociopolíticas de seu tempo; o método de investigação dessas realidades; e a ênfase que coloca na ação e participação dos homens para a construção e manutenção da liberdade.

Quanto aos temas políticos de sua época, Tocqueville parece abordá-los sem uma preocupação mais profunda em realizar uma análise econômica do capitalismo vigente. Sua preocupação central é sempre tratá-los tendo em vista a necessidade de se preservar a liberdade. Mais do que uma opção, esta escolha significa a disposição de enfrentar um problema. A história desse início do século XIX lhe havia mostrado que as promessas da Ilustração eram abstrações não tão facilmente realizáveis. O progresso da igualdade, a

---

4 Aron, Raymond. *Dix-huit leçons sur la société industrielle*. Paris, Gallimard, 1962, p. 70.

democratização e mesmo as luzes não pareciam trazer, necessariamente consigo, a liberdade. Daí por que enfrentar a verdadeira questão política: como preservá-la?

Porém, Tocqueville é também acusado de defender um liberalismo conservador e aristocrático. É verdade que, quanto ao conservadorismo, sem dúvida, Tocqueville toma como ponto de partida temas do pensamento conservador, presentes já no século XVIII, nem por isso seu pensamento representa apenas o resultado natural de uma opção que decorre desses parâmetros. Tocqueville não é apenas mais um conservador. É certo que, do pensamento conservador, guarda temas como a questão da tirania da maioria, uma atitude anti-revolucionária, o aristocratismo, e mesmo o toque romântico de uma visão negativista em face da industrialização e da democratização.

Contudo, à diferença de Burke ou mesmo de Benjamin Constant, que já se referiam à tirania da maioria, mas apenas se limitavam a manifestar seu temor diante dela, ao apontar esse perigo, Tocqueville lembra também ser a força da maioria a única que concede legitimidade ao poder político em uma democracia. Por ser necessária, portanto, para a própria constituição dos poderes nas democracias, é preciso, por isso mesmo, e para que se evite a tirania, constituir formas, criar instituições e sobretudo incentivar a ação dos homens para que não se perca a liberdade.

É interessante notar também que, em sua atitude anti-revolução, Tocqueville não a estende à Revolução Francesa, como o faz toda a reação e o pensamento conservador na primeira metade do século XIX. Pelo contrário, a Revoluçao de 1789 aparece-lhe como necessária, e o que teme justamente é o governo autoritário que a ela sucedeu, como, procura constatar, sucede às revoluções em geral.

Entretanto, é verdade que, apesar de liberal e não obstante reconhecer a democracia como inevitável, Tocqueville é um admirador do que considera como valores e costumes aristocráticos. Embora, como já foi dito, critique a nobreza de seu país por ter perdido o poder político e a condução dos negócios públicos, gostaria muito, sem dúvida, que a burguesia tivesse preservado os valores e costumes aristocráticos na democracia. Tal como o movimento romântico de seu tempo, valoriza o passado e considera que a industrialização pode embrutecer os homens, tornando-os extremamente materialistas, interessados cada vez mais pela busca de seu bem-estar material e movidos tão-somente pelo amor a esses bens. Assim, a democracia poderia impedir o livre desenvolvimento das artes, da filosofia e das *ciências puras*. Sem dúvida possui Tocqueville uma certa nostalgia cultural do Antigo Regime, mas procura em sua obra adequar o que considera as antigas vantagens à nova ordem. Embora não se possa prová-lo, é mesmo bastante possível que Tocqueville tenha tentado elaborar sua teoria sobre a organização dos poderes e a descentralização como uma das formas de salvação das democracias, tomando como modelo a descentralização administrativa e a valorização da comuna no Antigo Regime.

Contudo, e apesar dessas considerações, Tocqueville não é um inimigo da democracia como faz questão de declarar e já foi dito tantas vezes. Na verdade, seu único temor é que a democracia não tenha encantos e sobretudo que ela destrua o que lhe parece ser aquilo em que reside o maior encanto da vida dos homens: sua liberdade[5].

Se a democracia é inevitável, não só ela precisa ser compreendida como também é preciso conhecer e analisar como ela se desenvolve nas diferentes realidades sociopolíticas de seu tempo. Esse conhecimento, para Tocqueville, é praticamente obrigatório, pois opera como a mediação necessária entre a fatalidade, enquanto situação dada *(Providência)* e a ação livre dos homens. Sem dúvida, neste caso Tocqueville aproxima-se bastante da distinção que Stuart Mill faz entre os conceitos de *necessidade* e *irresistibilidade*. Mas é difícil saber, no caso, quem teria influenciado o outro[6]. Em *De la démocratie en Amérique*, Tocqueville já havia insistido nesta idéia de que a *Providência* não havia criado os homens nem inteiramente independentes nem inteiramente escravos, mas que ela havia traçado *ao redor de cada homem um círculo fatal do qual não pode sair: mas no interior dos seus vastos limites, o homem é poderoso e livre*; *e o mesmo*

5 Essa idéia de que a democracia poderia não ter encantos parece muito difundida na época. Veja-se, por exemplo, Stendhal, em *Lucien Leuwen*, que fala da América como um país aborrecido. Considerando a possibilidade de ir morar nos Estados Unidos, seu herói pensa que iria aborrecer-se na América, no meio de homens perfeitamente justos e razoáveis, porém grosseiros, e que só pensariam nos seus *dollars*. Seria-lhe impossível viver no meio de homens incapazes de idéias finas, por mais virtuosos que fossem. Cf. Stendhal. *Lucien Leuwen*. Paris, Gallimard, 1973, Vol. 1, p. 138.

6 Alguns comentadores de sua obra – como por exemplo Pierre Birnbaum, em *La sociologie de Tocqueville* – acreditam que ele tenha sofrido influência do pensamento de Stuart Mill. Ver Parte I, nota 49, p. 79, e Parte IV, nota 29, p. 233.

ocorre com os povos[7]. E não se pode esquecer que *A system of logic*, de J. Stuart Mill, só aparece em 1843. Contudo, é também verdade que, em carta a Mill de 27 de outubro de 1843, comentando sua obra, Tocqueville declara-se impressionado com o que Mill diz sobre a aplicação da lógica ao estudo do homem: *pode-se ver o que o senhor poderia fazer nesse terreno graças à maneira pela qual trata esta eterna e terrível questão da liberdade humana, cuja solução importa não somente à moral, mas à política (...) a distinção que faz entre a necessidade, tal como a compreende, e a* irresistibilidade *lança nova luz sobre a questão*[8].

É verdade que o conceito de *Providência* e o de ação política, este entendido como criador da liberdade, podem parecer contraditórios, pois um fecha os homens numa situação inescapável e só o outro lhes concede a necessária liberdade para transformar a própria situação dada e a história. Talvez os conceitos de *Virtù* e *Fortuna* em Maquiavel estejam mais próximos da discussão tocquevilliana do que os de Stuart Mill. Como a *Fortuna*, vista como a determinação histórica e social em que os homens se encontram, a *Providência* traça esse círculo em volta dos homens. Ambas poderiam ser encaradas como o destino. Ambas também apresentam saídas. De um lado, a *Virtù* apela para todas as capacidades do indivíduo e o faz driblar o destino, de outro, a ação política dos homens os liberta. É verdade que essa liberdade adquirida na luta cotidiana não impede que a *Providência* continue o seu caminho, afinal ela é a vontade de Deus se realizando. Aproximando mais os dois autores, poderíamos talvez dizer que o processo democrático em Tocqueville seria uma *Fortuna* inescapável, enquanto é a *Virtù* dos homens, encarada como a atividade política, que cria a liberdade.

Porém, entre a fatalidade e a liberdade dos homens, abre-se o espaço em que o conhecimento se faz necessário, como condição para a sua ação. Assim, embora concebesse a democracia como um processo universal, Tocqueville coloca-se contra as grandes doutrinas que explicam o mundo e contra os sistemas de explicação da história que fazem tudo depender de um fator apenas[9]. Ao contrário, procura entender as complicadas relações entre o social, o eco-

---

7 O.C., T. I, Vol. 2, p. 339.

8 O.C., T. VI, Vol. l, p. 345.

9 O.C., T. II, Vol. 1, p. 194-5, e O.C., T. XII, p. 84.

nômico e o político e salientar as diferenças que apresentam essas relações em cada situação concreta, permitindo que se compreenda diferentemente a história dos diversos povos.

Tocqueville, quando comparado a outros pensadores políticos desse início de século, apresenta determinadas peculiaridades em seu método de investigação. Assim é que a maneira pela qual analisa e organiza as categorias que retira do real para a criação de seus conceitos faz com que alguns de seus comentadores o comparem a autores mais modernos e sofisticados. Como já foi assinalado, a insistência maior é em relação à semelhança que existe entre seu método de análise e a forma pela qual Max Weber desenvolve sua sociologia compreensiva. Bastaria lembrar, como já foi feito, o exemplo do conceito de democracia que, na obra de Tocqueville é construído como se fosse a elaboração de um *tipo ideal* weberiano. Da mesma forma, para Tocqueville, o comportamento dos homens, seus costumes e seus valores são fundamentais para que se possam compreendê-los. Ao construir seu conceito de democracia ou ao analisar a realidade sociopolítica de um povo, Tocqueville tenta mostrar as relações de sentido entre seus valores, seu comportamento, seus costumes, para poder pintar um quadro das instituições, das leis, do governo ou, numa palavra, da estrutura social e política desse povo e compreender assim suas formas de liberdade. Outros importantes comentadores de suas obras o apontam como um inovador no campo das ciências humanas, comparando a importância de sua contribuição para a ciência política à de Marx para a sociologia e a economia[10].

Mas, se por um lado, segundo esse parâmetro metodológico de Tocqueville, tudo se torna relativo, por outro, a democracia é inevitável, e não se pode esquecer que existe um espaço em que a ação dos homens é livre. Assim, há recomendações gerais que podem ser seguidas. *Instruir a democracia, reanimar se possível suas cren-*

---

10 Alguns autores trabalham bem com esta idéia de semelhança do método de análise de Tocqueville e Weber, e Tocqueville e Marx. Entre estes, salientamos: Mayer, J.P. *Alexis de Tocquevile*; Aron, R. *Dix huit leçons sur la sociologie industrielle*; Birnbaum, P. *Sociologie de Tocqueville*; Zeitlin, I. *Liberty, equality & revolution in A. de Tocqueville*; Gargan, E. *Alexis de Tocqueville. The critical years*; Poggi, G. *Essays on sociogical theories of Tocqueville, Marx and Durkheim*; ou ainda os artigos de Aron, R. sobre Marx e Tocqueville. Ver, também, Parte I, nota 15, p. 64.

ças, purificar seus costumes, regular seus movimentos, substituir pouco a pouco sua inexperiência pelo conhecimento dos negócios (públicos), os seus instintos cegos pela consciência dos seus verdadeiros interesses, adaptar o seu governo às condições de tempo e de lugar, modificá-lo conforme as circunstâncias e os homens – tal é o primeiro dos deveres impostos hoje em dia àqueles que dirigem a sociedade[11].

Com essas recomendações, Tocqueville tenta mostrar a necessidade de, em uma nova situação democrática, construir a liberdade. Os cidadãos ao adquirirem novos conhecimentos, tanto teóricos como práticos, não podem perder de vista sua nova condição de homens iguais e livres. Assim, se esta é a maneira pela qual os dirigentes de uma sociedade democrática devem agir, isto significa também que esta deve ser a ação de todos os cidadãos. Ora, se estas são recomendações que, embora gerais, são práticas, é porque é necessário também que se *desenvolva uma ciência política nova para um mundo inteiramente novo*[12].

Aqui parece residir a contribuição mais fundamental de Tocqueville. Sua obra é inteiramente marcada por uma preocupação essencialmente política, e não se pode compreendê-la sem esta dimensão. É por isso que nela se pode ver, mais do que uma outra versão da sociologia no século XIX, o surgimento de uma *nova ciência política*, no interior da qual ressurge um moderno liberalismo político.

A nova ciência política não é apenas um discurso do que deveria ser a nova ordem. Tocqueville não a propõe apenas como doutrina. Ela parte desta nova ordem democrática de onde retira, para compreendê-la, os elementos significativos que irão construir o próprio conceito de democracia. Não o faz, entretanto, aleatoriamente, nem pretende que em tais elementos se esgote o conceito. Ao contrário, este é construído tendo em vista valores, os que existem na sociedade estudada e aqueles que preocupam o cientista político; no caso de Tocqueville, o mais importante, e o primeiro deles, é a liberdade.

Em suas duas grandes obras políticas de análises de realidade, *De la démocratie en Amérique* e *L'ancien régime et la révolution*, ele percorre esse caminho. Consegue, assim, que se compreenda o

---

11 O.C., T. I, Vol. 1, p. 5.

12 *Ibidem*.

que é, para ele, a democracia, partindo de duas realidades diferentes: a americana, em que a liberdade é mais antiga, e a francesa, em que ela é comparativamente mais recente[13]. Seu fito, na verdade, é apenas um: impedir que a liberdade se perca, mesmo que ela seja uma conquista recente, mesmo que seja por ora para alguns poucos, até que pelo próprio caminhar da democracia atinja a todos, desde que os homens se disponham a lutar por ela.

Assim como foi possível que um novo tipo de conhecimento político atingisse todo o povo nos Estados Unidos, tanto na teoria como na prática, coisa semelhante poderá ocorrer na França, ou mesmo com toda a humanidade[14]. Como para Tocqueville os valores existem e são importantes como parte significativa da realidade, e ele não imagina uma ciência objetiva, desvinculada de valores, a meta que se propõe a atingir é uma futura sociedade em que todos seriam iguais e livres. Pois é verdade que *não se pode ser absolutamente igual sem ser inteiramente livre*[15].

Para que este ideal seja possível, é preciso que os homens, cientistas ou não, conheçam o seu povo, sua história, seus costumes, incluindo-se neles seus hábitos, leis, idéias, opiniões, valores[16]. Estes conhecimentos, mais do que qualquer outro, são absolutamente indispensáveis para a própria ação política de cada cidadão, pois é sobretudo a mudança dos costumes a responsável pelas mudanças mais profundas em uma sociedade. Além disso, por serem os costumes intrinsecamente ligados a valores, é preciso considerá-los tendo em vista este seu aspecto imaterial.

É por isso que, para escapar ao que Tocqueville chama de *excesso de materialismo da Economia Política*, é preciso *reabilitar o espiritualismo em política e, ao mesmo tempo, torná-la popular, fazendo-se sentir sua utilidade*[17]. Ele precisa, por isso, separar a Economia da Política. Para Tocqueville, é como se fosse necessário afastar, do

---

13 O.C., T. I, Vol. 2, p. 305.

14 O.C., T. I, Vol. 1, p. 169.

15 "Uma vez que os homens não podem se tornar absolutamente iguais se não forem inteiramente livres, por conseguinte a igualdade no seu grau mais extremo confunde-se com a liberdade" (O.C., T. I, Vol. 2, p. 102).

16 O.C., T. I, Vol. 1, p. 322-3. Sobre a importância do conhecimento histórico, ver sua comparação do desenvolvimento da nação com o do homem (*ibid.*, p. 26-7).

17 O.C., T. XIII, Vol. 1, p. 361.

campo em que irá se definir uma possível relação harmônica entre a igualdade e a liberdade, a intromissão espúria da propriedade, tal como a trata a Economia Política de seu tempo. Para ele, na verdade, é no âmbito do político, por suas formas e instituições, e no espaço da política, pela ação livre dos homens, que se deverá pensar a relação entre igualdade e liberdade, conservando as conquistas da democracia, mas garantindo ao mesmo tempo a manutenção da liberdade.

Sem dúvida, ele não está tentando construir uma ciência política positiva ou materialista. Pelo contrário, os valores românticos e aristocráticos que o norteiam levam-no mesmo a imaginar que uma sociedade democrática ideal seria aquela em que todos, iguais e livres, cultivassem valores que, para ele, seriam próprios da antiga nobreza, tais como honra, dignidade, amor desinteressado pelas artes e ciências, desprezo por atividades que visassem apenas o lucro etc. Mesmo que as maneiras em que se traduzem tais valores pudessem ser *ilusões sobre a natureza humana, e freqüentemente mentirosas*, Tocqueville afirma que *sentia um nobre prazer em observá-las*[18]. No entanto, é pelo viés específico desses valores que Tocqueville busca construir uma *nova ciência política*.

Na verdade, ao vincular a teoria e as idéias à prática política, ou seja, à ação política dos cidadãos, e delas fazer depender a liberdade, sem dúvida, Tocqueville acrescenta algo ao velho liberalismo político e estabelece também, desse modo, os fundamentos de uma nova maneira de pensar a ciência política. Todos os elementos que compõem a complexa trama social, em sua dimensão econômica, política, de valores etc., são assim encarados pela ótica específica das relações de poder e do ponto de vista da ação política que instaura, conserva ou modifica tais relações, tendo em vista a defesa da liberdade.

É evidente, em toda a obra de Tocqueville, a demonstração da existência de uma correlação determinante entre um princípio democrático e de liberdade e uma prática de democracia com liberdade. A existência de ambos faz parte do mesmo todo e, cada um por si, favorece a existência do outro. Assim como a Constituição americana pode aparecer aos olhos de Tocqueville como uma resposta formal a uma nova problemática da velha teoria liberal, os

18 O.C., T. I, Vol. 2, p. 228.

costumes do uso da democracia, tal como aparecem no Leste dos Estados Unidos, seriam para ele a resposta prática à questão da democracia com liberdade. É fácil, portanto, entender, nesta nova visão da defesa da liberdade, a ênfase que Tocqueville dá à ação, à participação política dos cidadãos.

Todos os temas tratados em sua obra não podem ser compreendidos fora da perspectiva da ação política e da defesa da liberdade como valor que a norteia. Não basta que os cidadãos escolham livremente seus representantes, é preciso que estes, enquanto cidadãos, realmente sejam defensores dos interesses de quem os elegeu. Para que esta garantia exista, o representado deve estar atento aos atos de seu representante, não podendo abandoná-lo depois de escolhido. Esta atenção é sobretudo necessária quando se elaboram as leis, pois estas, para serem acatadas, precisam corresponder à vontade dos cidadãos e ser fiéis aos princípios pelos quais os homens constituíram a nação.

Não basta, ainda, que as leis sejam a expressão da vontade dos cidadãos, elas têm que ser executadas, cumpridas. Também neste caso a vigilância do cidadão é requerida. É necessário que as garantias de todos os cidadãos e mesmo de todos os membros da nação – os seus direitos – sejam respeitados. Não importa se são os menores ou os mais humildes entre eles.

Tocqueville acredita que, quanto mais democrática for uma nação, maior deve ser a atenção dos seus cidadãos, e maior ainda a importância de um poder judiciário independente, e a serviço da liberdade. *É da essência do poder judiciário ocupar-se dos interesses particulares e sem hesitação voltar os olhares para os pequenos objetos que se expõem à sua vista.* Contudo, é ainda da essência desse poder *não vir por si mesmo em socorro daqueles que são oprimidos, mas estar constantemente à disposição do mais humilde entre eles (...) Semelhante poder é, portanto, especialmente aplicável às necessidades da liberdade*[19].

Tocqueville não se limita, no entanto, a colocar a defesa da liberdade somente nestas medidas em que a ação do cidadão é apenas indireta. É a sua participação direta na elaboração e execução dos trabalhos administrativos e políticos que ele destaca como a mais significativa para a defesa da liberdade. Para ele, é um dever do cidadão – aliás é próprio mesmo da cidadania – sua constante pre-

19 O.C., T. I, Vol. 2, p. 177.

sença nos negócios públicos. Além disso, para todos os membros da nação, mesmo os não-cidadãos, alguma forma de participação política constitui um direito que lhes é assegurado e mesmo uma prática aconselhável. Sua presença pode ser manifestada tanto em ocupações administrativas como políticas, que os homens exercem tanto na qualidade de indivíduos isolados como enquanto membros de uma associaçao. De qualquer forma, esta ação dos indivíduos, voltada para a comunidade, fortalece-os em face do poder da sociedade e do Estado e, ao mesmo tempo, serve para que eles conheçam e compreendam melhor as necessidades dos outros, diminuindo assim o que poderia ser uma visão por demais individualista e particularista da comunidade e da nação.

Ambas as ações, indiretas e diretas, visam à defesa da liberdade do cidadão enquanto indivíduo e ser sociopolítico. Para Tocqueville, *as democracias têm necessidade particular de liberdade (...) (e) quando os cidadãos são forçados a se ocupar dos negócios públicos, eles se retiram necessariamente do meio de seus interesses individuais e são arrancados, de tempos em tempos, à contemplação exclusiva de si mesmos*[20].

Mas, para que os cidadãos sejam realmente livres, para que possam atuar nos negócios públicos, opinando, discutindo, optando, tomando decisoes, é preciso também que sejam esclarecidos. Se, por um lado, o entendimento dos assuntos da comunidade e da nação é dado pela própria prática de suas atividades públicas cotidianas, por outro, seu aprendizado é também teórico e variado. Isto é, a educação é para todos e deve ser inteiramente livre.

Realiza assim o cidadão, sem descanso, a defesa de sua liberdade e da dos outros. Nesta garantia da liberdade, que só a ação contínua em sua defesa instaura, é preciso também que a liberdade não seja um privilégio apenas da maioria e nem sequer unicamente dos cidadãos. Apesar de uma das vantagens da democracia ser a defesa dos interesses da maioria, a todos deve-se garantir a possibilidade de sua manifestação[21].

É nessa liberdade de cada um e de todos os outros que se encontra também a defesa da nação. Só se é cidadão livre se a nação for livre. É somente porque a nação precisa ser livre que a sua grandeza se faz necessária. Mas como também não se constroem

---

20 O.C., T. I, Vol. 2. p. 109.

21 *Ibid.*, p. 330.

nações livres com povos oprimidos, é preciso, para que a liberdade seja real, que o seu povo seja soberano. Eis por que a grandeza e a liberdade da nação e do cidadão, ao se confundirem, assentam-se em algo que necessita ser bem real: a soberania popular. Mas é também porque *cada um tem um direito absoluto sobre si próprio que resulta que a vontade soberana só pode emanar da união da vontade de todos*[22].

As instituições livres também são necessárias. Mas somente como garantias da permanência da liberdade, quando, por momentos apenas, o povo ocasionalmente for levado a abandonar sua soberania. Nesses momentos de perigo, as formas podem ajudar para que não se perca inteiramente a liberdade, mas só a soberania popular e a ação constante de cada um fazem realmente um povo democrático livre.

Mas, ao lado dessa discussão sobre o seu método de análise da realidade e de suas soluções para salvar a democracia, Tocqueville afirma que nada disso seria possível se não houvesse um imenso amor à liberdade. Enfim, ele apresenta seu liberalismo como uma paixão. Embora tenha salientado *a necessidade da existência de uma nova ciência política para um mundo inteiramente novo*[23], sua preocupação fundamental talvez não tenha sido tanto construir essa nova ciência como desenvolver uma luta sem fim, na teoria e na prática, em defesa da liberdade. Por isso, sua paixão pela liberdade não é apresentada como uma paixão abstrata e sonhadora, mas como um sentimento, uma idéia, que o impele a agir e lutar politicamente em sua defesa. Encontram-se sobretudo na sua correspondência mais íntima, confissões como a que realiza a seu amigo Eugène Stoffels, numa carta em que procura mostrar as idéias gerais sobre as quais repousa seu programa político em 1836: *eu amo a liberdade mais fortemente e mais sinceramente que você. Você a deseja, se for possível obtê-la sem aborrecimentos... Eu sempre amei a liberdade instintivamente e todas as minhas reflexões levam-me a crer que sem ela não há grandeza moral e política possível por muito tempo. Assim, pois, apego-me à liberdade com a mesma tenacidade que à moralidade e estou prestes a perder um pouco da minha tranqüilidade para obtê-la. E não vou defender, como poderia pensar, teorias radicais e quase revolucionárias. Tenho demonstrado e continuarei a demonstrar um gosto aguçado e ponderado pela liber-*

---

22 O.C., T. II, Vol. 1, p. 62.

23 O.C., T. I, Vol. 1, p. 5.

dade e isto por duas razões: a primeira, que esta é minha opinião mais profunda; a segunda, que não quero ser confundido com estes amigos da ordem que desprezam o livre-arbítrio e as leis para poderem dormir tranqüilos[24].

Vemos então que é por tratar novos temas e abordar os velhos de maneira inovadora que Tocqueville acaba por construir um novo tipo de liberalismo. Assim, às questões clássicas que se colocam ao velho liberalismo, Tocqueville apresentará novas respostas. À questão *para quem* a liberdade, Tocqueville responderá que para os cidadãos, e que o processo igualitário (democrático), juntamente com a luta constante dos homens em defesa da liberdade, se encarregará de transformar todos os indivíduos em cidadãos. E, como a liberdade é, para Tocqueville, a condição natural da existência dos homens, de suas criações, de sua indústria, de sua ciência e arte – de sua vida, enfim , eis *por que* eles devem lutar por ela, eis *para que* a liberdade.

2. O MANIFESTO DEMOCRÁTICO LIBERAL

Como já foi assinalado, a obra de Tocqueville é, sem dúvida, muito mais um apelo à liberdade do que a igualdade. Mas é porque acredita na inevitabilidade da democracia e a julga compatível com a liberdade que se dedica a procurar os caminhos que permitirão que ambas possam andar lado a lado.

Busca Tocqueville, portanto, solucionar com a liberdade, seus princípios, suas formas, mas sobretudo com a luta dos cidadãos na sua defesa, os problemas que a igualdade apresenta, ou que poderá apresentar no futuro. Ele procura *considerar que espécie de governo livre se pode estabelecer no seio de um povo em que as condições são iguais*[25]. Tenta ainda encontrar e apresentar quais são as vantagens de uma democracia com liberdade. Ao dissertar sobre estes assuntos, ao descrever as condições da democracia americana ou do povo francês, sempre o faz apelando para que se proteja a liberdade, que se construam garantias de que ela será observada, mas sobretudo que os

---

24 O.C.B., Vol. 5, p. 430.

25 O.C., T. I, Vol. 2, p. 328.

homens estejam atentos, a tudo e a todos, para que ela não seja destruída.

É nesse apelo constante aos homens que vivem o desenrolar do processo de igualização, sem se dar conta dos perigos tirânicos que este pode acarretar, que as considerações de Tocqueville parecem tão atuais. Sem dúvida, a alguns desses perigos só no século XX iria a humanidade dar a devida importância. Ele sabe das dificuldades de se implantar a um só tempo a igualdade e a liberdade. Acredita que o processo histórico caminha progressivamente em direção à democratização, enquanto, no tocante à liberdade, só a ação, cotidiana e constante, dos cidadãos pode torná-la real. A liberdade precisa ser mantida sempre, inteira, íntegra, porque basta feri-la para que ela possa vir a perecer, enquanto a igualdade há muito vem se desenvolvendo e aos poucos se expande, podendo ser um processo lento, mas infalível, e à medida que ela aumenta, pode tornar possível a extensão dos benefícios da liberdade.

No seu manifesto liberal, Tocqueville não apenas é coerente com a sua visão de mundo, como também se mostra extremamente realista em relação à história do seu tempo. Não acredita, por nenhum momento, que se poderá implantar, com ou sem revolução, a um só tempo, a igualdade e a liberdade. A Revolução de 1789 ensinou-lhe que essa crença, embora generosa, quando posta em prática pode levar à tirania – 1848 apenas viria a confirmar o acerto de suas previsões. A liberdade é fruto da luta dos homens, a igualdade um processo inevitável, da ordem da realização da vontade de Deus. Na verdade, para Tocqueville a humanidade só tem uma escolha, e esta só depende da ação política de cada cidadão: democracia com liberdade ou barbárie.

Embora escreva para os franceses, na verdade pretende atingir todos os povos. Seu fito é *mostrar, pelo exemplo da América, que as leis, mas sobretudo os costumes, poderiam permitir a um povo democrático permanecer livre*[26].

Toda a sua obra exprime esse apelo aos homens, para que construam uma democracia com liberdade. Isto não é impossível, porém tampouco é inevitável. Cabe aos homens decidir em que sentido querem ver caminhar a história. *Seria, pois, necessário considerar o desenvolvimento gradual das instituições e dos costumes democráticos não*

26 O.C., T. I, Vol. 1, p. 329.

como o melhor, mas como o único meio que nos resta para sermos livres (...) Enfim, se é necessário chegar a uma completa igualdade, não seria melhor se deixar nivelar pela liberdade do que por um déspota?[27]

E, a demonstrar ainda uma vez sua coerência, não é apenas sua obra escrita que expressa esta preocupação. Sua vida política, sua participação política ativa, é a mais clara e constante demonstração do alcance da proposta do seu novo liberalismo, em que os princípios, as idéias só adquirem seu verdadeiro sentido quando encarados sob a perspectiva da ação política.

Poderíamos então afirmar que, ao defender a idéia de que é somente por meio da luta dos homens que se constrói uma democracia com liberdade, Tocqueville procurou também, por sua obra e sua ação política, transformar este ideal em realidade.

27 O.C., T. I, Vol. 1, p. 329.

IV

O HOMEM POLÍTICO

O LIBERAL TOCQUEVILLE

On veut faire de moi un homme de parti et je ne le suis point; on me donne des passions et je n'ai que des opinions, ou plutôt je n'ai qu'une passion, l'amour de la liberté et de la dignité humaine[1].

Alexis Clérel de Tocqueville, nascido a 29 de julho de 1805, era bisneto, por parte de mãe, de Malesherbes, o grande defensor de Luís XVI. Sua mãe – que, juntamente com seu pai, só escapou à morte graças ao 9 de thermidor – assistiu, entretanto, a seus pais e avós serem mortos. Evidentemente, o conde Hervé de Tocqueville, pai de Alexis, gozará das boas graças dos Bourbons. Será prefeito de várias províncias[2] e Carlos X o fará par de França.

Sem dúvida, a importância da sua família e a educação no meio de uma nobreza de *ultras* – estes, mais realistas que o rei, aceitavam mal a Constituição – influenciaram profundamente suas análises e atitudes políticas, embora estas fossem sempre muito mais no sentido do seu liberalismo do que do seu aristocratismo. O início mesmo de sua carreira pública está extremamente ligado à condição que sua família usufruía desde o retorno dos Bourbons ao poder.

Essa origem aristocrática, uma educação anti-revolução e uma formação religiosa dada por um velho padre, que já havia sido preceptor de seu pai – tudo isto marcará bastante o jovem Tocqueville.

Aos 20 anos, termina seus estudos de Direito, em Paris. No ano seguinte, 1826, parte com seu irmão mais velho, Édouard, para

1 O.C., T. VI, Vol. 1, p. 37.

2 O termo "província" foi utilizado para traduzir aproximadamente a expressão francesa *Département*. Na verdade, seria mais próximo da nossa divisão administrativa em estados. "*Préfet*" na França correponde ao administrador civil de um "*département*".

uma viagem à Sicília e à Itália. Aqui começam, talvez, sua produção literária e suas observações políticas. Seus relatos de viagem são cheios de análises de problemas sociopolíticos e propostas de como resolvê-los. Veja-se, por exemplo, a relação que estabelece entre a existência de um grande número de pequenas propriedades de camponeses em determinada região da Sicília e sua prosperidade: *mas, de onde vem, então, que esta divisão extrema de propriedades, que tanta gente sensata considera na França como um mal, deva ser olhada como um bem, um grande bem, na Sicília? É fácil concebê-lo e poderemos acrescentar a este exemplo muitos outros que provam que não há princípios absolutos sobre a terra. Com efeito, em um país bastante esclarecido, onde o clima convida à atividade, onde todas as classes têm vontade de enriquecer, como por exemplo na França e sobretudo na Inglaterra, a extrema divisão de propriedades pode ser prejudicial à agricultura e, por conseguinte, à prosperidade interior, porque se perde a possibilidade de empregarem grandes recursos para a melhoria da produção, e também da ação das pessoas que teriam a vontade e a capacidade de utilizá-los; mas, ao contrário, quando é necessário estimular e acordar um povo desgraçado, meio paralisado, para o qual o repouso é um prazer, e no seio do qual as classes altas estão afundadas na sua preguiça hereditária e nos seus vícios, eu não conheço meio mais eficaz do que a divisão de terras*[3]. É já, sem dúvida, uma amostra do que fará nos seus futuros trabalhos. Sempre haverá para ele esta necessidade de, ao conhecer um novo país, procurar compreender as necessidades de seu povo e estabelecer relações de sentido entre suas várias manifestações, sobretudo as de caráter sociopolítico.

Retornando à França é nomeado, em abril de 1827, juiz auditor junto à corte, em Versalhes. Evidentemente, seu pai, prefeito da província (Département de Seine et Oise), residindo na própria sede da prefeitura, em Versalhes, muito contribuiu para essa nomeação. É aí que nasce a grande amizade do jovem juiz com Gustave de Beaumont que, como ele, trabalhava no tribunal de primeira instância, na qualidade de substituto do procurador do rei. Tocqueville só abandona a residência de seu pai em 1827, quando este é feito par de França e deve deixar Versalhes por Paris.

Muita coisa aproxima os dois jovens magistrados, pois, além da pequena diferença de idade, têm a mesma origem familiar aristocrática e os mesmos interesses em torno de problemas políticos. Esta

3 O.C., T. V, Vol. 1, p. 45.

amizade se intensifica com a partida do pai, quando Tocqueville decide morar com Beaumont. Desta convivência nascem também longos estudos sobre história e economia e um interesse, que começa a se delinear, em conhecer a democracia americana.

Ambos guardam também uma certa fidelidade aos Bourbons. Assim, embora Tocqueville, às vésperas da Revolução de 1830, tenha reconhecido certos erros destes reis, jamais criticou o regime da Restauração. Sem dúvida, sentia ele a liberdade, restrita talvez à aristocracia, de que sua família gozava. Nos seus *Souvenirs* assim a descreve: *eu passei os mais belos anos de minha vida no meio de uma sociedade que parecia tornar-se novamente próspera e grande, ao voltar a ser livre; no meio desta, concebi a idéia de uma liberdade moderada, regrada, contida pelas crenças, os costumes e as leis. Fui tocado pelo encanto desta liberdade: ela se tornou a paixão de toda a minha vida*[4].

Na França da Restauração, na sua tentativa de volta ao Antigo Regime, a nobreza exibia novamente sua importância social e política. Ela havia reencontrado suas propriedades, seu *status* social e, sobretudo, seu poder político. E, como afirma Hobsbawm, é só com Luís Filipe que se dará realmente sua fusão com a alta burguesia, marcando uma dominação política que durará pelos próximos cinqüenta anos[5].

Talvez devêssemos lembrar ainda que a França, nesse período, era uma nação essencialmente rural. Paris estava longe de representá-la. E, se a Revolução e Napoleão haviam incentivado a pequena propriedade, aliás já bastante disseminada antes de 89, os camponeses – a grande maioria da população francesa – cultivavam a terra e viviam ainda como no Antigo Regime. Os poderosos locais são respeitados, e estes ainda são os nobres que guardaram suas propriedades, os grandes comerciantes, o cura etc. A industrialização ainda não se encontrava suficientemente desenvolvida e não poderíamos dizer que já se colocasse o problema do proletariado como classe. É certo que a condição de vida dos operários era atroz, e isto não se ignorava. Mas ela era sentida e vista apenas como a condição do pobre, dos miseráveis. E, embora o regime político fosse uma monarquia com uma Constituição outorgada pelo rei, Carlos X a interpretaria ain-

4 O.C., T. XII, p. 86.

5 Hobsbawm, E.J. *The age of revolution*. Mentor Book, New American Library, 1962, p. 139.

da com mais abuso do que Luís XVIII. Verdadeiramente, as tendências liberais ou absolutistas restringem-se a um pequeno grupo de interessados pelos problemas econômicos e políticos do país, e a própria liberdade dos indivíduos, enquanto cidadãos, era gozada por poucos[6].

Essa liberdade, tão querida pelo jovem Tocqueville, era então gozada apenas por alguns. É verdade também que seu liberalismo não via com bons olhos o conservadorismo extremo de Carlos X. Assim sendo, a Revolução de 1830 foi-lhe algo de penoso. Penoso, porque era a queda de um rei que representava o regime e os princípios pelos quais sua família havia morrido e obtido privilégios, mas penoso, também, por ver nos abusos do rei a negação de sua paixão. Por outro lado, o novo rei significava mais um passo no processo de democratização que Tocqueville tanto temia, mas via como inevitável. Eis por que o encontramos, ao prestar o juramento a Luís Filipe, tão angustiado e sentindo tanta necessidade de se explicar aos parentes, às pessoas mais amadas, ou talvez mesmo para a posteridade. Eu *senti até o fim, por Carlos X, um resto de afeição hereditária, mas um rei caía por ter violado direitos que me eram caros, e eu esperava ainda que a liberdade de meu país seria mais reativada do que apagada pela sua queda*[7].

A queda de Carlos X não apenas significou realmente uma mudança importante na carreira política de Tocqueville, como foi, sobretudo, decisiva na mudança de seus planos de vida, levando-o a realizar a tão famosa viagem aos Estados Unidos.

Para Alexis de Tocqueville e Gustave de Beaumont, a decisão de se ligarem ao novo rei, que não apreciavam, aparecia como um dever, por considerarem ser a única forma de impedir que o país caísse na anarquia[8]. Ao mesmo tempo, Tocqueville já via na Revolução de 1830 aquele passo a mais que a França estaria dando no cumprimento do processo de democratização, para ele universal e inevitá-

---

6 O censo eleitoral era baseado numa certa quantia dada pela soma de impostos pagos. Na época, esta quantia, mais ou menos 300 francos, possibilitava a existência de um país legal de pouco mais de 100.000 cidadãos, dos quais um em cinco era elegível (1.000 francos de imposto direto) (Polin, C. *De la démocratie en Amérique*. Paris, Hatier, 1963, p. 7).

7 O.C., T. XII, p. 86.

8 O.C., T. VIII, p. 15-6. Veja-se toda a excelente introdução de André Jardin, em que a relação Beaumont-Tocqueville é muito bem descrita.

vel. Mas, a esta visão racional e política da Revolução de julho e do futuro governo de Luís Filipe, opunha-se a sua visão moral. É, pois, angustiado e parecendo renunciar à honra familiar que, a 16 de agosto de 1830, presta o juramento de fidelidade ao novo regime. Angústia bastante compreensível. O pai de Alexis perde seu título de par, seu tio Rosambo recusa-se a prestar o juramento, seu irmão Hippolyte e outros tios abandonam o Exército, como o faz também seu primo e melhor amigo de infância, Louis de Kergorlay. É em carta de 18 de agosto de 1830, a seu irmão Édouard, que Tocqueville vai explicar a sua aceitação da queda dos Bourbons e da ascensão de Luís Filipe[9].

É quase certo que teria sido esse mal-estar que Tocqueville e Beaumont sentiam na sociedade de Versalhes, extremamente dividida, que os levou a tentar abandonar o país.

Embora a Revolução de julho mantivesse a idéia de uma monarquia constitucional, Tocqueville via nela um fator que fornecia incalculável vigor à causa republicana, considerando-a também, como já dissemos, o cumprimento de uma nova etapa nesse processo crescente de democratização pelo qual passariam todas as nações.

Uma longa viagem poderia, sem dúvida, resolver de momento alguns de seus problemas e, em primeiro lugar, aquele mal-estar para com os seus. Depois, há muito Beaumont e ele ansiavam por uma viagem ao estranho país onde a democracia já se realizava, mantendo o mais possível os ideais de liberdade. Muito provavelmente, terão também experimentado um certo desejo de fama e glória, que sabiam poder alcançar se conseguissem explicar o que acontecia na América e que tanto interessava aos franceses, pois a nova nação aparecia como um exemplo a ser seguido.

Certamente, o governo de Luís Filipe não seria muito promissor para os dois magistrados, cuja fidelidade ao novo rei iria sempre aparecer como um pouco duvidosa. Por outro lado, existia ainda o desejo, já manifestado por Tocqueville, de seguir uma carreira política, na qual um profundo conhecimento da América poderia ser-lhe útil, destacando-o como um especialista para certos assuntos.

Não poderiam Beaumont e Tocqueville, no entanto, declarar que desejavam partir para estudar a democracia na América. Como magistrados que eram, propuseram a realização de um estudo sobre o sistema penitenciário americano, visando uma possível reforma das

9 O.C., T. XIII, Vol. 1, p. 214.

prisões francesas. Conseguem a licença para a viagem e, em abril de 1831, partem para a América. Chegam a Nova York em maio de 1831. Desta viagem, que dura quase um ano – em março de 1832 estão de volta à França –, resulta não apenas o necessário relatório sobre o sistema penitenciário americano, mas também um livro sobre a escravidão, *Marie ou l'esclavage*, escrito por Beaumont, e o famoso *De la démocratie en Amérique*[10].

Por essa época, a América do Norte despertava nos franceses uma imensa curiosidade. Havia um enorme desconhecimento do que acontecia nos Estados Unidos, e o parisiense esclarecido de 1830, como afirma René Rémond, via aquele país como uma república modelo, de onde se esperavam os ensinamentos mais variados, ao mesmo tempo em que era considerado como uma verdadeira miragem[11].

Era, pois, com muita ambição de escrever algo que esclarecesse os franceses sobre a desconhecida América Inglesa que Tocqueville partia para investigar as idéias, leis e costumes desse povo, mas esperando também que esse *algo* o tornasse de uma certa forma conhecido e talvez famoso[12]. Aliás, de início, o projeto parecia a ambos os viajantes como uma obra de colaboração. Beaumont chega mesmo a escrever a seu irmão, ao chegar a Nova York, sobre *nossa grande obra*[13].

De qualquer forma, a viagem dos dois amigos aos Estados Unidos, embora cheia de visitas, por vezes a contragosto, às prisões locais – afinal o relatório era necessário –, foi realizada tendo em vis-

---

10 *Du système pénitentiaire aux États Unis et son application en France*, suivé d'un appendice sur les colonies pénales et de notes statistiques par M.M. de Beaumont et A. de Tocqueville, avocats à la Cour Royale de Paris, membres de la Societé Historique de Pennsylvanie (publicado em Paris, Fournier, 1833). De Beaumont: *Marie ou l'esclavage aux États Unis, Tableau de mœurs américaines* (publicado em Paris, 1835, logo após o aparecimento do primeiro volume da *De la démocratie en Amérique).*

11 O.C., T. VIII, Vol. 1, p. 18.

12 Em carta a seu amigo Eugène Stoffels, de 1º de fevereiro de 1831, escreve Tocqueville: "Aliás, para nós, não se trata de ir ver grandes cidades e belos rios. Nós partimos com a intenção de examinar, em detalhes e o mais cientificamente possível, os recursos desta vasta sociedade americana da qual todos falam, e que ninguém conhece. E, se as circunstâncias e o tempo nos permitirem, contamos trazer de volta elementos para a boa obra ou ao menos de uma obra nova; pois não existe nada sobre esse assunto" *(O.C.B.*, Vol. 5, p. 412).

13 O.C., T. VIII, Vol. 1, p. 19.

ta a grande obra[14]. Uma pesquisa que nada ficaria a dever a um investigador sociopolítico moderno permitiu um acúmulo de dados e informações sobre a realidade americana de 1830. Ainda hoje a obra *De la démocratie en Amérique* é reconhecida como uma das melhores análises sobre os Estados Unidos naquela época. Poderíamos dizer que a esta investigação não faltou nem a coleta de dados estatísticos encontráveis em órgãos administrativos, nem a realização de entrevistas com todos aqueles que pudessem fornecer um conhecimento útil ao que ambos pretendiam. Desde o presidente Andrew Jackson, passando por outras personalidades significativas, social e politicamente, até o pioneiro no interior do país ou mesmo alguns índios. Enfim, todos aqueles que eles conseguiam abordar eram interrogados[15]. O poder central e a organização administrativa e política dos estados e da União, as instituições e os diferentes tipos de associações, o poder econômico e sua manifestação atraves do poder individual, a força de trabalho – o trabalhador livre e o escravo –, os aspectos culturais, a educação, tudo é visto, analisado e julgado, na grande obra.

A 20 de fevereiro de 1832, Tocqueville embarca em Nova York com destino ao Havre. Sabe já perfeitamente como escreverá a grande obra[16]. De volta, os dois amigos se preocupam em redigir o relatório sobre as prisões, bem como em visitar as casas de detenção francesas. Alguns acontecimentos parecem ter perturbado o andamento da redação do relatório. Por cartas de Tocqueville a Beaumont, em abril de 1832, ficamos sabendo que a epidemia de cólera que assola Paris o obriga a partir para Saint Germain. Em maio desse mesmo ano, Gustave de Beaumont é demitido. Os dois amigos continuavam a desentender-se com o governo. Tocqueville, em solidariedade a Beaumont, envia, a 17 de maio, ao procurador geral, sua demissão

---

14 O.C., T. VIII, Vol. 1, p. 17.

15 Ver, por exemplo, a descrição que Tocqueville faz de uma de suas viagens pelo interior dos Estados Unidos em "Quinze jours dans le désert" (O.C., T. V, Vol. 1).

16 Em carta a seu pai, em 24 de janeiro de 1832, escreve Tocqueville sobre a futura obra, justificando-se já pela decisão da escolha do material a ser analisado, ao perceber a impossibilidade de apresentar um quadro completo dos Estados Unidos e da democracia: "Ao escolher os assuntos, somente apresentar temas que tivessem relação, mais ou menos direta, com nosso estado social e político. A obra, desta forma, poderia conter, ao mesmo tempo, um interesse permanente e um interesse atual" (*O.C.B.*, Vol. VII, p. 110).

do cargo de juiz-suplente[17]. Seus desentendimentos com o governo orleanista não param aí. Em favor de seu parente e amigo Louis de Kergorlay, preso e acusado de participar de uma tentativa legitimista de levante, Tocqueville vai pronunciar diante do tribunal do júri de Montbrison a única defesa que realizou como advogado[18].

Após a publicação, em 1833, do relatório sobre as prisões e antes de iniciar a redação de *De la démocratie en Amérique*, Tocqueville tentará compreender as origens da sociedade americana, visitando a Inglaterra para estudar os costumes do povo britânico. Esta preocupação, ou apenas o interesse em conhecer melhor o mundo e a família de sua futura esposa, Mary Mottley, inglesa de nascimento, leva-o a uma temporada na Inglaterra[19]. O mais provável é que tudo isso ao mesmo tempo constituísse o motivo da viagem.

De qualquer forma, a 3 de agosto de 1833, parte Tocqueville para Londres, onde permanece até 7 de setembro. Novamente o encontramos tentando compreender as instituições políticas de outro

---

17 A Revolução de julho já o havia promovido de juiz auditor a juiz suplente. No dia seguinte ao da publicação da destituição de Beaumont no *Moniteur*, escreve Tocqueville ao Procurador Geral: "... só hoje tomei conhecimento, pelo *le Moniteur*, de 16 de maio, da medida rigorosa e, ouso dizer, soberanamente injusta, pela qual *Monsieur le Garde de Sceaux* puniu o Senhor Gustave de Beaumont. Há muito ligado por uma profunda amizade a este que vem de ser atingido por uma destituição, com quem partilho os princípios e de quem aprovo a conduta, creio dever me associar voluntariamente a sua sorte e abandonar juntamente com ele uma carreira onde os serviços e a consciência não podem garantir que uma desgraça imerecida se abata. Eu tenho, então, a honra de vos suplicar, *Monsieur le Procureur Général*, de bem colocar sob os olhos do *Monsieur le Garde de Sceaux* minha demissão de juiz suplicante junto ao tribunal de Versailles." (O.C.B., Vol. V, p. 36).

18 Esta tentativa de levante "legitimista" ficou conhecida como *l'affaire Carlo Alberto*. Alguns nobres legitimistas, entre eles Louis de Kergorlay e seu pai, primos de Tocqueville, embarcam num navio fretado, o *Carlo Alberto*, juntamente com a Duquesa du Berry e alguns dos seus partidários. A insurreição deveria começar em Marselha onde a duquesa desembarca, mas o levante já havia fracassado. Em abril de 1832, o navio é capturado, e Louis de Kergorlay é preso. Denominavam-se *legitimistas* àqueles que julgavam ser os Bourbons os que verdadeiramente tinham direito ao trono.

19 Tocqueville havia conhecido sua noiva em 1828, quando vivia em Versalhes. Inglesa, ela havia sido educada na França por uma tia. Casam-se em 26 de outubro de 1835, e, ao que parece, Tocqueville sofre grande oposição familiar e de amigos mais íntimos, pelo fato de sua noiva ser inglesa, burguesa, sem fortuna e mais velha do que ele.

país, seu processo de democratização e seu liberalismo. Como em sua viagem aos Estados Unidos, procura conhecer e entrevistar quem lhe possa dar informações, sobretudo parlamentares de ambas as Câmaras, tanto radicais como conservadores. Ele também irá tomar parte em reuniões políticas e eleitorais, visitará a Câmara dos Comuns, irá a Oxford, impressionando-se aí com a importância da Universidade no recrutamento da elite política inglesa. E, como sempre, Tocqueville não pode deixar de dar atenção especial aos seus valores mais caros, a aristocracia e a liberdade. É, pois, com entusiasmo que comenta em sua primeira carta de Londres a Beaumont: o *que me chama mais a atenção nos costumes ingleses, até agora, é o seu exterior aristocrático. O espírito aristocrático parece-me ter descido a todas as classes*[20]. Ou, quando já aponta o caminho que seguirá nas suas investigações sobre o mundo inglês: *eu percebo, de maneira geral, que aquilo que nos seria mais útil estudar talvez fosse o caminho que toma a indústria humana na Inglaterra; a maneira pela qual procede o governo, para favorecê-la, o grau de liberdade de que ela goza; a maneira pela qual procede para criar para si, sozinha, tantas maravilhas*[21].

Sem dúvida, esse mês passado na Inglaterra o enriquece de conhecimentos sobre a origem dos costumes americanos, através da compreensão do povo inglês. Ao mesmo tempo, não deixa Tocqueville, sempre que possível, de estabelecer relações entre a sociedade francesa e a inglesa[22]. Assim, impressiona-se com a nova aristocracia inglesa, fundada na riqueza e, portanto, passível de ser alcançada pelos não nobres, diferentemente da nobreza francesa, que ainda mantém a importância do nascimento, sendo assim algo inatingível para a burguesia enriquecida. Dessa forma, embora a Inglaterra, como os demais países europeus, não pudesse escapar ao processo de

20 O.C., T. VIII, Vol. 1, p. 124.

21 *Ibid.*, p. 126.

22 Em suas anotações de viagem comenta: "A diferença entre a França e a Inglaterra neste ponto pode ser deduzida do exame de uma única palavra de sua língua. *Gentleman* e *gentilhomme* têm evidentemente a mesma origem, mas *gentleman* se aplica na Inglaterra a todo homem bem educado, não importando a origem de seu nascimento. A significação destas duas palavras, de origem comum, tornou-se tão diferente por causa do estado social dos dois povos, que hoje em dia são absolutamente intraduzíveis, a menos que se empregasse uma perífrase (...) A aristocracia inglesa se ocupa de tudo; ela é acessível a todos; e aquele que quiser proscrevê-la ou atacá-la como corpo teria muita dificuldade para defini-la" (O.C., T. V, Vol. 2, p. 37).

democratização, universal e irresistível, a aristocracia aí não correria o perigo de ser destroçada, as modificações necessárias seriam lentas e pacíficas e, portanto, sem ódios.

Não nos esqueçamos de que, por ocasião de sua primeira visita à Inglaterra, a primeira Reform Bill havia um ano tinha-se transformado em lei[23]. Por outro lado, a organização do Estado inglês possibilitava a Tocqueville retomar seu interesse, já desenvolvido nos Estados Unidos, pelo problema da relação entre centralização, descentralização e liberdade. Estes dois últimos itens são considerados por Tocqueville como pares naturais. Como afirma J.P. Mayer, para ele, um governo descentralizado vem a ser uma escola de liberdade[24]. Reconhece a existência de uma grande centralização na Inglaterra, mas de caráter governamental, e não administrativo. Considera, enfim, a importância da existência de um governo central forte, mas não de uma administração centralizada: cada condado, cada município cuida de seus próprios interesses. É praticamente fazendo suas as palavras de um de seus entrevistados, John Bowring, que ele o cita: *na descentralização está a grande causa dos progressos materiais que nós temos realizado na civilização*[25].

A publicação dos dois primeiros volumes da primeira parte de *De la démocratie en Amérique*, em janeiro de 1835, torna Tocqueville famoso, e como tal requestado. Passa a ser um convidado obrigatório nos grandes salões literários. Assim, é no salão de Madame Recamier que ouve pela primeira vez Chateaubriand recitar as *Mémoires d'outre tombe*[26]. Seu editor, Gosselin, maravilhado ao desco-

---

23 A primeira Reform Bill havia-se tornado lei em junho de 1832, após longas discussões e agitações. Entre outras modificações, a mais interessante era a do aumento do número de novos eleitores e o aumento da representação parlamentar dos escoceses e irlandeses. (Ver Woodward, E.L. *The age of reform: 1815-1870*. Oxford, Oxford University Press, 1954, p. 77 e ss.)

24 Mayer, J.P. *Alexis de Tocqueville*. Nova York, Harper & Brothers, 1960.

25 Sir John Bowering (1792-1872), filólogo e economista, influenciado por Bentham, diretor da *Westminster Review* em 1825, membro do Parlamento em 1835 (O.C., T. V, Vol. 2, p. 31-2).

26 Além de ligações de parentesco, Chateaubriand tinha laços de amizade com a família de Tocqueville. Por ocasião da viagem de Alexis de Tocqueville aos Estados Unidos, já lhe havia fornecido cartas de apresentação para americanos que conhecera quando da realização de sua própria viagem. Desde 1834 Chateaubriand vinha fazendo leituras de fragmentos das *Mémoires d'outre tombe*, no célebre salão da Abbaye-aux-Bois.

brir que havia publicado uma obra-prima, convida-o para jantar com Lamartine[27].

Tocqueville empreende, de abril a agosto de 1835, uma segunda viagem à Inglaterra e à Irlanda. Desta vez, já bastante conhecido, pela publicação da primeira parte da *Democracia*, as portas lhe são abertas mais facilmente[28]. Data daí sua amizade com John Stuart Mill, encantado pela leitura da grande obra[29].

Nessa segunda viagem à Inglaterra, como na de 1830 aos Estados Unidos, será acompanhado pelo seu amigo Gustave de Beaumont. Se na França a *Democracia* suscitava sobretudo convites literários, na Inglaterra sua importância política foi logo percebida, e Tocqueville é solicitado por um comitê da Câmara dos Comuns a dar sua opinião como especialista sobre a questão das devidas garantias ao voto nas eleições.

Além do relato cuidadoso e de análises políticas dessas suas experiências, que se encontram em suas anotações sobre a viagem à Inglaterra, esta suscita-lhe também comentários sobre a situação inglesa e européia, como os que encontramos em carta escrita a Beaumont, após o seu regresso, e alguns dias depois de seu casamento

27 O.C., T. VIII, Vol. 1, p. 151. Realmente, Tocqueville recebe críticas elogiosas sobre sua obra, de jornais e revistas das diferentes tendências de sua época, dentre as quais destacaríamos a de Sainte Beuve no *Temps* de 7 de abril de 1835, e a de Louis Blanc na *Revue Républicaine* de 10 de março do mesmo ano.

28 *De la démocratie en Amérique* havia sido traduzido para o inglês por Henry Reeve (futuro secretário do Conselho Privado da rainha Vitória), que se tornou um grande amigo de Tocqueville. Ele escreve a Reeve, em novembro de 1835 cumprimentando-o pelos elogios que havia recebido sobre a sua tradução (O.C., T. VI, Vol. 1, p. 27).

29 Data desta viagem o início de um intercâmbio de idéias entre Stuart Mill e Tocqueville tendo estabelecido uma importante correspondência. Stuart Mill declarará na sua autobiografia ter-se beneficiado bastante da leitura de Tocqueville. Escrevendo sobre a sua transformação na maneira de pensar certos assuntos: "Esta última mudança, a qual vai tomando lugar gradativamente, inicia-se a partir de minha leitura, ou melhor, estudo, da *Démocratie em Amérique* do senhor de Tocqueville, a qual caiu-me às mãos logo após o seu aparecimento... Um tema colateral, sobre o qual também adquiri grande benefício do estudo da obra de Tocqueville, foi sobre a importante questão da centralização" (Stuart Mill, J. *Autobiography*. Nova York, Columbia University Press, 1960, p. 134). Em outubro de 1835, J. Stuart Mill escreve uma crítica extremamente elogiosa a *De la démocratie en Amérique*, na *London Review*. Cf. Parte I, nota 49, p. 79, e Parte III, nota 6, p. 198.

com a inglesa Mary Mottley. Compara nestas cartas as Revoluções Inglesas com as que ocorrem no Continente, mostrando, sobretudo, que as precedentes revoluções na Inglaterra eram essencialmente inglesas nos seus fundamentos e nas suas formas, ao passo que no século XIX os ingleses tomam aos franceses as idéias, mas realizam à sua maneira a sua revolução. *Eles são europeus na sua essência, mas ingleses na forma*[30].

Em todas as suas referências à Inglaterra, há sempre uma certa admiração pelo sistema político inglês. Talvez a Inglaterra o fascinasse pela sua importância política mundial ou pelo seu já evidente progresso industrial. Sem dúvida, Tocqueville admirava também, naquele país, a existência de uma monarquia e de uma nobreza econômica e politicamente significativa, que haviam sabido manter um regime liberal semelhante ao daquele povo de homens livres que havia encontrado na América. Esta simpatia pelo mundo inglês talvez o tenha ajudado a ser bem aceito e admirado pelo grupo *snob* de intelectuais e políticos londrinos. Logo apareceria também como colaborador da *London Review*, revista dirigida por Stuart Mill[31].

Após este sucesso na literatura política, Tocqueville volta-se quase como conseqüência natural, para a prática política. Seu interesse aparece claramente em fins de 1836, quando avalia minuciosamente sua possibilidade de ser eleito pela circunscrição de Valognes: *o que disse a Corcelle sobre a Normandia é muito correto. Não espero nada do* conseil général, *para o qual não me apresentarei. Sou quase desconhecido em um dos dois cantões que podem nomear membros para o conselho, e os homens mais capazes para julgar as tendências eleitorais não me deram esperanças suficientes para que eu me candidate. Minha viagem foi entretanto muito útil; fez-me conhecer os eleitores e eles a mim. começo a saber mal e mal o nome e a história de todos os dirigentes e a descobrir os caminhos pelos quais, em caso de necessidade, poderei atingi-los. Minha posição no distrito* (arrondissement) *de Cherbourg é bastante clara, e você poderá julgá-la. Só poderei ter sucesso com a ajuda de uma maioria formada por elementos diferentes. Para ter sucesso junto ao* "juste milieu" *propriamente dito, seria necessário ter o apoio positivo e declarado*

30 O.C., T. VIII, Vol. 1, p. 157.

31 Ao discutir a colaboração de Tocqueville para a *London Review*, Stuart Mill pede-lhe que escreva algo sobre a Revolução Francesa. O artigo "État social et politique de la France avant et aprés 1789" aparece em abril de 1836, traduzido pelo próprio Stuart Mill.

do governo, e isto eu não quero de maneira alguma. Fora do "juste milieu" *só há maioria na união de liberais e legitimistas*[32]. *Estas duas frações do corpo eleitoral são absolutamente dependentes uma da outra. É então evidente que, se Bricqueville se apresentar, eu não terei chances, posso até impedi-lo de ser nomeado, mas não me fazer nomear. O colégio compõe-se de 400 membros, e não há mais de 70 legitimistas. Mas é possível e mesmo provável que Bricqueville não se apresente. Eis a minha chance. Então ocupo seu lugar com mais vantagem do que ele. Os liberais não vêem bem claro quais são os meus princípios, mas eles sabem que minha posição é perfeitamente independente e que penderei naturalmente para a oposição. Quanto aos realistas, creio que me adotariam com prazer, apesar dos meus pecadilhos, pois têm um antigo hábito de nos considerar como seus chefes. Enfim, é possível que eu faça alguns adeptos nas franjas do* "juste milieu", *entre as pessoas esclarecidas e amigas da ordem que tenham lido meu livro e o tenham compreendido*[33]. Baseado nestas considerações, Tocqueville toma a decisão de não se apresentar como candidato nesse mesmo ano. Ele espera poder fazê-lo no ano seguinte, desde que se torne bastante conhecido, o que seria possível se viesse a pertencer à Académie Française, ou realizasse uma nova publicação.

Mas, apesar de ainda não ter conseguido acabar o segundo volume da *Democracia* e de não ter se concretizado sua indicação para a Academia[34], o ano de 1837 é praticamente dedicado à sondagem da possibilidade de ser eleito como representante ou do distrito de Valognes, na Normandia, sua própria região, ou do 10º distrito de Paris[35]. Em ambos os casos, as vantagens e desvantagens de se apresentar como um candidato independente eram julgadas. A maior preocupação de Tocqueville, bem como de seu amigo Gustave de

32 Chamava-se *juste milieu* ou orleanista, aos partidários de Luís Filipe.

33 Carta a Beaumont, 16 de outubro de 1836 (O.C., T. VIII, Vol. 1, p. 169).

34 Tocqueville ao ser nomeado para a Académie des Sciences Morales et Politiques, torna-se membro do Institut de France, mas não ainda da Académie Française.

35 Tocqueville acaba candidatando-se para representante no Conseil Général pelo distrito de Valognes, capital da província da Mancha, na Normandia. Esta era a região de sua família, onde havia herdado uma propriedade. Tocqueville havia também considerado a possibilidade de se candidatar ou por Versalhes ou pelo 10º distrito em Paris, que, na época, incluía o elegante bairro de Saint-Germain, onde, embora ele fosse liberal e independente, sabia poder contar com os votos dos legitimistas, por pertencer a uma família de *ultras* da antiga nobreza.

Beaumont, que também concorria às eleições ao fim de 1837, era a de manter sua condição de independente. Não desejavam aparecer como candidatos nem do governo nem dos legitimistas, mas como indivíduos que, embora da oposição, guardavam uma independência total diante dos demais grupos. A situação era difícil de controlar em todas as áreas. Os orleanistas, partidários do governo e seu ministério Molé, viam com simpatia a candidatura de Tocqueville, e era difícil impedir o seu apoio[36]. A oposição liderada por Odilon Barrot via-o naturalmente como um dos seus. Freqüentemente sofria ainda acusações de ser legitimista – não havia Tocqueville feito a defesa do seu amigo Kergorlay, por ocasião de *l'affaire Carlo Alberto?*

Quando finalmente Tocqueville se resolve por Valognes, é por meio de uma circular aos eleitores que anuncia sua decisão de permanecer na Normandia. Esta circular tem a finalidade de apresentá-lo como um candidato oposicionista, liberal e independente[37].

Durante toda a campanha, os dois amigos tentam ser fiéis a esta independência. A anarquia parecia reinar entre os partidos. É possível que legitimistas e orleanistas estivessem mais bem definidos, tanto em relação aos seus representantes quanto ao seu eleitorado, mas, na oposição à esquerda, as dissenções eram as mais variáveis. Aí encontramos desde o banqueiro Laffitte, o moderado Barrot (Esquerda Dinástica), os republicanos Arago, Garniès-Pagès e Ledru Rollin. Laffitte e Barrot haviam organizado em agosto um comitê, com a finalidade de patrocinar a eleição de liberais. Mas seus mem-

---

36 Veja-se por exemplo toda a difícil situação dos dois amigos, quando por ocasião das festas de casamento do Duque de Orléans, por proposição de Salvandy, ministro da Instrução Pública, Tocqueville e Beaumont são promovidos a cavaleiros da Legião de Honra. Ambos não querem aceitar a condecoração e ponderam por carta os inconvenientes tanto da rejeição como da aceitação. Para piorar a confusão, Tocqueville aparece no *Journal de Débats* do dia 10-6-1837 como convidado e presente a um banquete oferecido pelo rei. Tocqueville apressa-se a desmentir sua presença, o que era fácil provar, pois se encontrava fora de Paris. Em carta a Molé, de 12 de setembro de 1837, que o havia convidado para ser candidato do governo, escreve Tocqueville: "O senhor sabe muito bem que eu não sou inimigo do governo em geral e nem particularmente daqueles que governam neste momento, mas eu quero estar numa situação em que possa prestar uma contribuição inteligente e livre e seria isto que não poderia fazer se me deixasse nomear pelo governo" (*O.C.B.*, Vol. VI, p. 72).

37 Esta circular eleitoral, de 14/10/1837, é publicada, juntamente com a de Beaumont, pelo jornal *Siècle* de 23/10 e pelo *Courrier Français* de 25/10/1837.

bros não se entendiam, sobretudo após a incorporação dos republicanos[38]. Esta confusão na oposição ajuda sem dúvida Tocqueville a se apresentar como um candidato fora de qualquer partido e mesmo sem qualquer compromisso com o grupo Barrot do Comitê.

Embora bem votados, os dois amigos não conseguem se eleger. Serviu esta campanha para que Tocqueville, iniciando sua vida política, pudesse estabelecer o primeiro contato com o eleitorado da região. Sua derrota não é desanimadora, pois o seu opositor em Valognes obtém 247 votos, contra os 210 de Tocqueville. Este manifesta mesmo uma certa satisfação em constatar que as classes alta e média estavam ao seu lado, mas havia percebido também o enorme preconceito entre os camponeses com relação à nobreza. Tocqueville compara esta aversão a algo de parecido com a repugnância que os americanos têm para com os homens de cor. Na verdade, considera como as principais razões de sua derrota a ação dos agentes da administração, a cega paixão democrática das classes baixas e o dinheiro de seu adversário. Escrevendo a Beaumont comenta: *não temos dúvidas sobre qual seja o poder do dinheiro, quando ele não está ligado à nobreza e quando tem o ódio pela nobreza como auxiliar*[39]. Também a composição da nova Câmara o desagrada, e Tocqueville manifesta uma certa satisfação por poder, finalmente, ter tempo e tranqüilidade para dedicar-se inteiramente ao segundo volume da *Democracia*. E é justamente o que faz. O ano de 1838 é quase inteiramente voltado para o término da *Democracia*. É quando, além de retomar algumas leituras de autores clássicos, como Plutarco, Platão, Maquiavel, Cervantes, Rabelais, começa a interessar-se enormemente pelo mundo árabe. Lê o Corão e estuda com muito interesse a Argélia e a sua recente colonização.

38 Aparentemente, Odilon Barrot representava uma oposição dinástica (monárquica); o célebre banqueiro francês Laffitte, um dos autores de 1830, voltou-se contra o rei após sua saída do ministério em 1831. Foi com reticencias que Barrot aceitou a incorporação no comitê de Dupont de L'Eure e Arago. Barrot rompe com Laffitte e se retira do comitê quando da entrada dos republicanos Garnier-Pagès, Bastide, Du Pont de Bussac etc.

39 Uma carta de Barrot publicada no *Siècle* torna pública esta cisão da oposição. É desta forma que Tocqueville explica seu fracasso eleitoral, pois o seu concorrente, diz ele, embebedava os camponeses eleitores, e estes saíam dos cabarés aos gritos de *point de nobles* (chega de nobres) (O.C., T. VIII, Vol. 1, p. 262).

Embora trabalhe firme na *Democracia*, Tocqueville não perde de vista a política francesa. Acompanha com cuidado as crises do ministério Molé, as discussões e intrigas parlamentares e as tentativas de Lamartine de organizar o seu Partido Social[40]. Assim, quando a Câmara é dissolvida, em fevereiro de 1839, e novas eleições são anunciadas, nem Tocqueville nem Beaumont estão desprevenidos. Ambos abandonam seus escritos e embrenham-se em nova campanha política, desta vez com certo conhecimento do terreno.

A opção de Tocqueville torna-se definitiva e novamente é candidato por Valognes, como o será sempre. Mais uma vez também é obrigado a definir sua posição de independente. Em sua circular aos cidadãos da província da Mancha e por cartas aos jornais, faz verdadeiras profissões de fé, em que se declara: em primeiro lugar de *oposição*, não sendo portanto candidato do governo, embora não seja contra suas instituições; em segundo lugar, *a favor da construção de uma nova sociedade democrática*, pois, apesar de pertencer a uma família antiga, já havia demonstrado que a sociedade aristocrática havia desaparecido para sempre; em terceiro lugar, *não ser* um *homem anárquico* e um *inovador perigoso*, já que amava a liberdade, mas não a demagogia, já que era preciso evitar novas revoluções na França e já que era também um amante do governo representativo[41]. Mais próximo do grupo Barrot e de seu comitê, em sua busca de independência partidária, Tocqueville será quase sempre considerado de "centro-esquerda" ou "esquerda moderada".

Eleito no início de março de 1839, por uma boa diferença com relação ao opositor (317 votos contra 241), Tocqueville irá encontrar o mesmo problema para manter sua independência. O rei declara-se *charmé* com sua eleição, o *Journal de Débats* esforça-se por fazê-lo ministeriável e o próprio Tocqueville tem dificuldade em encontrar o seu lugar na Câmara[42]. Havia pedido a amigos que lhe reservas-

---

40 Lamartine havia procurado G. de Beaumont a fim de que este e Tocqueville participassem de um projeto seu para a formação de uma associação literária para criar o que ele denominava "Partido Social" (O.C., T. VIII, Vol. 1, p. 299-300).

41 Circular de 13/2/1839, dirigida aos eleitores do distrito de Valognes (O.C.B., Vol. IX, p. 223-6).

42 Sobretudo depois de eleito, o partido do governo insiste em ver Tocqueville como um dos seus. A tal ponto andava a discussão nos jornais, que o *Siècle* de 8/3/1839 publica um artigo explicando sua posição. O próprio

sem um, no centro-esquerdo, mas aparentemente este já tinha todos os seus lugares tomados, e é com alguma dificuldade que ele aí se coloca.

O homem político começa logo a se manifestar. A ação o atrai, sobretudo quando aparece ligada à defesa de seus valores. O liberalismo de Tocqueville tem a possibilidade de se mostrar, evidenciando-se mais concretamente nas discussões parlamentares. Logo depois da abertura dos trabalhos na Câmara, participa como relator da comissão encarregada de estudar uma proposta para que se terminasse com a escravidão nas colônias.

Tocqueville pertencia, desde 1834, a uma sociedade para a abolição da escravatura[43]. O problema que havia sido lançado pela Revolução Francesa voltava, a partir da Revolução de julho, a agitar o mundo político e as colônias. Luís Filipe já havia terminado com o tráfico e a medida dos ingleses de emancipação dos escravos nas suas colônias aparecia sempre como um exemplo a ser seguido. O assunto será ainda debatido por alguns anos, pois só em 1845 será transformada em lei uma primeira solução. Tocqueville estará presente a todas as discussões, pregando um abolicionismo total e de uma só vez. Ele vai expor, não só na Câmara, como através de uma série de artigos em jornais, as suas idéias. Mais uma vez, vamos vê-lo tratar um assunto tendo em vista não apenas a defesa de princípios liberais como um valor em si, mas também como uma solução ao que considera como um problema socioeconômico e político. Pede a abolição em nome daqueles ideais de liberdade e igualdade que a Revolução havia espalhado pelo mundo, mas a realidade da colônia o faz estabelecer parâmetros para essa liberdade e essa igualdade. A economia colonial impunha suas necessidades, e a defesa da abolição por parte de Tocqueville é feita no sentido de apresentá-la tanto como uma medida de interesse econômico quanto como uma ques-

---

Tocqueville vê-se obrigado a escrever uma carta ao *Journal de Débats*. Este, embora não tenha publicado a carta, escreve: "O senhor de Tocqueville nos escreve para reclamar contra a designação de candidato constitucional e nos pede para declarar que ele é completamente independente em relação à administração, como em relação aos partidos" (O.C., T. VIII, Vol. 1, p. 365).

43 Em 1834 foi fundada em Paris uma Sociedade para a Abolição da Escravidão, presidida pelo Duque de Broglie. Dela faziam parte economistas, políticos e filantropos e, entre outros, Passy, Lamartine, La Rochefoucault etc.

tão de honra. O exemplo inglês é bastante utilizado, embora ele gostasse de lembrar que a emancipação nas colônias inglesas foi *produto de uma idéia francesa*[44].

O aumento do preço do açúcar após a abolição inglesa; o problema da mão-de-obra livre e do escravo liberto, aliado ao possível empobrecimento dos colonos; o temor da revolta dos escravos e, enfim, a necessidade não só de se manter a colônia, como também de mantê-la próspera, são alguns dos temas por ele analisados, com o auxílio de dados estatísticos e do exemplo do que havia ocorrido nas possessões inglesas. Assim, para que se pudesse garantir a prosperidade da colônia, era preciso propor, juntamente com a extinção da escravidão, algumas medidas transitórias, que exigiam a intervenção e o controle do Estado[45].

É nesse projeto que se encontra pela primeira vez a admissão, por parte de Tocqueville, da necessidade da intervenção do Estado para a solução de um problema político, social ou econômico. Assim, apesar de sempre procurar evitar o aumento do poder do Estado, considera que só o controle, por parte do Estado, das medidas propostas tornaria possível o sucesso da abolição. Esta idéia voltará a repetir-se toda vez que se apresentem questões referentes às colônias.

Acusado na Câmara de defender idéias contrárias às que apresentava na sua obra sobre a democracia na América – em que havia apontado a dificuldade que iria surgir naquele país após a abolição –, dada a impossibilidade de brancos e negros se confundirem, embora viessem todos a ser igualmente cidadãos, Tocqueville não se renega. É somente porque a dificuldade existe que se torna necessária a intervenção do Estado[46].

---

44 "A meu ver, a questão é de interesse para a França, mas é também uma questão de honra. Tem-se falado muito que se deve apenas ao cristianismo a abolição da escravidão... senhores, a emancipação tal como a vemos, mesmo nas ilhas inglesas, é o produto de uma idéia francesa" (O.C., T. III, Vol. 1, p. 124).

45 As medidas mais importantes propostas em relação ao futuro liberto eram: 1) a obrigação de residir na colônia; 2) embora pudesse escolher o trabalho que lhe conviesse, não poderia estabelecer-se por conta própria; 3) os salários máximo e mínimo seriam fixados pelo governo.

46 Enquanto as duas raças estiverem uma em face da outra, sem nada que as separe, enquanto não existir no mundo um poder que possa se interpor entre uma e outra e forçar estes dois elementos refratários a se mesclar de alguma forma entre si, para formar um só e único povo, é verdade, repito e

Nesse seu primeiro ano como deputado, Tocqueville ainda participa de um frustrado comitê de oposição de esquerda, para a elaboração de um projeto de reforma eleitoral. Frustrado, porque o projeto não é levado em consideração, e o próprio Tocqueville, participando pouco das reuniões, declara não estar de acordo com a maior parte das suas decisões.

O ano de 1839 traz-lhe ainda dois bons acontecimentos: o fim de *De la démocratie en Amérique* e a eleição de seu amigo Beaumont (15 de dezembro). A vinda deste para a Câmara é de enorme importância para Tocqueville, pois ambos, considerando-se liberais independentes, poderiam apoiar-se mutuamente. Este fato e o término de *De la démocratie en Amérique* finalmente deixam-no mais amparado e mais livre para agir politicamente, coisa pela qual havia muito ansiava, como ele próprio afirmava, ao declarar que sua *ambição não era possuir o título de deputado, mas agir*[47].

No ano seguinte, publica-se a segunda parte de *De la démocratie en Amérique*. Embora não tenha sido recebida pelos críticos com o mesmo entusiasmo demonstrado pela primeira, esta segunda parte de sua grande obra torna Tocqueville ainda mais conhecido como um grande analista de problemas sociopolíticos. Os artigos sobre a obra salientam, desta vez, a comparação constante realizada por Tocqueville entre a democracia americana e o processo de democratização que se desenrola na França. É verdade que os problemas franceses passam a absorvê-lo quase inteiramente. De acordo com seus princípios liberais, sua vida política é marcada por uma defesa constante da nação. E em todos os seus futuros trabalhos a defesa da liberdade e da França será sempre o centro de seu interesse.

O passo seguinte de Tocqueville é um estudo cuidadoso da nova colônia no Norte da África. A Argélia passa a ser pesquisada com o mesmo interesse e cuidado que havia dedicado aos Estados Unidos e à Inglaterra. Deste modo, também este trabalho só poderia culminar com um levantamento *in loco* da situação econômica,

---

afirmo, enquanto assim não acontecer, nada haverá entre as duas raças senão a submissão e a morte... É precisamente porque já pensava assim anteriormente e porque hoje ainda penso dessa forma que acredito que a preliminar necessária de qualquer forma de emancipação é, antes de mais nada, colocar o Estado em uma situação superior e dominadora, lugar no qual o projeto de lei começa a situa-lo" (O.C., T. III, Vol. 1, p. 114).

47 O.C., T. VIII, Vol. 1, p. 364.

social e política da colônia, bem como do interesse de sua colonização para a França.

Já em junho e agosto de 1837 Tocqueville havia publicado no jornal *La Presse de Seine e Oise* duas cartas sobre a Argélia. Nesses artigos tentava buscar soluções para os problemas do desenvolvimento da colonização. O estilo de análise desses dois textos nos remete curiosamente aos ensinamentos políticos de Maquiavel. Talvez influenciado pelas recentes leituras que vinha fazendo deste autor, talvez apenas tentando chamar a atenção dos franceses para a importância da manutenção da colônia para a grandeza da França, a verdade é que as suas considerações lembram bastante a forma pela qual Maquiavel aconselha seu Príncipe a agir para conquistar um "Principado" e manter sua conquista[48].

Sua análise aborda desde a necessidade do conhecimento da cultura árabe e cabila, em todos os seus aspectos, até os conselhos práticos do ponto de vista militar e político para que os franceses possam estabelecer-se como soberanos na colônia.

Tocqueville tenta assinalar nessas cartas os erros que a ocupação francesa vem realizando na Argélia. Entre eles, enfatiza o desmantelamento da organização governamental e administrativa. Temendo ao mesmo tempo a anarquia e a possibilidade de ver todo o povo árabe reunir-se, sob a liderança de um só e grande chefe – Abd-el-Kader –, Tocqueville considera que *os homens se submetem algumas vezes à vergonha, à tirania, à conquista, mas não agüentam muito tempo a anar*quia *(...) mas se nós temos interesse em criar um governo entre os árabes, temos um interesse bem mais visível em não deixar que lá se estabeleça um só governo* e, assim sendo, *na Argélia, como em outros lugares, o grande empreendimento de um governo novo não consiste em criar o*

48 Embora a influência pareça evidente, Tocqueville expressa uma crítica moralista a Maquiavel: "O que mais me surpreendeu nesse livro do Príncipe foi o fato de ser, no seu conjunto, uma obra superficial, apesar de, por vezes, apresentar pensamentos muito profundos. Eu tentarei explicar: há na obra O *príncipe* uma grande exibição de perversidade, em que se professa sabiamente a arte do crime em assuntos políticos; é uma engrenagem extremamente complicada cuja força motriz tem sua fonte de energia na astúcia, na trapaça, na mentira e na intriga. Mas, finalmente, qual é a sua finalidade? ... Em conclusão, O *príncipe* de Maquiavel trabalha tão sabiamente e tão laboriosamente para se tornar um grande criminoso, que, acredito, obraria melhor se fosse apenas honesto" (O.C., T. XI, p. 19-20).

que não mais existe, mas utilizar o que há (...) os próprios árabes nomeiam seus chefes, assim, é necessário conservar-lhes este privilégio[49].

É portanto após ter-se inteirado completamente, sobre os problemas da Argélia, por leituras de documentos e livros, que encontramos novamente Tocqueville, juntamente com Beaumont, fazendo planos para conhecer a colônia do Norte da África. Pretendiam viajar em setembro de 1840, mas uma ameaça de guerra retardou o projeto dos dois amigos. Tal possibilidade havia surgido a partir do conflito entre o sultão turco e o pachá do Egito, atingindo uma importância mundial, a ponto de envolver a França e a Inglaterra[50]. Por outro lado, também internamente, a França atravessava um período de crise política, pois somente com a demissão de Thiers e a formação de um novo ministério com Guizot a guerra pôde ser evitada[51].

Passado o perigo, Tocqueville e seu amigo Beaumont desembarcam em Argel, a 7 de maio de 1841. Infelizmente, os dois não podem executar todo o seu projeto. Tocqueville cai gravemente enfermo e é obrigado a abandonar a viagem quando estavam prestes a acompanhar a expedição militar do exército de ocupação, comandada pelo marechal Bugeaud. Assim, a 11 de junho estão de volta a Toulon.

Apesar dessa viagem meio frustrada, o interesse de Tocqueville pela Argélia não pára aí. Não só iremos encontrá-lo, bem como Beaumont, porém em ocasiões diferentes, a realizar novas expedições ao Norte da África, como também participará de várias comissões na Câmara encarregadas de estudar os diferentes problemas da colônia.

---

49 O.C., T. III, Vol. I, p. 143, 148-9.

50 A 15 de julho de 1840, a Inglaterra, a Rússia, a Áustria e a Prússia estabeleceram um tratado sem o conhecimento da França, para acertar, sem escutá-la, o conflito entre o sultão turco e o paxá do Egito. Tocqueville havia considerado esta situação humilhante para a França e acreditava ser difícil evitar a guerra. Ele comenta em cartas a Reeve, de 8 de outubro a 9 de novembro de 1840, esta situação (O.C., T. VI, Vol. 1, p. 61-2).

51 Thiers, ministro de Luís Filipe, era favorável à participação da França no conflito. O rei, entretanto, que tendia para uma solução pacífica, recusou o texto da fala do trono, que Thiers havia preparado em tom belicoso. Este demite-se e Luís Filipe chama Guizot, que forma um novo ministério em 29 de outubro de 1840. Considerando que o povo francês, com seu orgulho ofendido, se havia colocado contra o rei, Tocqueville teme não apenas a guerra, mas uma revolução que tomasse conta de toda a Europa (cf. *ibid.*, p. 62).

Mesmo antes de empreender sua segunda viagem, em outubro de 1846, desta vez acompanhado por sua mulher, Tocqueville redige um cuidadoso relatório sobre a Argélia, em que demonstra a atenção que vinha dedicando ao assunto. Sua ênfase será sempre a de defender a ocupação francesa, como necessária para que a França não perca sua importância política internacional. Este trabalho, bem como o realizado após sua segunda viagem, serão, como ele próprio admite, *como uma verdade demonstrada de que a dominação francesa na África deve ser firmemente mantida*, e por isso limitar-se-á apenas *a pesquisar como se dá no momento esta dominação, quais são os seus limites verdadeiros, e o que é necessário fazer para consolidá-la*[52].

Contrário à forma pela qual vinha-se desenvolvendo a colonização, com a ocupação apenas militar, Tocqueville empreenderá suas análises para tentar mostrar a necessidade de se enviar para a Argélia colonos franceses que se dedicassem à agricultura. Tão bem defende esta tese, de viva voz, na Câmara, que as sugestões de seus relatórios acabam por ser adotadas, o que provoca, em 1847, a demissão de Bugeaud, que ocupava os cargos de governador e comandante das tropas de ocupação na Argélia. Contudo, ele admite que, para que suas propostas tivessem sucesso, seria fundamental que os administradores e colonos franceses adquirissem um maior conhecimento dos costumes dos povos locais, assim como seria necessário que houvesse legislação diferente para franceses e argelinos.

Nesse ponto, Tocqueville demonstra claramente sua posição de liberal fortemente nacionalista. O nacionalismo aparece de modo evidente quando, no início de um de seus relatórios, declara: *não creio que a França possa pensar seriamente em abandonar a Argélia. Se ela o fizesse, seria, aos olhos do mundo, o anúncio certo de sua decadência (...) Se a França recuasse diante de uma empresa na qual se enfrentam como únicas dificuldades as naturais do país e a oposição por parte de pequenas tribos bárbaras que o habitam, ela pareceria aos olhos do mundo dobrar-se à sua própria impotência e sucumbir à sua fraqueza*[53].

52 O.C., T. III, Vol. 1, p. 311.

53 Sabe no entanto Tocqueville que um dia a França deverá perder a colônia, mas isto só poderá acontecer quando ela empreender grandes coisas na Europa, e não num momento como o atual, quando parece descer a um nível secundário e resignar-se a deixar passar para outras mãos a direção dos negócios europeus (*idib.*, p. 214).

Não deixa também de se preocupar com a liberdade do cidadão francês que se torna habitante da colônia: que se encontrem fórmulas para garantir seus direitos, para que lá se estabeleça a sua liberdade[54]. Destaca, neste caso, a diferença entre o que deveria ser a liberdade do francês colonizador e a do nativo. Embora defendesse a necessidade de se respeitar a cultura árabe, aparentemente, apenas nisto iria residir a liberdade dos locais. E mesmo "esse respeito" é por ele explicado em termos de sua utilidade ao sucesso da colonização[55].

Pensando ainda ser necessário, para a realização de um bom relatório sobre a Argélia, um estudo comparativo de vários tipos de colonização, Tocqueville empreende nesta época um longo estudo sobre o estabelecimento dos ingleses na Índia[56]. Finalmente, conclui Tocqueville, no caso argelino pela necessidade de, utilizando-se das influências e dos poderes constituídos locais, os franceses manterem em suas mãos o que considera o poder político primordial, ou seja, *aquele que dá o primeiro impulso aos negócios*[57], reservando aos nativos os poderes secundários do governo.

Embora plena de debates e lutas políticas, a vida parlamentar de Tocqueville desenvolve-se normalmente até 1848. Concorrerá

---

54 "Nós temos necessidade, na África como na França, de garantias essenciais ao homem que vive em sociedade; não há país onde mais seja necessário fundar a liberdade individual, o respeito à propriedade, a garantia de todos os direitos do que uma colônia" *(O.C.*, T. III, Vol. 1, p. 149-50). É interessante notar também que mesmo as liberdades mais caras a Tocqueville, como a de imprensa, deixam de ter sentido na colônia: "Seria conveniente que se substituísse à censura, que a suprime, por uma ordenação que a regulamentasse. Que se proíba de tratar certos assuntos perigosos para nossa dominação na África, isto é possível e mesmo necessário. Mesmo nossa legislação francesa contém restrições análogas; mas que os deixe discutir todo o resto" *(ibid.*, p. 353).

55 "Não apenas é útil tirar partido dos costumes políticos dos árabes, mas é necessário só modificar as regras de seu direito civil pouco a pouco" *(ibid.*, p. 150).

56 *Ibid.*, p. 443 e ss.

57 "Por toda parte, o poder político, que deve dar o primeiro impulso aos negócios, deve estar nas mãos dos franceses. Semelhante iniciativa não pode se encontrar, em nenhum lugar, em segurança em mãos dos chefes indígenas. Eis o primeiro princípio. Vamos ao segundo: a maior parte dos poderes secundários do governo deve, ao contrário, ser exercida pelos habitantes do país. A terceira máxima de governo é a seguinte: nosso poder deve procurar se apoiar sobre as influências já existentes no país" *(ibid.*, p. 320).

sempre às eleições, em 1842 e em 1846, e ganhará cada vez maior número de votos. Será, ainda em 1842, eleito para o Conseil Général. Por várias vezes, durante suas campanhas eleitorais e na defesa de vários projetos na Câmara, é obrigado a explicitar sua posição política, pois, durante todo esse período, é difícil para ele manter-se como liberal independente. Embora desejasse sempre marcar essa independência, não podia escapar às alianças necessárias e mais convenientes numa luta parlamentar. É verdade que, tendo optado por uma situação de oposição e à esquerda, mesmo nesta muitas vezes não se sente à vontade. Contra Guizot, enquanto este é governo, e contra Thiers, de centro-esquerda, Tocqueville vê com maus olhos, em algumas situações, as aproximações entre esquerda e centro-esquerda e o papel de Odilon Barrot dentro de sua própria tendência[58]. É com muito esforço, e ao mesmo tempo com algum desprezo pelos colegas, que tenta fazer com que suas idéias sejam dominantes pelo menos entre aqueles que compõem a esquerda na Câmara. Em sua extensa correspondência com os amigos vemo-lo, no final de 1842, tentar explicar essa atitude: *a ruptura do senhor Thiers com a esquerda e o papel que tive neste acontecimento forçam-me a viver menos isolado da oposição e a ser mais ativo nos negócios diários.* A *dificuldade é enorme. Eu só quero andar junto com a oposição e misturar-me a ela desde que possa influenciá-la e, mesmo numa ação conjunta, possa guardar a minha própria independência*[59]. Procurando atrair Beaumont para sua posição, Tocqueville escreve-lhe na mesma época: *acredito que, se pudermos isolar Barrot de Thiers e nos unirmos intimamente a ele, estaremos em condição de dar à oposição uma atitude, uma linguagem e um poderio moral que ela jamais teve. Temos a honestidade que falta ao senhor Thiers e a seus amigos, a moderação e o espírito de direção que não encontramos na esquerda. Se conseguirmos controlá-la, o resultado será enorme*[60].

Com esse propósito, Tocqueville passa a defender ativamente suas idéias. Estas o levam constantemente a lutar para que pelo menos sejam mantidas aquelas liberdades que se encontram expressas na Constituição, pois acredita que estão sendo violadas. Não deixa

58 Odilon Barrot, chefe da oposição dinástica, de esquerda moderada durante a monarquia de julho, será, em 1847, o promotor da campanha dos banquetes reformistas que terminam por ser o estopim da Revolução de 1848.

59 O.C., T. XIII, Vol. 2, p. 107.

60 O.C., T. VIII, Vol. 1, p. 473.

também de realizar suas pregações a favor da descentralização. Alguns temas o apaixonam intensamente. Assim é com o famoso debate sobre a liberdade de ensino, quando há uma grande disputa entre Universidade, Igreja e Governo. A posição de Tocqueville é a de defender a possibilidade de que, ao lado de uma Universidade em que a educação laica fosse mantida, possam existir outras escolas, religiosas ou não, como garantia da liberdade de pensamento. Embora para ele a Universidade deva permanecer o centro principal dos estudos e o Estado deva conservar os direitos de vigiar as escolas, mesmo as que não dirige, é a favor de que se possa organizar, ao lado da Universidade, uma concorrência séria. Pensa desta forma porque está convencido de *que a instrução, como todas as coisas, tem necessidade, para aperfeiçoar-se, vivificar-se e regenerar-se, do aguilhão da concorrência*. Tal é a sua posição, que para ele significa apenas a convicção *de um homem que quer regulamentar e limitar a liberdade, não destruí-la*[61].

Tocqueville participa ainda de comissões de elaboração e estudos de projetos, dos quais constantemente se torna o relator. Quase sempre exerce um papel de destaque, sobretudo nas comissões que se referem às prisões, às estradas de ferro e às reformas eleitorais, numa palavra, aos principais temas levados à discussão no Parlamento. Extrapola, porém, o debate parlamentar, escrevendo artigos para os jornais. É verdade que essa atividade se torna quase obrigatória, na medida em que seus inimigos o atacam também pela imprensa. Quase invariavelmente estes tentam acusá-lo de legitimista, pois sua família continuava a participar de manifestações a favor dos Bourbons[62].

Sobretudo por esse motivo, durante as campanhas eleitorais que é obrigado a empreender por ocasião das eleições de 1842 e 1846, não lhe basta apresentar novas circulares, para expor suas idéias e defender sua posição de liberal independente. Tocqueville precisa também publicar artigos em jornais que se disponham a defendê-lo.

---

61 Cartas de 6 de dezembro de 1843 a 4 de fevereiro de 1844, de Tocqueville a Bouchité (*O.C.B.*, Vol. VII, p. 212-3 e 219).

62 Um irmão de Tocqueville havia participado, em Londres, em 29 e 30 de novembro de 1843, de uma manifestação de legitimistas franceses. Tocqueville comenta o incidente em carta a Beaumont: "O tolo incidente legitimista, o que me parece mais tolo e inconveniente porque meu irmão, apesar de minha oposição, inventou de participar, e ameaça igualmente de agitar a Câmara" (*O.C.*, T. VIII, Vol. 1, p. 526).

A partir dessa experiência jornalística, e acreditando na importância da imprensa como difusora de opinião, Tocqueville pensa seriamente em adquirir um periódico, juntamente com alguns parlamentares que compartilham de seus ideais[63]. A realização desse projeto virá constituir uma das áreas de atrito e mal-estar com relação a seu amigo Beaumont, que, desde 1842, vinha já discordando do radicalismo independente de Tocqueville, sobretudo em relação a alguns lideres parlamentares como Thiers e mesmo Barrot[64].

Em junho de 1844, forma-se uma sociedade entre os proprietários do jornal *Le Commerce* e alguns deputados da oposição. Tocqueville passa deste modo não só a pertencer ao conselho de redação do jornal, como a possuir uma pequena parcela de suas cotas. *Le Commerce* declara-se de oposição, e Tocqueville é um de seus principais redatores. Embora seus artigos não fossem assinados, tanto estes como os dos outros redatores representavam a linha política de Tocqueville.

Le Commerce não consegue, no entanto, manter por muito tempo a sua marca de uma folha liberal-independente e é vendido em maio de 1845, sendo anulada a antiga sociedade. Tocqueville perde, assim, seu meio de comunicação com um público mais amplo. Ele lamenta, em outubro de 1845, a desaparição do jornal que considerava então como *a única representação verdadeira das idéias liberais na imprensa*[65]. Por acreditar ser realmente importante contar com um periódico que expressasse seu pensamento político, procura Tocqueville ainda uma vez participar, nas mesmas condições, de outro jornal, *Le Soleil*, mas esta tentativa não chega a se concretizar.

Antes mesmo do início das sessões parlamentares de 1847, inconformado com a influência que Thiers consegue ter sobre a oposição em geral, Tocqueville organiza no interior desta uma associação de homens políticos que irá trabalhar e agir em conjunto, numa total independência com relação a Thiers, Barrot e aos demais grupos. Tocqueville vê nesta "nova esquerda" a disposição de estudar a

---

63 Para Tocqueville, "um jornal é um discurso que se faz, de uma janela, para pessoas de educação muito variada que passam pela rua" (*O.C.B.*, Vol. VI, p. 123).

64 Beaumont, membro do comitê de controle ao jornal *Siècle* não quis participar da sociedade que fundava o novo *Le Commerce* (cf. O.C., T. VIII, Vol. 1, p. 537-48).

65 O.C., T. VIII, Vol. 1, p. 564.

fundo as questões relativas aos problemas econômicos, políticos e sociais, para que se pudessem realizar reformas que mais atendessem às necessidades de modificações institucionais da nação. Acredita mesmo que essa *conduta é a única que pode permitir à oposição retomar pé no país, fazer uma guerra viva e eficaz ao ministério atual e tornar-se desejável para substituí-lo um dia*[66].

O amigo Beaumont parece não concordar com esta visão, pois está convencido de que a união da esquerda e da centro-esquerda deve permanecer intacta, já que é necessária para o bom andamento das principais reformas - parlamentar e eleitoral[67] - que haviam combinado realizar.

Na Câmara de deputados já se havia iniciado a discussão sobre a necessidade de se realizarem reformas no país. Embora aparecessem efetivamente como mais importantes a reforma eleitoral e a parlamentar, falava-se também em reformas de cunho econômico, que envolviam desde a construção de estradas de ferro até a liberdade de comércio ou mesmo a questão da colônia argelina.

Durante todo esse ano que antecede a Revolução de 1848, apesar de bastante ocupado em redigir o seu relatório sobre a Argélia[68], que lhe custaria um novo desentendimento com Beaumont[69], Tocqueville procura também esclarecer-se sobre os vários acontecimentos internacionais.

---

66 O.C., T. VIII, Vol. 1, p. 593.

67 Já havia algum tempo a oposição em geral na França fazia uma campanha para o alargamento do direito de voto às "capacidades". Entendia-se por "capacidades", neste caso, intelectuais, quadros administrativos, profissionais liberais, enfim, aqueles que, embora não possuindo as condições de fortuna exigidas para pertencerem ao "país legal" correspondiam às condições de ordem intelectual.

68 Em outubro de 1847 dá-se a rendição de Abd-el-Kader, com a qual se marcaria o fim da grande guerra e se asseguraria a dominação da França sobre a Argélia.

69 Este novo desentendimento entre Beaumont e Tocqueville assume desta vez um caráter de luta parlamentar. Ambos se haviam apresentado, um contra o outro, para serem os relatores da comissão eleita para examinar o projeto de créditos extraordinários e o projeto dos campos agrícolas para a Argélia. Desde então, Beaumont afastou-se do pequeno grupo político do qual Tocqueville era o centro. Mas já em outubro de 1847 encontramos uma carta de Tocqueville a Beaumont, em que fala no "retorno das nossas boas relações" (*ibid.*, p. 607).

Por essa época, as relações entre Inglaterra e França não eram boas; a Áustria havia anexado Cracóvia sob os inúteis protestos da França, e uma grande crise econômica espalhava-se por toda a Europa. Havia muito também que movimentos sociais liberais, nacionalistas, democráticos e mesmo de caráter socialista se desenvolviam por todo o Continente. Como afirma o historiador Charles Pouthas: *desde 1830 Paris havia-se tornado a capital do liberalismo europeu, o refúgio de perseguidos políticos poloneses, alemães e italianos. O francês, língua ainda da boa sociedade, veiculava até a Romênia um sistema de idéias liberais*[70]. Deste modo, ao lado de tentativas de emancipações alimentadas por revolucionários liberais, como na Polônia ou na Itália, encontramos também a difusão de teorias socialistas e de tentativas práticas para organizar o trabalhador industrial na própria fábrica, com a finalidade de solucionar a miséria do proletariado.

Plenamente favorável aos movimentos liberais que concordassem com suas idéias, Tocqueville não consegue, no entanto, ver com simpatia as ações dos revolucionários socialistas. Tendo lido Saint Simon, Proudhon e Fourier e conhecendo bem Louis Blanc e, mais tarde, Blanqui, seus colegas do Parlamento, em nenhum momento ele parece sentir qualquer afinidade nem com os primeiros nem com os segundos. Quando, ainda em 1847, a campanha reformista propõe a realização de banquetes como instrumento de sua propaganda, apesar de ser um grande defensor das reformas, Tocqueville não aprova esse método, declarando mesmo mais tarde não ter querido os banquetes, porque não queria a revolução[71].

A Revolução 1848 não o toma, portanto, de surpresa. Em outubro de 1847, seu grupo de oposição parlamentar o havia encarregado de redigir um manifesto em que deveria pintar o quadro sociopolítico da nação e explicar a necessidade das reformas. Contudo, embora Tocqueville o tivesse redigido e se encontre publicado como

---

70 Pouthas, C. *Democraties et capitalisme*. Paris, PUF, 1948, p. 16.

71 O.C., T. XIII, p. 110. Tocqueville explica também sua posição contra os banquetes por não acreditar que o movimento dos parlamentares pró-reforma pudesse agitar o povo. E, se não conseguisse atingir o povo, os reformistas que haviam promovido os banquetes tornar-se-iam ainda mais odiados do que já eram aos olhos dos que governam e da classe média. Mas, se porventura os banquetes conseguissem agitar o povo, o resultado também não seria bom, pois não se poderia prever aonde levaria uma agitação desta espécie (O.C., T. XII, p. 43).

um manifesto *da classe média e do povo*, não chegou a ser utilizado pelo seu grupo.

Esse manifesto demonstra a preocupação de Tocqueville com a crise que atravessava então a França, salientando a situação calamitosa em que se encontrava o país e responsabilizando a apatia política por essa situação. Esta apatia, por sua vez, segundo Tocqueville, advém do fato de que há algum tempo – na verdade desde 1830 – apenas uma classe participa da vida pública da nação. De tal forma isto é verdadeiro que *a maior parte da nação apenas observa o que se passa e não escuta quase nada do que se diz no teatro oficial de seus negócios*[72]. Sem dúvida, diz ele, a própria legislação francesa contribui para que esta situação permaneça, pois ela impede a grande maioria da nação de participar politicamente, negando-lhe mesmo seu direito à cidadania. Além disso, aqueles que têm direito à participaçao tornaram-se tão homogêneos, que não há grandes e verdadeiros partidos.

Em outras palavras, na França de 1847, não se podia encontrar *nem variedade, nem movimento, nem fecundidade, nem vida*[73]. Assim sendo, *fora do país legal, a vida política ainda não havia nascido, dentro ela não podia nascer*[74]. Na verdade, para Tocqueville, a oposição em nada altera essa situação, ou melhor, as oposições *se diferenciam mais pelas palavras do que pelas idéias*[75]. Mas, se, no momento, o quadro que Tocqueville pinta da classe política nacional é o da imobilidade, ele prevê, no entanto, para logo, uma mudança que pode vir a ser catastrófica, isto é, revolucionária.

Assim como *desde a Revolução Francesa até 1830 a grande luta foi entre a antiga aristocracia feudal e a classe média*, em breve o *país se encontrará de novo dividido em dois verdadeiros partidos*[76]. Desta vez, porém, a luta terá como fundamento o direito de propriedade, isto é, dar-se-á *entre aqueles que possuem e aqueles que não possuem*[77]. Não é *por acaso*, diz ele, *que vemos aparecer por todos os lados doutrinas singulares que trazem nomes diversos, mas que têm todas como caráter*

72 O.C.B, Vol. IX, p. 514.

73 *Ibid.*, p. 515.

74 *Ibid.*, p. 516.

75 *Ibidem.*

76 *Ibid.*, p. 515-6.

77 *Ibid.*, p. 517.

principal a negação do direito de propriedade[78]. É desta forma que encontramos a primeira manifestação crítica de Tocqueville às idéias socialistas.

Ao final desse manifesto de seu grupo parlamentar de oposição, Tocqueville indica quais as medidas legislativas que devem ser tomadas. Em primeiro lugar, *alargar pouco a pouco o círculo dos direitos políticos, de tal forma que ultrapasse os limites da classe média, para que a vida pública se torne mais variada, mais fecunda, e as classes inferiores se interessem regularmente e em paz pelos negócios públicos*; em segundo lugar *fazer com que o objeto principal do legislador seja ocupar-se das condições materiais e intelectuais destas classes.* Para que isto se torne realidade, as leis devem procurar aliviar os encargos públicos e sobretudo estabelecer sua perfeita igualdade, a fim de fazer desaparecer *todas as desigualdades que permanecem em nossa legislação fiscal*; em resumo, *assegurar ao pobre toda a igualdade legal e todo o bem-estar compatível com a existência tanto do direito individual de propriedade quanto da desigualdade de condições que deste direito pode decorrer. Pois aquilo que, neste assunto, era honestidade e justiça tornou-se necessidade e prudência*[79].

Mas, se, em outubro de 1847, Tocqueville pretendia ainda evitar, por meio de medidas legais, uma possível luta entre duas classes – de possuidores e não possuidores –, em janeiro de 1848 a revolução parece-lhe inevitável. Sua crítica ao governo é das mais eloqüentes, classificando-o de incompetente e corrupto e duvidando mesmo da eficácia que possam ter medidas apenas reformistas. Assim, apesar de acreditar na *utilidade da reforma eleitoral, na urgência da reforma parlamentar*, ele declara não ser *tão insensato que não saiba que não são as leis que fazem o destino dos povos*[80].

As análises que Tocqueville faz da situação da classe operária apontam necessariamente para a iminência da revolução. Questionando no Parlamento seus colegas, que duvidam de suas palavras, pergunta-lhes se não são capazes de ver que as paixões políticas dos

---

78 Ao concluir este trecho, Tocqueville acrescenta que nesse ponto irá fazer uma análise sumária de algumas teorias socialistas como as de Owen, Saint Simon, as idéias propagadas nas obras de Louis Blanc, nos diversos romances e até nas páginas avulsas que enchem as novelas dos jornais (O.C.B., Vol. IX, p. 518).

79 *Ibid.*, p. 519.

80 O.C., T. I, Vol. 2, p. 379.

operários se tornaram sociais; que as idéias disseminadas no seio do operariado não expressam apenas o desejo de transformar tal lei ou tal ministério, mas a própria sociedade; que estas mesmas idéias dizem também que a propriedade repousa sobre bases que não são eqüitativas e que todos os que se encontram acima dessa classe são indignos de governar. Finalmente, diz ele, quando tais idéias atingem profundamente as massas, elas conduzem necessariamente à revolução. E termina por profetizar, apesar da descrença de seus colegas: *minha convicção profunda é a de que neste momento nós estamos adormecidos sobre um vulcão*[81].

Assim, é como alguém que espera uma revolução indesejável que Tocqueville assiste aos acontecimentos de 1848 e 1849[82] e por vezes deles até participa ativamente. Sem dúvida, é apenas um atento observador crítico das jornadas de fevereiro, mas, à medida que o processo revolucionário se desenvolve, decide-se por uma participação mais efetiva.

Se, às vésperas da Revolução, Tocqueville vinha atacando na Câmara o governo e o sistema político francês vigente, pregando uma reforma eleitoral e parlamentar, em nenhum momento, durante os três primeiros dias da Revolução, é tomado de entusiasmo, como acontece com alguns de seus companheiros de oposição. Recebe naturalmente esses acontecimentos, pois a Revolução, além de esperada, é para ele inevitável, tanto por causa da incompetência e da inércia da classe política francesa, quanto pelo fato de há muito se impedir a maioria da nação de uma participação mais ampla nos negócios públicos, o que levou a maioria a aceitar cada vez mais as *quiméricas* idéias socialistas[83]. Para ele, outra vez a França terá que passar por

---

81 O.C., T. I, Vol. 2, p. 372.

82 Nos seus *Souvenirs* Tocqueville diz que, como ele, apenas os futuros vencedores haviam previsto e temido a Revolução: "Não é certamente uma das características das menos bizarras desta revolução singular que o acontecimento que a produziu tivesse sido conduzido e quase desejado por aqueles que ela devia precipitar do poder, e que somente tivesse sido prevista e temida pelos homens que iriam vencer" (O.C., Vol. XII, p. 47).

83 Em carta de 10 de abril de 1848, respondendo ao economista inglês Nassau William Senior sobre sua sugestão de se aplicar a "lei dos pobres" na França, tal como se fazia na Inglaterra, Tocqueville escreve: "A revolução não foi de maneira alguma introduzida pela miséria das classes operárias ... A crise que atormentava os operários das grandes manufaturas era passageira, e, embora bastante intensa, não ultrapassava os limites conhecidos. Não

uma revolução, para caminhar mais um pouco no seu processo de democratização. Mas Tocqueville não pode deixar de considerar os acontecimentos como trágicos. Como se pressentisse o golpe de 2 de dezembro de 1851 e as medidas que o antecederam, teme o desaparecimento das liberdades fundamentais.

Embora tenha estado quase sempre presente aos acontecimentos, após o estabelecimento do governo provisório, Tocqueville permanece, na maioria das vezes, como um observador da constituição da nova Republica. Admite ter mesmo sentido um certo alívio por estar livre do Parlamento[84]. Mas não mantém por muito tempo essa condição de espectador do cenário político: tão logo o governo provisório anuncia novas eleições, ele começa a pensar seriamente em candidatar-se à Assembléia pela sua região. *Havia chegado o momento em que era necessário saber se desejava apenas continuar como observador desta singular revolução, como simples particular, ou juntar-se aos acontecimentos*[85].

A decisão de candidatar-se é bastante ponderada por Tocqueville. Sua atividade política como deputado durante o reinado de Luís Filipe era por ele considerada como insatisfatória. Acreditava-se mau orador, pouco convincente e, no seu próprio dizer, *não era suficientemente virtuoso para impor respeito e demasiado honesto para se dobrar a todas as pequenas práticas que eram então necessárias para um*

---

são as necessidades, são as idéias que conduziram esta grande reviravolta: as idéias quiméricas sobre a condição relativa do operário e do capital, teorias exageradas sobre o papel que poderia preencher o poder social nas relações do operário e do proprietário, doutrinas ultracentralizadoras, que haviam conseguido persuadir multidões de homens, que competia apenas ao Estado os salvar da miséria, e também de lhes fornecer o conforto e o bem-estar. É possível compreender que, para essa doença dos espíritos, uma "lei dos pobres" não seria um remédio muito eficaz; longe de mim afirmar que ela não fosse útil. Acredito mesmo que há muito se deveria ter dado esta satisfação legítima ao povo; mas não é com a ajuda desta lei que hoje podemos nos livrar dessa situação, pois, repito, temos diante de nós idéias mais do que necessidades" (*O.C.B.*, Vol. VI, p. 134-5).

84 "Eu diria, então, que quando voltei o meu olhar para o fundo do meu coração, descobri, com alguma surpresa, um certo alívio, uma espécie de alegria mesclada a todas as tristezas e a todos os temores que a revolução havia produzido. Eu sofria pelo meu país por causa deste terrível acontecimento, mas ficou claro que não sofria por mim; parecia-me, ao contrário, que respirava mais livremente que antes da catástrofe" (O.C., T. XII, p. 102).

85 *Ibid.*, p. 100.

rápido sucesso[86]. Acreditava também *não haver obtido na tribuna o sucesso que havia encontrado no seu livro*[87]. E não pode deixar de fazer a comparação: *nada se assemelha menos a um bom discurso que um bom capítulo*[88].

Apesar desses inconvenientes, Tocqueville acaba por achar necessário, em nome de seus próprios princípios, lançar-se novamente como candidato. E é propondo-se a *defender não um outro governo, mas as leis que constituem a sociedade, e nesta defesa jogar sua fortuna, seu repouso e sua pessoa*, que toma essa decisão[89].

Partindo para sua região, sempre a província da Mancha, na Normandia, para apresentar-se aos eleitores, Tocqueville observa com curiosidade a diferença de ânimo entre a população parisiense e a da província. Se os revolucionários de Paris – na sua grande maioria, operários ou simplesmente os mais pobres habitantes daquela cidade –, radicalizando a revolução, falavam em *abolir o direito de propriedade*, ao contrário, aos provinciais – na maior parte, pequenos proprietários –, o combate à propriedade causava horror. E, como percebe muito bem Tocqueville, o que estes desejavam realmente era que o governo diminuísse ou extinguisse de vez os impostos e *abolisse as dívidas*[90].

A campanha eleitoral empreendida por Tocqueville é rápida e simples. Não se afasta de seus antigos valores. É bastante fácil para ele sustentar a nova República, pois esta é apenas mais um passo do natural e irresistível processo de democratização[91]. Mas deixa bem claro que não estará de acordo com uma república que seja uma ditadura exercida em nome da liberdade.

Assim, durante a campanha, verifica que cada pequena cidade possuía seu "clube" político, e que cada clube realizava o que Tocqueville classifica como *insolentes interrogatórios* aos candidatos e por isso nega-se a responder-lhes. Nega-se também a retomar a antiga

---

86 O.C., T. XII, p. 102.

87 *Ibidem*.

88 *Ibidem*.

89 *Ibid.*, p. 105.

90 *Ibid.*, p. 116.

91 Em sua circular eleitoral, Tocqueville declara que continuava respeitando o juramento de fidelidade que havia prestado à monarquia, mas que a recente República, nascida aliás sem o seu concurso, teria todo o seu apoio e que não queria apenas "deixá-la subsistir, mas sustentá-la" *(ibid.*, p. 108-9).

forma, inspirada em 89, de saudar aos outros chamando-os de cidadãos. Limita-se a publicar e a fazer afixar por toda parte a sua tradicional circular e a comparecer à reunião preparatória dos eleitores do seu distrito.

Embora não tenha trabalhado muito em sua campanha, e sabendo que, se eleito, provavelmente teria que enfrentar momentos difíceis, Tocqueville declara a Beaumont que seria com tristeza que veria as portas da Assembléia se fecharem para ele. A política tornara-se sua carreira. Pensa mesmo que naquela ocasião não poderia *tornar-se estranho aos negócios do país, sobretudo por ser um momento de grandes dificuldades*[92]. Assim, escreve Tocqueville a Beaumont, em 22 de abril de 1848, que talvez tenham dias terríveis pela frente, mas apesar disso parece-lhe que vão *começar uma nova vida política e (estão) livres dessa trindade ministerial (Thiers, Molé e Guizot) que foi a divindade dos últimos 18 anos*[93]. É com satisfação, portanto, que recebe o resultado das eleições. Tendo sido já adotado o voto universal masculino, Tocqueville consegue, mais uma vez, obter um bom sucesso. É eleito por 110.704 votos, numa população de 120.000 eleitores.

A primeira reunião da nova Assembléia dá-se a 4 de maio, e sua composição começa a ser analisada por Tocqueville. Nota desde logo, nessa nova Assembléia, sua divisão. Esta é facilmente detectada pela presença, de um lado, de boa parte dos seus antigos colegas e, de outro, dos representantes realmente novos, que logo se denominaram *montagnards*, mais uma vez numa evidente imitação de 1789. Tocqueville vê nesse grupo uma diferença já bastante perceptível entre os revolucionários da velha escola, aqueles que, na prática, eram capazes de fazer uma revolução, e os socialistas, que, para ele, eram mais teóricos do que homens de ação[94].

Mas, apesar das críticas mordazes que, por vezes, faz aos seus colegas, Tocqueville declara que a atmosfera dessa Assembléia o agradou. *Encontravam-se mesmo no seu interior mais homens sinceros, desin-*

92 O.C., T. VIII, Vol. 2, p. 12.

93 *Ibid.*, p. 13.

94 "Os socialistas eram os mais perigosos, pois eram os que melhor correspondiam ao verdadeiro caráter da Revolução de Fevereiro e as únicas paixões que ela produziu, mas eram muito mais teóricos do que homens de ação e, para transformar a sociedade segundo sua vontade, eles teriam tido necessidade de energia prática e da ciência das insurreições que somente seus confrades possuíam" (O.C., T. XII, p. 120).

teressados, honestos e sobretudo corajosos, do que nas Câmaras de deputados no meio das quais tinha ele então vivido[95].

É dessa forma que, em seus *Souvenirs*, além de descrever o que vê e relatar sua participação em alguns eventos, Tocqueville procura comentar os acontecimentos, analisando os personagens, os partidos e as idéias. Colocando-se sempre onde acredita ser o seu lugar e ser seu dever estar, nele permanece, lutando em defesa de suas idéias. Assim, não se afasta do seu posto na Assembléia quando esta é invadida e ameaçada, comparece enquanto constituinte à festa da Concórdia e se espanta em ver o quanto o povo está armado – embora ele mesmo trouxesse consigo, na ocasião, uma arma –, descreve com um certo desprazer a volta à Assembléia dos antigos parlamentares Molé e Thiers, eleitos em junho de 48, e o aparecimento de Luís Napoleão no cenário político.

Tocqueville rememora os seus passos nas jornadas de junho (22 a 27) e as analisa não como uma luta política, mas que opõe grupos sociais definidos. Deste modo, ele procura explicar que, em junho de 48, o povo de Paris não se abateu, como em 1830, apenas para *mudar a forma de governo, mas para alterar a ordem da sociedade*. No entanto, este movimento teria *saído naturalmente das idéias socialistas*[96]. E, à semelhança de Marx[97], Tocqueville vê também nesse combate a realização de uma verdadeira luta de classes. *Esta insurreição terrível não foi o simples empreendimento de alguns conspiradores, foi na verdade o levante de toda uma população contra uma outra*[98]. Influenciados que teriam sido os operários de Paris pelas idéias socialistas, eles realizaram este *esforço brutal e cego, porém poderoso, para escapar às necessidades de sua condição, que lhes havia sido pintada como ilegítima, e para abrir a ferro e a fogo um caminho em direção a um bem-estar imaginário, que as ditas idéias socialistas lhes haviam mostrado, ao longe, como um direito seu*[99].

Mas, apesar de encarar essa revolta dos operários de Paris como um erro, e ser contrário à violência revolucionária, Tocqueville não pode deixar de protestar e votar contra o decreto da Assembléia que

95 O.C., T. XII, p. 122-4.

96 *Ibid.*, p. 151.

97 Marx, Karl. *A luta de classes na França* e *O dezoito brumário de Luís Bonaparte*.

98 O.C., T. XII, p. 152.

99 *Ibid.*, p. 151.

colocava Paris em estado de sítio e substituía a Comissão Executiva do governo provisório pela ditadura militar do general Cavaignac[100]. O decreto é porém aplaudido pela grande maioria na Câmara, e Tocqueville é escolhido para, juntamente com mais alguns companheiros, sair às ruas e percorrer os lugares de combate, anunciando à Guarda Nacional o que a Assembléia havia decidido. Conta-nos ele suas andanças e discursos pelas barricadas, e o entusiasmo com que a Guarda Nacional recebia a notícia da deposição do governo provisório.

No final desses acontecimentos, Tocqueville observa com certa apreensão o futuro da liberdade: *considerei no calor da hora o combate de junho como uma crise necessária, mas depois desta o temperamento da nação se encontraria de alguma forma mudado. Ao amor da independência suceder-se-ia o temor e talvez o desgosto das instituições livres; após tal abuso da liberdade, um retorno era inevitável*[101].

Acabadas as jornadas de junho, seguidas que foram de imensa repressão àqueles considerados como líderes revolucionários, o país vive até 2 dezembro de 1848 sob a ditadura militar de Cavaignac. Nesse período, Tocqueville, como um dos dezoito membros do comitê encarregado de preparar a Constituição de 1848, continua trabalhando com enorme empenho para que esta possa expressar pelo menos alguns dos seus princípios mais caros, para que se pudesse preservar a liberdade. Assim é que se bate para que se estabeleçam: a) uma descentralização administrativa e liberdades locais; b) duas câmaras de representantes em vez de uma câmara única[102]; c) a diminuição do poder do executivo e a sua eleição pelo povo (voto universal masculino), ou, alternativamente, a conservação, por parte do presidente, dos antigos poderes do rei, mas, neste caso, com eleição realizada no âmbito da Assembléia[103]; d) uma educação mais liberal, sobretudo para combater as propostas de obrigatoriedade do ser-

---

100 É verdade que, nos seus *Souvenirs*, escritos entre fins de 1850 e início de 1851, Tocqueville nos diz que, nesse caso, teria errado e que felizmente tinha tido poucos imitadores (O.C., T. XIII, p. 162).

101 *Ibid.*, p. 178.

102 Tocqueville defendia o estabelecimento de duas câmaras porque acreditava ser necessária a existência de um terceiro poder, que funcionaria como um árbitro entre o executivo e a Assembléia Legislativa (*ibid.*, p. 185).

103 *Ibid.*, p. 186. Tocqueville está na verdade preocupado com o enorme poder que um presidente eleito pelo voto universal poderia ter. É interessante observar como K. Marx, em *O dezoito brumário de Luís Bonaparte*, demonstra o mesmo tipo de preocupação. Vejam-se suas considerações sobre os

viço militar para todos e de entrega da orientação de todo o ensino à Igreja ou à Universidade. Todas estas e outras medidas que estivessem de acordo com sua visão liberal eram defendidas por Tocqueville, por lhe parecer que seriam formas que permitiriam a distribuição maior dos poderes, impedindo-se assim que estes se concentrassem em uma ou poucas mãos[104].

De acordo com a sua perspectiva quanto à necessidade de se minimizar o poder estatal, Tocqueville combate, sobretudo após as jornadas de junho, algumas das reivindicações mais caras aos socialistas e à *Montagne* em geral. Assim é que expressa, em um dos seus mais conhecidos discursos, de 12 de setembro de 1848, sua oposição a uma emenda ao projeto sobre o direito ao trabalho, então em discussão pelos constituintes, considerando-a uma medida de caráter socialista[105].

É ainda e sempre em nome da liberdade que Tocqueville ataca o socialismo. É por temer que o poder do Estado se torne extremamente engrandecido, se somente a ele competir a boa distribuição do trabalho, de tal forma que não haja desemprego, que Tocqueville se opõe ao projeto em discussão. Parece-lhe que a aprovação desse projeto transformaria o Estado em um *grande e único organizador do trabalho*. Nesse caso, o Estado seria obrigado a distribuir adequadamente os trabalhadores para que não houvesse concorrência, a regulamentar os salários e a controlar a produção. Tocqueville acredita que tudo isto, claramente, nada mais é do que o socialismo[106].

---

fundamentos do poder da Assembléia e do presidente: "A Assembléia Nacional representa bem em seus diferentes membros os aspectos múltiplos do espírito nacional, mas é no presidente que este último se encarna. Ele tem, em face da Assembléia, uma espécie de direito divino. E o possui, pela graça do povo" (Marx, K. *Le 18 brumaire de Louis Bonaparte*. Paris, Éditions Sociales, 1948, p. 187).

104 Tocqueville declara-se mesmo incomodado por não ter certeza, nessa república que se constituía, de que lado iria pender a balança do poder, se do lado da Assembléia ou do lado do presidente eleito (O.C., T. XIII, p. 188).

105 O.C.*B*, Vol. IX, p. 536-52. Em 1977, Pierre Gibert reproduziu o mesmo discurso integralmente em uma coletânea de textos de Tocqueville por ele organizada (*Égalité sociale et liberté politique*. Paris, Aubier Montaigne, 1977). Tocqueville explica em carta a Beaumont, nessa época, embaixador da França na Inglaterra, que esse discurso havia sido aprovado calorosamente por todos os republicanos que não pertenciam à *Montagne*, mas que esta "me teria trucidado se eu deixasse" (O.C., T. VIII, Vol. 2, p. 43).

106 O.C.*B*, Vol. IX, p. 538.

Quase que exigindo da Assembléia constituinte uma definição sobre o caráter socialista ou não da Revolução de Fevereiro, Tocqueville explica rapidamente aos seus colegas o que entende por socialismo, o quanto este diverge da democracia, e o pouco que possuem em comum. Sem diferenciar as várias idéias socialistas, procura apresentar o que considera os traços fundamentais dessa doutrina. Para ele, em toda proposta socialista existe, em primeiro lugar, um apelo às paixões materiais do homem, em segundo, um ataque, direto ou não, aos princípios que permitem a existência da propriedade individual e, por último, o que aos seus olhos caracteriza realmente *os socialistas de todas as cores e de todas as escolas*, ou seja, *a desconfiança profunda da liberdade, da razão humana.* Isto é encarado por Tocqueville como *um profundo desprezo pelo indivíduo tomado como tal, como homem que é*[107]. Sem dúvida é este terceiro aspecto que mais condena nos vários socialismos, pois para ele é essa desconfiança da liberdade individual e esse desprezo com relação a ela que aparecem como a fórmula geral para expressar o socialismo no seu conjunto. Esse é o traço que considera como *uma tentativa contínua, variada, interessante, para mutilar, para reduzir, para constranger a liberdade humana de todas as maneiras; é a idéia de que o Estado não deve apenas ser condutor da sociedade, mas deve ser, por assim dizer, o senhor de cada homem, seu mestre, seu preceptor, seu pedagogo; (...) resumindo, é a confiscação em um grau maior ou menor da liberdade humana. O socialismo no seu conjunto* parece a Tocqueville ser *uma nova fórmula da servidão*[108].

Assim, é por enxergar o socialismo como contrário à liberdade que para Tocqueville se faz necessário convencer os seus colegas constituintes de que a Revolução de Fevereiro precisa ser realmente uma continuação da de 1789, isto é, uma revolução democrática, e não socialista.

Para ele, democracia e socialismo *não são apenas coisas diferentes, mas são contrárias* e só têm em comum a preocupação com o estabelecimento da igualdade[109]. A democracia só se aproximaria do socialismo quando deixasse de ser uma democracia e se transformasse numa tirania, pois *a democracia quer a igualdade na liberdade, e o socialismo quer a igualdade na opressão e na servidão*[110].

107 O.C.B, Vol. IX, p. 540.

108 *Ibid.*, p. 540-1.

109 *Ibid.*, p. 545-6.

110 *Ibid.*, p. 546.

Essa crítica de Tocqueville ao socialismo nasce sobretudo do seu temor a uma estatização crescente. É por isso que investe contra o projeto de lei que obrigaria o Estado a prover trabalho para todos. Na verdade, diz ele, o Estado tem deveres para com os pobres, para com os cidadãos que sofrem, mas, acrescenta, isso é apenas a extensão da caridade à esfera da administração pública. Para ele, realmente, há apenas duas coisas que os homens devem exigir do Estado e daqueles que governam: luzes e liberdade.

Tendo a Constituinte estabelecido as normas legais necessárias para a eleição do presidente, esta é marcada para 10 de dezembro. Sendo candidatos Cavaignac, Luís Napoleão, Lamartine e Ledru-Rollin, embora sem muito entusiasmo, Tocqueville apóia Cavaignac.

Desde as jornadas de junho Tocqueville havia já percebido que *a França seria daquele que estabelecesse a ordem*[111]. A direita, representada por legitimistas, orleanistas e católicos, organizara-se no Partido da Ordem e apontava Luís Napoleão. À medida que a eleição se aproximava, diminuíam as chances de Cavaignac, contando este no final, segundo Tocqueville, apenas com o apoio da classe média[112]. Temia Tocqueville o sucesso de Bonaparte, como uma escolha perigosa para a liberdade e para a república. Às vésperas da eleição, escreve a Beaumont que a candidatura de Cavaignac significava a adesão à republica, enquanto a de Luís Napoleão o protesto contra a república[113]. No fundo, diz ele, é *a república mesmo que está em jogo*, e, como se transformara em defensor da república, acredita que deve defendê-la mesmo que o faça contra a maioria do país[114]. Da mesma forma, a eleição de Luís Napoleão aparecia-lhe como destruidora da liberdade[115].

É, portanto, com desagrado que Tocqueville assiste à vitória de Napoleão. Seu amigo Beaumont demite-se de seu posto em Londres, e ele próprio, encarregado que fora de algumas missões no exterior, desliga-se dessas funções.

---

111 O.C., T. VIII, Vol. 2, p. 31.

112 O.C., T. XII, p. 279.

113 O.C., T. VIII, Vol. 2, p. 114.

114 *Ibid.*, p. 116.

115 Após a eleição de Bonaparte, escreve Tocqueville nos seus *Souvenirs*: "Eu creio ver a liberdade de meu país desaparecer em uma monarquia bastarda e ridícula" (O.C., T. XII, p. 279).

Em maio de 49, tendo-se realizado novas eleições, a Assembléia Constituinte cede lugar à Assembléia Legislativa. Desde janeiro eram já difíceis as relações entre o presidente eleito e a Assembléia, o que será uma constante durante todo o período republicano de Bonaparte. Para Tocqueville, este é sem dúvida o começo de complicações mais graves, tanto com relação à sua ação política como em relação à sua própria vida pessoal. Com uma saúde frágil, sofrendo constantemente ora do estômago, ora dos pulmões e das vias respiratórias, são estes últimos males que começam a agravar-se, levando-o à morte dez anos depois.

Doente, nos primeiros meses de 1849, Tocqueville não participa dos acontecimentos na Câmara. Sentindo-se ainda bastante enfraquecido, em fins de abril empreende uma viagem à Alemanha. Esta, que ele declara ser uma viagem de repouso, é realizada na verdade com o fito de assistir aos acontecimentos e analisar as transformações que ocorrem na Alemanha, sobretudo para poder ver *in loco* o que considera o *caráter pedagógico e revolucionário da Assembléia Nacional Alemã*[116]. Suas cartas a Beaumont mostram com que interesse ele acompanha os acontecimentos em Frankfurt. Mas essa viagem de estudos, que deveria alongar-se até Berlim, é abandonada, pois Tocqueville considera necessário o seu retorno. Pelas suas leituras de jornais e cartas dos amigos, compreende o quanto piora a situação na França.

Em sua ausência, nas eleições de 13 de maio de 1849, é escolhido novamente pela sua região para a Assembléia Legislativa. Com uma enorme votação, procura ainda manter, juntamente com seu pequeno grupo, uma posição de independência, apesar de ter figurado tanto na lista dos democratas quanto na dos conservadores[117].

---

116 O.C., T. XII, p. 280. Lembramos apenas que, em conseqüência do levante popular havido em março em Berlim, a 18 de maio de 1848 havia-se reunido o parlamento de Frankfurt, e em outubro começara a ser preparada uma Constituição alemã para se estabelecer um império federal alemão. Mas o rei da Prússia dissolve a Constituinte e o Parlamento é dispersado em junho de 1849.

117 Tocqueville é eleito por 82.500 votos em 94.500 votantes. Embora a *Montagne* (radicais e socialistas) tenha aumentado o número dos seus representantes – 150 lugares –, foi o partido da Ordem o que mais cresceu. Monarquistas e católicos obtiveram 500 lugares contra apenas 80 dos republicanos.

Chegando a Paris, a 25 de maio, poucos dias antes da reunião da Assembléia Legislativa, Tocqueville preocupa-se bastante, tanto com as notícias sobre a situação das tropas francesas que haviam sido enviadas a Roma para sustentar a nova república, como com a situação interna[118].

Informado pelo seu pequeno grupo de independentes sobre a gravidade da situação, Tocqueville considera, juntamente com eles, a necessidade de modificações no gabinete Barrot. Pois, segundo pensavam, na verdade o que ocorria era uma crise política estabelecida por uma luta entre o partido da Ordem, que se sentia mais forte ainda por ser a imensa maioria na Assembléia, e a *Montagne*, que, por sua vez, se acreditava também vitoriosa, por ter conseguido aumentar a sua representação. Além disso, não podendo ainda destruir a república, o partido da Ordem procurava intrigá-la, opondo os republicanos moderados, que compunham o ministério, aos *montagnards*. Para Tocqueville, parecia que todos queriam abandonar a Constituição, *uns pelo socialismo, outros pela monarquia*[119]. Ele percebia ainda que esta não seria também apenas uma batalha parlamentar. Uma batalha nas ruas era para ele iminente, pois, se os soldados, enquanto indivíduos, haviam votado na *Montagne*, sob pressão da disciplina militar, enquanto exército, combateriam contra ela.

Mas, apesar de considerar todas essas dificuldades como insuperáveis, Tocqueville e seu grupo são tentados a aceitar os ministérios que lhes são propostos, acreditando, sem dúvida, que poderiam talvez amenizar a situação. De qualquer forma, a decisão de Tocqueville de participar do governo é feita sob condições. Em primeiro lugar pretende que os seus amigos ocupem também os principais ministérios e, em segundo lugar, propõe-se a conduzir-se como ministro a cada dia como se devesse deixar de sê-lo no dia seguinte, isto é, nunca agindo contra os seus princípios para permanecer no cargo. É com

118 A França havia mandado tropas para a Itália, intervindo num conflito entre a Áustria e os revolucionários nacionalistas e liberais italianos, que haviam proclamado a república em Roma a 9 de fevereiro de 1849. A intenção dos austríacos era destruir a república e restabelecer o papa, que havia fugido. A República francesa teria mandado tropas para ajudar a nova república, mas, após a vitória dos conservadores na Assembléia, estes desejavam que o Exército francês não só fosse contra os revolucionários, mas também restabelecesse o poder temporal do papa.

119 O.C., T. XII, p. 202.

esses propósitos que Tocqueville assume o Ministério das Relações Exteriores, a 2 de junho de 1849, conseguindo também que alguns do seu grupo ocupassem outros ministérios[120].

Nada mais difícil do que se tornar governo nesse momento tão crítico. Como lembra Tocqueville, *a Assembléia Constituinte, antes de terminar sua existência (7 de maio de 49), havia tomado a decisão de impedir o governo de atacar Roma. A primeira coisa que fiquei sabendo, ao assumir o ministério, foi que há três dias já havia sido transmitida ao exército a ordem de atacar Roma*[121]. Tocqueville compreende imediatamente que, no momento em que a notícia se espalhasse, uma luta, talvez mais grave do que ele esperava, seria realmente inevitável. Dia 10 de junho chega a notícia do primeiro combate. A *Montagne* apela para a guerra civil e o presidente e o antigo ministério são acusados.

Escreve Tocqueville, nos seus *Souvenirs*, que sua situação era extremamente *cruel*, pois desaprovava inteiramente a forma pela qual a expedição de Roma havia sido conduzida. Antes de entrar para o gabinete, havia declarado a Barrot que só se responsabilizaria pelas decisões futuras do seu ministério. Não havia, pois, motivos para defender os antigos colegas, mas a crise era imensa, e Tocqueville acaba solidarizando-se com Barrot. É verdade que consegue, após a ocupação de Roma pelo Exército francês, que a restauração do papa fosse feita de *forma liberal e clemente*. O que significava, no momento, anistia geral, secularização da administração, adoção do código napoleônico e governo liberal[122].

Sem dúvida, seu período como ministro foi dos mais confusos para o liberal Tocqueville. Durou poucos meses, é verdade, pois a 31 de outubro de 1849 Napoleão demitia todo o ministério Barrot, mas a época foi das mais difíceis para a França, sobretudo em suas relações exteriores.

---

120 Desse pequeno grupo de independentes, amigos de Tocqueville, talvez o nome mais significativo fosse o de Jules Dufaure, defensor da República desde fevereiro de 48. Tendo já ocupado o Ministério do Interior sob Cavaignac, é novamente escolhido para este posto por Luís Napoleão. Veja-se a composição do ministério em O.C., T. XII, p. 207. Tocqueville consegue logo também que seus amigos Beaumont e Corcelles sejam nomeados embaixadores, o primeiro em Viena e o segundo em Roma.

121 *Ibid.*, p. 213.

122 O.C., T. IX, p. 92-4.

A revolução que havia proclamado a república na França e que, de início, havia-se manifestado como liberal, por vezes socialista e com medidas democratizantes, ao se espalhar pela Europa parecia, às vezes, seguir o exemplo francês, enquanto outras vezes sua grande força parecia apenas estar num apelo nacionalista. Se na França o fracasso revolucionário e a reação são realizados por etapas, na maioria das outras regiões o desastre revolucionário é logo acompanhado de enorme repressão.

É nesse contexto, de crescimento da reação interna e de crises revolucionárias quase que por todo o continente, que Tocqueville procura fazer com que a França possa defender-se de possíveis guerras, sem permitir, no entanto, que se instale nos países fronteiriços uma restauração antiliberal. Escrevendo ao representante da França, por ocasião da ocupação violenta do Grão-Ducado de Baden pelo Exército prussiano, ele lembra que é preciso não esquecer que *a ajuda que a república francesa prestou a este país foi no sentido de reprimir a anarquia, mas não de destruir a liberdade.* A França republicana tinha necessidade de manter em torno de si estados livres. *Certamente não deixaremos jamais se estabelecer ao nosso lado uma província prussiana nem um governo absoluto no lugar de uma monarquia independente e constitucional*[123].

Mas é sabido também que os revolucionários fracassados se transformaram rapidamente em milhares de refugiados. Buscavam eles sobretudo a Suíça ou a França. A *Áustria, a Prússia e a Rússia ameaçavam invadir o território helvécio e tornar-se a polícia desse país, em nome de todos os governos ameaçados. É isto*, diz Tocqueville, *que nós não podemos suportar.* Ele sabe também, no entanto, que a França não teria condições de sustentar uma guerra com aqueles países que se propunham realizar uma invasão militar da Suíça. Assim, Tocqueville procura, primeiro, convencer os suíços a expulsarem os refugiados. Como a Suíça se nega a realizar essa proposta, Tocqueville toma então a cruel medida de fechar as fronteiras francesas a esses antigos revolucionários. É desta forma que procura evitar a guerra, pois a Suíça também termina por ver-se obrigada a não mais receber exilados[124].

---

123 O.C., T. XII, p. 245.

124 É nesta época que Marx, mais uma vez expulso da Alemanha, refugia-se na França, a 3 de junho de 1849. Entra logo em contato com os clubes de

Sem duvida, é difícil para Tocqueville participar desse governo e nele tomar decisões. Bonaparte praticamente não respeita nem a Assembléia nem seus próprios ministros. Quanto a Tocqueville, o único respeito que tem pelo presidente advém do fato de ter sido eleito por sufrágio universal. Ele percebe também que a própria política "realista" *(royaliste)* do partido da Ordem acabará por ajudar Bonaparte a ocupar o trono que legitimistas e orleanistas queriam para suas respectivas casas.

Certamente Tocqueville preferiria ter sido ministro de um governo como o inglês e em uma nação como a inglesa. A Inglaterra era para ele, nesse momento, o único país que *escapava à crença revolucionária dos povos, por causa da sabedoria de suas leis e da força dos seus antigos costumes, assim como também estava livre da cólera dos príncipes pelo seu poderio e seu isolamento, desempenhando assim tranqüilamente, nos negócios internos do Continente, o papel de advogado da liberdade e da justiça*[125].

Como se as desgraças do seu ministério o tivessem enfraquecido apenas um pouco mais, em março de 1850 Tocqueville é obrigado também a se licenciar da Assembléia, pois já havia sido acometido de várias crises pulmonares. Em junho de 1850, ainda em convalescença, ele parte para Tocqueville e escreve a seu amigo Beaumont que começa a sentir os primeiros efeitos da decadência[126].

Aos 45 anos Tocqueville tenta explicar ao seu amigo o que seriam esses signos precursores da velhice. Havia se tornado mais calmo, menos impaciente e infinitamente mais estável de humor. Mas, apesar de ter-se imposto uma filosofia de indiferença, não consegue deixar de se preocupar com os acontecimentos políticos: *às épocas*

---

operários comunistas e a *Montagne*. Participa ativamente e procura influenciar a *Montagne* a recriar o clima revolucionário. Com o fracasso da jornada de 13 de junho, a 19 de julho o governo francês designa a província de Morbihan, na Bretanha, como local de residência obrigatória para Marx. Este dirige-se ao Ministério do Interior declarando precisar morar em Paris por estar realizando pesquisas científicas. O Ministério aceita sua petição, mas, em fins de agosto, é novamente advertido de que deve ir para as costas da Bretanha. É desta forma que Marx termina por se exilar definitivamente em Londres. Veja-se o *Avertissement*. In: Marx, K. *Les luttes de classes en France*. Paris, Éditions Sociales, 1948. Veja-se, também, O.C., T. XII, p. 245.

125 *Ibid.*, p. 255.

126 O.C., T. VIII, Vol. 2, p. 274.

revolucionárias têm a vantagem de não permitirem a indiferença e o egoísmo em política[127].

É evidente que Tocqueville espera recuperar-se e voltar à política. Questiona nessa mesma carta a Beaumont alguns dos pontos pelos quais se haviam batido. *Se é possível manter a Constituição tal como ela é; se a república é possível no estado presente dos espíritos; se ela não seria de todas as formas de governo a mais perigosa à liberdade (...) e se, não podendo salvar a república, não se poderia ao menos impedir a liberdade de perecer com ela*[128].

Em Tocqueville, ele começa então a escrever seus *Souvenirs* e, não querendo abandonar de vez a política ativa, elege-se mais uma vez para o Conselho Geral da Mancha. É na qualidade de presidente desse Conselho que recebe Luís Napoleão, a 26 de agosto, em Cherbourg. Em seu discurso de recepção, sua única reivindicação é a de construção de uma estrada de ferro Paris–Cherbourg.

A 9 de setembro Tocqueville preside uma sessão do Conselho, mas percebe nesse momento que ainda não se recuperou. As discussões mais acaloradas e as atmosferas mais quentes o fazem perder a voz e tossir. Os médicos aconselham-no a não passar o inverno em Paris. Parte assim, a 31 de outubro, para Sorrento, no Sul da Itália, retornando apenas em maio de 1851. É lá que o amigo Ampère, historiador e arqueólogo, permanece com o casal Tocqueville a maior parte do inverno. Refazendo as forças, Tocqueville procura também recordar os últimos anos revolucionários e o seu Ministério. É assim que elabora os seus *Souvenirs*, que, no seu entender, não se destinavam à publicação.

Graças às longas cartas de Beaumont, contendo detalhadas informações políticas, Tocqueville consegue, mesmo de longe, acompanhar o que ocorre na França. Por vezes acredita que nada mais há a fazer, em outras ocasiões pensa em retornar e assumir o seu posto para tentar salvar a república e a liberdade.

---

127 O.C., T. VIII, Vol. 2, p. 274.

128 O.C., T. VII, p. 276. Durante este primeiro semestre de 1850, duas importantes leis haviam sido votadas pela Assembléia: a primeira dizia respeito à liberdade de ensino, suprimindo-se dessa forma o monopólio universitário; apesar de liberal, esta lei parece, no entanto, ter ajudado o ensino religioso. A segunda vinculava o direito de voto à residência por mais de três anos na comuna. Terminara dessa forma a Assembléia com o voto universal.

Após o seu retorno de Sorrento, a saúde de Tocqueville permanece frágil, e os médicos aconselham-no a procurar viver fora de Paris. Apesar disso, morando em Versalhes, ele se dispõe a participar das reuniões mais importantes da Assembléia.

Discutia-se então a revisão da Constituição, sobretudo no que dizia respeito à reeleição do presidente. Tocqueville é escolhido para ser relator do projeto. A 8 de julho declara-se favorável a uma revisão do conjunto da Constituição, a ser realizada por uma Constituinte eleita para esse fim, afastando assim toda violação da legalidade. De qualquer forma, é bastante claro para ele que Luís Napoleão, ou por uma reeleição ou por um golpe de Estado acompanhado do fechamento da Assembléia, continuaria no poder. Além disso, Bonaparte poderia facilmente, havendo eleições, vir a ter uma enorme votação. Nestas circunstâncias, o que Tocqueville deseja é apenas salvar a Assembléia e, com ela, a república, fazendo com que a legalidade prevaleça. Mas, embora a maioria da Assembléia votasse a favor da revisão (446 votos a favor, para 278 contra), a proposta de Tocqueville não pode ser aprovada, pois, pela própria Constituição, era necessário que a maioria fosse de mais de três quartos[129].

O golpe veio como era esperado, a 2 de dezembro de 1851. Enquanto a polícia prendia os principais oponentes, o presidente Bonaparte decretava a dissolução da Assembléia. Juntamente com seu amigo Beaumont, Tocqueville havia participado de uma reunião de protesto realizada por alguns deputados na manhã do golpe. Ambos são presos. Tocqueville é solto no dia seguinte e Beaumont só no dia 4. A 8 de dezembro envia a amigos na Inglaterra um artigo por ele escrito sobre os acontecimentos, para que fosse publicado no jornal *Times*. Na edição do dia 11 de dezembro de 1851, o *Times* publica integralmente o artigo de Tocqueville, condenando o golpe e explicando aos ingleses o que realmente se havia passado[130].

---

129 Marx analisa essas contradições do Parlamento francês da seguinte maneira: "Neste momento, a revisão da Constituição significava apenas a manutenção do poder presidencial, da mesma forma que a manutenção da Constituição significava apenas a destituição de Bonaparte. O Parlamento havia-se pronunciado por este último, mas a Constituição se pronunciava contra o Parlamento. Tratava-se, por conseguinte, no espírito do Parlamento, de rasgar a Constituição e, no sentido da Constituição, de cassar o Parlamento" (Marx, K. *Le 18 brumaire de Louis Bonaparte*. Paris, Éditions Sociales, 1948, p. 239).

130 O.C., T. VII, Vol. 1, p. 119-29.

Em 13 de janeiro de 1852, após os decretos de expulsão de alguns deputados, Tocqueville comenta tristemente com Beaumont o golpe de Estado, que lhe aparece como o fim de um processo que acabou por destruir a liberdade. Havia passado por diferentes acontecimentos políticos, mas, *sempre com uma única causa, a da liberdade regular e moderada. Esta causa está perdida sem apelação. Já o acreditava em 48, e hoje temos a última demonstração disso*[131].

Resigna-se pelo momento a não mais participar politicamente, pois considera que nada mais há a fazer até que *o espírito liberal renasça na França*[132]. Volta-se então novamente para seus estudos. Havia algum tempo vinha desenvolvendo um projeto de pesquisa sobre o regime social e político francês, antes e depois da Revolução de 89. Mas, como se a sua própria visão da destruição da liberdade estivesse condicionada ao fim da sua atividade política e ao fim da sua própria vida, esta também parece aos poucos extinguir-se.

Assim é que, entre seus estudos, a doença e ainda algumas viagens, Tocqueville consegue publicar, em junho de 1856, a primeira parte de sua segunda grande obra, *L'ancien régime et la révolution*. Como a primeira, esta é também uma obra de sucesso. Como lembra muito bem Stuart Mill em carta a Tocqueville, *poucas pessoas no mundo têm esta chance de acertar duas vezes tão bem*[133]. Para Tocqueville, esta não deveria ter sido sua última obra, pois pretendia continuar seus estudos sobre a França e estendê-los até o fim do período napoleônico e as origens da França contemporânea.

Em *L'ancien régime et la révolution* Tocqueville procura mais uma vez demonstrar sua paixão pela liberdade, lamentando-se, porém, por ela não mais ser encontrada na França. *Talvez muitos me acusem de mostrar neste livro um gosto intempestivo pela liberdade, com a qual, me asseguram, ninguém mais se preocupa na França (...) mas este sentimento é em mim muito antigo*[134].

Ao ler essa obra de Tocqueville, Stuart Mill reconhece logo a verdade dessa afirmação e se solidariza com ele: *não sei como expressar a minha profunda simpatia pelo nobre amor da liberdade que reina nessa obra e que de fato é um protesto contínuo contra o triste regime a*

131 O.C., T. VIII, Vol. 3, p. 12.

132 *Ibid.*, p. 26.

133 O.C., T. VI, Vol. 1, p. 349.

134 O.C., T. II, Vol. 1, p. 73.

que a França, o olho direito do mundo, é obrigada a submeter-se neste momento[135].

Se, para Tocqueville, um bom capítulo vale mais do que um discurso, ele não teria então extinto sua ação política. E é por isto, talvez, que sua segunda grande obra é ainda e sempre um apelo aos homens para que cuidem da liberdade.

135 O.C., T. VI, Vol. 1, p. 350.

REFERÊNCIAS BIBLIOGRÁFICAS

I. Obras consultadas de Alexis de Tocqueville:

Edição Gallimard:

Tomo I, *De la démocratie en Amérique* (2 vols.), 1961.

Tomo II, *L'ancien régime et la révolution* (2 vols.), 1952-3.

Tomo III, *Écrits et discours politiques* (2 vols.), 1962.

Tomo V, *Voyages* (2 vols.), 1957-8.

Tomo VI, *Correspondance anglaise* (1 vol.), 1954.

Tomo VIII, *Correspondance d'Alexis de Tocqueville et de Gustave de Beaumont* (3 vols.), 1967.

Tomo IX, *Correspondance d'Alexis de Tocqueville et d'Arthur de Gobineau* (1 vol.), 1959.

Tomo XI, *Correspondance d'Alexis de Tocqueville avec P.P. Royer-Collard et avec J.-J. Ampère* (1 vol.), 1970.

Tomo XII, *Souvenirs* (1 vol.) 1964.

Tomo XIII, *Correspondance d'Alexis de Tocqueville et de Louis de Kergorlay* (2 vols.), 1977.

Edição Michel-Lévy*:

Vol. V, *Correspondance avec Kergorlay et A. Stoffels et Œuvres posthumes*, 1866.

Vol. VI, *Correspondance*, 1867.

Vol. VII, *Nouvelle correspondance*, 1866.

Vol. VIII, *Mélanges*, 1865.

Vol. IX, *Études économiques, politiques et littéraires*, 1866.

* Encontrando-se o conteúdo dos quatro primeiros volumes desta coleção publicados pela Editora Gallimard, optamos pela consulta dessa edição, por ser mais completa e de mais fácil acesso que a da Editora Michel-Lévy.

II. Obras publicadas posteriormente (até 1999) pela Editora Gallimard como continuação das *Obras Completas* de Alexis de Tocqueville:

Tomo III, *Écrits et discours politiques* (3º vol.).

Tomo VI, *Correspondance anglaise* (2º vol.).

Tomo VII, *Correspondance étrangère* (1 vol.).

Tomo X, *Correspondance et écrits locaux* (1 vol.).

Tomo XIV, *Correspondance familiale* (1 vol.).

Tomo XV, *Correspondance Tocqueville-Corcelle et Tocqueville-Madame Swetchine* (2 vols.).

Tomo XVI, *Mélanges* (1 vol.).

Tomo XVIII, *Correspondance Tocqueville-Circourt et Tocqueville-Madame Circourt* (1 vol.).

III. Obras sobre Tocqueville:

ALPATOV, M.A. "Les idées politiques d'Alexis de Tocqueville". In: *Questions d'Histoire*. Paris, Nouvelle Critique, 1954.

AMANT, P. "Taine, Tocqueville and the paradox of the Ancient Régime". In: *Romanic Review*, out. de 1961.

AMPÈRE, J.J. "Alexis de Tocqueville". In: *Mélanges d'histoire littéraire*. Paris, Michel-Lévy, 1867.

ANGEL, R.E. *Tocqueville's sociological theory, sociology and social research*. 1941, 1942.

ARON, R. *Tocqueville et Marx, Dix-huit leçons sur la société industrielle*. Paris, Gallimard, 1962.

_______. *Alexis de Tocqueville et Karl Marx, essai sur les libertés*. Paris, Calman-Lévy, 1965.

BAGGE, D. "Tocqueville et le renouvellement de la science politique". In: *Politique*, abr.-jun. de 1961.

BATTISTA, A.M. "Lo 'stato sociale democratico' nell'annalise di Tocqueville e nei valutazione dei contemporanei". In: *Il pensiero politico*, VI, 1973.

BERNADIN, C. & DEBIDOUR, V.H. "Libéralisme, traditionalisme, décentralization". In: *Cahier de la Fondation Nationale de Science Politique*. Paris, 1952.

BIRNBAUM, P. *Sociologie de Tocqueville*. Paris, PUF, 1970.

BRESSOLETTE, M. "Tocqueville et le pauperisme. L'influence de Rousseau". In: *Littératures*, XVI, jun. de 1969.

BROGAN, H. *Tocqueville*. Collins-Fontana, 1973.

BRYCE, J. *The prediction of Hamilton and Tocqueville. Studies in historical and political science*. Baltimore, Johns Hopkins Press, 1887.

BURRAGE, M. "On Tocqueville's notion of the irresistibility of democracy". In: *Archiv of European Sociology*, 13, 1972.

CABOARA, L. *Democracia e libertá nel pensiero d'Alexis de Tocqueville*. Milão, V. Hoepli, 1946.

CABRERA, M.M. *La idea politica de Alexis de Tocqueville*. México, 1949.

CHAUSSIER, C. *Les idées politiques de Tocqueville*. Tese mimeografada. Dijon, 1949.

CHICHIARELLI, E. "Note sul pensiero politico francese del sec. XIX: A. de Tocqueville". In: *Anali di Science Politiche*. Pavia, Vol. 12, 1939.

_______. "Alexis de Tocqueville e Arthur de Gobineau". In: *Nuova Revista Storica*, 25, 1941.

D'EICHTAL, E. *Alexis de Tocqueville et la démocratie libérale*. Paris, Calman-Lévy, 1897.

DICEY, A.V. "Alexis de Tocqueville". In: *National Review*, ago. de 1893.

DIEZ DEL CORAL, L. *La mentalidad política de Tocqueville con especial referencia a Pascal*. Madri, Academia de Ciencias Morales y Políticas, 1965.

DRESCHER, S. *Tocqueville and England*. Cambridge, Harvard University Press, 1964.

_______. "Tocqueville's two democracies". In: *Journal of the History of Ideas*, abr.-jun. de 1964.

_______. *Dilemmes of democracy, Tocqueville and modernization*. Pittsburgh, University of Pittsburgh Press, 1968.

DUMAS, J.-L. "Tocqueville ou la compréhension efficace". In: *Révue de Métaphysique et de Morale*, LXXVIII, 1973.

EINAUDI, M. "Refléxions sur Tocqueville". In: *Cahiers de la République*, jun. de 1961.

EVERETT, E. "Democracy in America". In: *North American Review*, 43, jul. de 1836.

FOGELMAN, E. "A. de Tocqueville and the commitment to freedom". In: *Western Humanities Review*, 14, 1960.

FONTMICHEL, H. de. *Tocqueville d'après sa correspondance avec Reeve et Mill*. Tese mimeografada. Aix-en-Provence, 1959.

FURET, F. "Tocqueville, est-il un historien de la Révolution Française?". In: *Annales. Economies, Societés, Civilisations*, 25, 1970.

______. "Tocqueville et le problème de la Révolution Française". In: *Penser la Révolution Française*. Paris, Gallimard, 1978.

GARGAN, E. *Alexis de Tocqueville: the critical years, 1848-1851*. Washington, The Catholic University of America Press, 1955.

______. "The formation of Tocqueville's historical thought". In: *Review of Politics*, jan. de 1962.

______. "Tocqueville and the problem of historical progress". In: *American Historical Review*, jan. de 1963.

GENCO, M. *Alessio de Tocqueville, un liberale deluso*. Milão, Gastaldi, 1969.

GEORGE, W. "Montesquieu and Tocqueville and corporative individualism". In: *American Political Science Review*, Baltimore, 1922.

GERSHMAN, S. "Tocqueville and slavery". In: *French Historical Studies*, IX, 1975.

GIDEONSE, H. "De Tocqueville, liberal of a new tipe". In: *American Journal of Economics and Sociology*, Vol. 19, 1960.

GOJAT, G. "Les corps intermediaires et la décentralization dans l'œuvre de Tocqueville". In: PELOUX, R. *Libéralisme, traditionalisme, décentralisation*. Paris, A. Colin, 1952.

GOLDSTEIN, D. "Alexis de Tocqueville's concept of citizenship". In: *Proceedings of the American Philosophical Society*, fev. de 1964.

GORLA, G. *Commento a Tocqueville. L'idea dei diritti*. Milão, Guiffré, 1948.

HERR, R. *Tocqueville and the Old Regime*. Princeton, Princeton University Press, 1962.

HORWITZ, M. "Tocqueville and the tyranny of the majority". In: *Review of Politics*, jul. de 1966.

JANET, P. "Alexis de Tocqueville et la science politique". In: *Revue des Deux Mondes*, jul. de 1861.

JARDIN, A. "Tocqueville et la décentralisation". In: *Annales*, Fac. des Lettres et des Sciences Humaines d'Aix en Provence, 1961.

_______. "Tocqueville et l'Algérie". In: *Revue des Travaux de l'Académie des Sciences Morales et Politiques*, 1962.

KEENY, J. "Tocqueville and the new politics". In: *New Politics*, I, 1962.

LABOULAYE, E. de. "Alexis de Tocqueville". In: *L'État et ses limites*. Paris, Charpentier, 1863.

LAMBERTI, J.-C. *La notion d'individualisme chez Tocqueville*. Paris, PUF, 1970.

LAWLOR, M. *Alexis de Tocqueville in the Chamber of Deputies, His views on foreign and colonial policy*. Washington, The Catholic University of America Press, 1959.

LEFEBVRE, G. "A propos de Tocqueville". In: *Annales Historiques de la Révolution Française*, out.-dez. de 1955.

LEFORT, C. "Da igualdade à liberdade". In: *Almanaque*, nº 9. São Paulo, Brasiliense, 1979.

LERNER, M. "Tocqueville's democracy in America: politics, law and the elites". In: *Antioch Review*, 1965-6.

_______. *Tocqueville and American civilization*. Harper and Row, 1969.

LEROY, M. "Alexis de Tocqueville". In: *Politica*, ago. de 1935.

LEWIS, W. "De Tocqueville and democracy". In: *Sewance Review*, 54, 1946.

LIVELY, J. *The social and political thought of Alexis de Tocqueville*. Oxford, Clarendon Press, 1965.

LUNEL, A. "Pour comprendre Tocqueville". In: *Europe*, 507, jul. de 1971.

MARCEL, R.P. *Essai politique sur Alexis de Tocqueville*. Paris, Alcan, 1910.

MARTEL, A. "Tocqueville et les problèmes coloniaux de la Monarchie de Juillet". In: *Revue d'Histoire Économique et Sociale*, abr. de 1954.

MARTELLI, P. "A. de Tocqueville e il liberalismo della Restaurazione". In: *Humanitas*, mar. de 1958.

MARTONYI, E. "Une contribuition à l'étude du vocabulaire politique du XIX siècle. L'usage du terme 'égalité des conditions' par Tocqueville". In: *Acta Romanica*, V, 1978.

MAYER, J.P. *Alexis de Tocqueville.* Paris, Gallimard, 1948.

_______. "Tocqueville as political sociologist". In: *Political Studies*, I, 1953.

_______. "Tocqueville profète de l'État moderne". In: *Critique*, 100-1, 1955.

_______. "Les voyages de Tocqueville et la genèse de sa sociologie politique". In: *La Nouvelle Revue Française*, nº 9. Paris, 1957.

_______. "Tocqueville to-day". In: *Revue Internationale de Philosophie*, nº 49, 1959.

_______. *Alexis de Tocqueville. A biographical study in politicas science.* Nova York, Harper and Bro., 1960.

MEYER, M. "Venturius conservantism: on Tocqueville's image of the democrat". In: *The Jacksonian Persuasion.* Stanford, 1957.

MIREAUX, E. *Tocqueville et la démocratie.* Paris, Firmin Didot, 1959.

NANTET, J. *Tocqueville.* Paris, Seghers, 1971.

_______. "L'attitude de Tocqueville à l'égard d'une éventuelle séparation des églises et de l'État et, entre autres, d'un enseignement laic". In: *Revue des Travaux de l'Académie* (des Sciences Morales et Politique), 2º sem. de 1967.

_______. "Actualité de Tocqueville". In: *Revue des Deux Mondes*, jan.-mar. de 1971.

NORTON, C.E. "Alexis de Tocqueville". In: *Atlantic Monthly*, Vol. 8, 1861.

ORTEGA Y GASSET, J. *Tocqueville y su tiempo, meditación de Europa.* Madri, 1960.

PAPPE, H.O. "Mill and Tocqueville". In: *Journal of the History of Ideas*, abr. jun. de 1961.

PERGOLESI, F. "Appunti sulla storiografia politica di Alexis di Tocqueville". In: *Sociologia*, out.-dez. de 1959.

PIERSON, G.W. *Tocqueville and Beaumont in America.* Nova York, Oxford University Press, 1938.

POGGI, G. *Essays on the sociological theories of Tocqueville, Marx and Durkheim.* Londres, Oxford University Press, 1972.

POLIN, C. *De la démocratie en Amérique. Tocqueville.* Paris, Hatier, 1973.

QUALTER, T.H. "John Stuart Mill, disciple of Tocqueville". In: *Western Political Quarterly*, dez. de 1960.

QUONIAM, T. "Tocqueville en Amerique". In: *Revue des Deux Mondes*, jul.-set. de 1976.

READ, H. "De Tocqueville on art in America". In: *The Adelphi*, 1946.

REDIER, A. *Comme disait M. de Tocqueville*. Paris, Perrin, 1925.

REEVE, H. "Remains of A. de Tocqueville". In: *Edinburgh Review*, Vol. 113, 1861.

RÉMOND, R. *Les États-Unis devant l'opinion française (1815-1952)*. Paris, A. Collin, 1962.

REMUSAT, C. "De l'esprit de réaction, Royer-Collard et Tocqueville". In: *Revue des Deux Mondes*, out. de 1861.

RESH, R. "Alexis de Tocqueville and the negro: democracy in America reconsidered". In: *Journal of Negro History*, 1963.

RICHTER, M. "Tocqueville on Algeria". In: *Review of Politics*, jul. de 1963.

_______. "Tocqueville's contribuition to the theory of revolution". In: FRIEDRICH, C. *Revolution*. Nova York, Atherton Press, 1966.

RIESMAN, D. "Tocqueville as Ethnographer". In: *The American Scholar*.

ROLAND, M.P.R. *Essai politique sur A. de Tocqueville*. Paris, Felix Alcan, 1910.

ROUGIER, L. "Introduction à Tocqueville". In: *Contrepoint*, 27, 1978.

ROZ, F. "Tocqueville et la démocratie en Amérique". In: *Revue des Deux Mondes*, 1935.

_______. "Tocqueville en Amérique et son actualité". In: *Revue des Deux Mondes*, 1940.

SALOMON, A. "Tocqueville, moralist and sociologist". In: *Social Research*, II, 1935.

_______. "Tocqueville". In: *Social Research*, 1959.

_______. "Tocqueville's philosophy of freedom". In: *The Review of Politics*, I, 1959.

SANTIS, V. de. *La libertá e l'uguagliànza nel pensiero di Alexis de Tocqueville*. Louvain, Frankie, 1972.

SHAPIRO, J.S. "Tocqueville and the new politics". In: *New Politics*, 1963.

SIROL, J. "Tres profetas políticos franceses, Bodin, Tocqueville, Saint-Simon". In: *Revista de la Facultad de Derecho de México*, out.-dez. de 1963.

SPITZ, D. "On Tocqueville and the tyranny of public sentiment". In: *Political Science*, 1957.

STUART MILL, J. "De Tocqueville on democracy in America". In: *London and Westminster Review*, Vol. 30, 1835.

SUTTER, J.-F. "Tocqueville et le problème de la democracie". In: *Revue Internationale de Philosophie*, nº 49, 1959.

TAGLIACOZZO, E. "Tocqueville profeta dell'etá delle masse". In: *Nuova Antologia*, DXXXVI, Roma, 1979.

_______. "Democrazia e libertá in Tocqueville". In: *Nuova Antologia*, DXL, Roma, 1980.

TAUPIER, M. "La décentralisation dans l'Œuvre d'Alexis de Tocqueville". In: *Travaux Juridiques et Économiques de l'Uníversité de Rennes*, T. 28, 1967.

TAYLOR, A.J.P. "De Tocqueville in 1848". In: *From Napoleon to Stalin*. Londres, 1950.

VIRTANEN, R. "Tocqueville on a democratic literature". In: *The French Review*, 23, 1941-2.

WACH, J. "The role of religion in the social philosophy of Alexis de Tocqueville". In: *Journal of the History of Ideas*, jan.-out. de 1946.

WEST, P. "Literature and politics II: Tocqueville on the literature of democracies". In: *Essays in Criticism*, 12, 1962.

WIETMAN, S.R. "The sociological thesis of Tocqueville's The old Regime and the Revolution". In: *Social Research*, XXXIII, 1966.

WILSON, F. "Tocqueville's conception of the elite". In: *Review of Politics*, Vol. 4, 1942.

ZANFARINO, A. "Alexis de Tocqueville politico e moralista". In: *Studii Politici*, jan.-mar. de 1958.

ZEITLIN, I. *Liberty, equality and revolution in A. Tocqueville*. Boston, Little Brown, 1971.

ZENACH, A. "Alexis de Tocqueville in England". In: *Review of Politics*, 13, 1951.

ZETTERBAUN, M. *Tocqueville and the problem of democracy*. Califórnia, Stanford, 1967.

_______. "Tocqueville: neutrality and the use of history". In: *American Political Science Review*, 58, 1964.

* * *

Alexis de Tocqueville. Livre du Centenaire. Paris, Éditions du Centre Nationale de la Recherche Scientifique, 1960 (artigos de BASTID, MOREAU, PIERSON, REMOND etc.)

"A Symposium on Alexis de Tocqueville, Democracy in America". Burke Society Series nº 1, Fordham Union Press, 1945 (artigos de TIMASCHEFF, EINAUDI, HARTETT etc.).

IV. Principais obras de história das idéias políticas contendo capítulos ou partes dedicados a Tocqueville:

CHEVALLIER, J.-J. *Les grandes œuvres politiques*. Paris, A. Collin, 1965.

COULANGES, F. de. *Les historiens du XIXème siècle*. Paris, 1939.

FAGUET, É. *Politiques et moralistes du XIXème siècle*. Paris, 1900.

LASKI, H. "Alexis de Tocqueville and democracy". In: HEARNSHAW, F.F.C. *The social and political ideas of some representative thinkers of the Victorian age*. Londres, Harrap, 1935.

LEROY, M. *Histoire des idées sociales en France*. Paris, Gallimard, 1954.

LIPSET, S.M. "Class, conflict and consensus: Marx and Tocqueville". In: *Political man*. Nova York, Doubleday, 1960.

PRÉLOT, M. *Histoire des idées politiques*. Paris, Dalloz.

RUGGIERO, G. *Storia del liberalismo europeu*. Bari, Laterza, 1949.

SALOMON, A. *In praise of Enlightenment*. Nova York, 1963.

SOLTAU, R. *French political thought in nineteenth century*. Londres, Benn, 1931.

SOTO, J. de. *Histoire des politiques au XIXème siècle*. Paris, Cours de Droit.

TOUCHARD, J. *Histoire des idées politiques*. Paris, PUF, 1962.

V. Outras obras citadas:

CONSTANT, B. *Cours de politique constitutionelle.* Paris, Librairie Guillaumin, 1861.

FURET, F. *De la démocracie en Amérique.* Commentaire, 1980.

_______. *Penser la Révolution Française.* Paris, Gallimard, 1978.

GIBERT, P. *Égualité sociale et liberté politique.* Paris, Aubier Montaigne, 1977.

HOBSBAWM, E. *The age of revolution.* Mentor Book, New American Library, 1962.

LOCKE, J. *Two treatises of government.*

MARTIN, A. von. *Sociología del renascimiento.* México, FCE, 1946.

MARX, K. *Les luttes de classes en Frace (1848-1850). Le 18 brumaire de Louis Bonaparte.* Paris, Éditions Sociales, 1948.

MARX, K. & ENGELS, F. *La Nouvelle Gazette Rhénane.* 7 de jun. de 1848.

MILL, J.S. *On liberty.* Oxford, B. Blackwell, 1948.

_______. *Autobiography.* Nova York, Columbia University Press, 1960.

POUTHAS, C. *Démocraties et capitalisme.* Paris, PUF, 1948.

ROUSSEAU, J.-J. *Discours sur l'origine et les fondements de l'inégalité parmi les hommes.*

_______. *Du contrat social.*

STENDHAL. *Lucien Leuwen.* Paris, Gallimard, Col. Folio, 1973.

WOODWARD, E.L. *The age of reform: 1815-1870.* Oxford, Oxford University Press, 1954.

IMPRESSO POR
PROVOGRÁFICA
TEL. (11)4178-0522